TADJIK

VOCABULAIRE

POUR L'AUTOFORMATION

FRANÇAIS
TADJIK

Les mots les plus utiles
Pour enrichir votre vocabulaire et aiguiser
vos compétences linguistiques

9000 mots

Vocabulaire Français-Tadjik pour l'autoformation. 9000 mots
Dictionnaire thématique

Par Andrey Taranov

Les dictionnaires T&P Books ont pour but de vous aider à apprendre, à mémoriser et à réviser votre vocabulaire en langue étrangère. Ce dictionnaire thématique couvre tous les grands domaines du quotidien: l'économie, les sciences, la culture, etc ...

Acquérir du vocabulaire avec les dictionnaires thématiques T&P Books vous offre les avantages suivants:

- Les données d'origine sont regroupées de manière cohérente, ce qui vous permet une mémorisation lexicale optimale
- La présentation conjointe de mots ayant la même racine vous permet de mémoriser des groupes sémantiques entiers (plutôt que des mots isolés)
- Les sous-groupes sémantiques vous permettent d'associer les mots entre eux de manière logique, ce qui facilite votre consolidation du vocabulaire
- Votre maîtrise de la langue peut être évaluée en fonction du nombre de mots acquis

T&P Books Publishing
www.tpbooks.com

ISBN: 978-1-78400-240-4

Ce livre existe également en format électronique.
Pour plus d'informations, veuillez consulter notre site: www.tpbooks.com ou rendez-vous sur ceux des grandes librairies en ligne.

VOCABULAIRE TADJIK POUR L'AUTOFORMATION
Dictionnaire thématique

Les dictionnaires T&P Books ont pour but de vous aider à apprendre, à mémoriser et à réviser votre vocabulaire en langue étrangère. Ce lexique présente, de façon thématique, plus de 9000 mots les plus fréquents de la langue.

- Ce livre comporte les mots les plus couramment utilisés
- Son usage est recommandé en complément de l'étude de toute autre méthode de langue
- Il répond à la fois aux besoins des débutants et à ceux des étudiants en langues étrangères de niveau avancé
- Il est idéal pour un usage quotidien, des séances de révision ponctuelles et des tests d'auto-évaluation
- Il vous permet de tester votre niveau de vocabulaire

Spécificités de ce dictionnaire thématique:

- Les mots sont présentés de manière sémantique, et non alphabétique
- Ils sont répartis en trois colonnes pour faciliter la révision et l'auto-évaluation
- Les groupes sémantiques sont divisés en sous-groupes pour favoriser l'apprentissage
- Ce lexique donne une transcription simple et pratique de chaque mot en langue étrangère

Ce dictionnaire comporte 256 thèmes, dont:

les notions fondamentales, les nombres, les couleurs, les mois et les saisons, les unités de mesure, les vêtements et les accessoires, les aliments et la nutrition, le restaurant, la famille et les liens de parenté, le caractère et la personnalité, les sentiments et les émotions, les maladies, la ville et la cité, le tourisme, le shopping, l'argent, la maison, le foyer, le bureau, la vie de bureau, l'import-export, le marketing, la recherche d'emploi, les sports, l'éducation, l'informatique, l'Internet, les outils, la nature, les différents pays du monde, les nationalités, et bien d'autres encore ...

TABLE DES MATIÈRES

GUIDE DE PRONONCIATION

Lettre	Exemple en tadjik	Alphabet phonétique T&P	Exemple en français
A a	Раҳмат!	[a]	classe
Б б	бесоҳиб	[b]	bureau
В в	вафодорй	[v]	rivière
Г г	гулмоҳй	[g]	gris
Ғ ғ	мурғобй	[ʁ]	R vibrante
Д д	мадд	[d]	document
Е е	телескоп	[e:]	aller
Ё ё	сайёра	[jɔ]	pavillon
Ж ж	аждаҳо	[ʒ]	jeunesse
З з	сӯзанда	[z]	gazeuse
И и	шифт	[i]	stylo
Й й	обчакорй	[i:]	industrie
Й й	ҳайкал	[j]	maillot
К к	коргардон	[k]	bocal
Қ қ	нуқта	[q]	cadeau
Л л	пилла	[l]	vélo
М м	мусиқачй	[m]	minéral
Н н	нонвой	[n]	ananas
О о	посбон	[o:]	tableau
П п	папка	[p]	panama
Р р	чароғак	[r]	racine, rouge
С с	суръат	[s]	syndicat
Т т	тарқиш	[t]	tennis
У у	муҳаррик	[u]	boulevard
Ӯ ӯ	кӯшк	[œ]	neuf
Ф ф	фурӯш	[f]	formule
Х х	хушксолй	[χ]	scots - nicht, allemand - Dach
Ҳ ҳ	чарогоҳ	[h]	[h] aspiré
Ч ч	чароғ	[tʃ]	match
Ҷ ҷ	ҷанҷол	[dʒ]	adjoint
Ш ш	нашриёт	[ʃ]	chariot
Ъ ъ [1]	таърихдон	[:], [ʾ]	muet
Э э	эҳтимолй	[ɛ]	faire
Ю ю	юнонй	[ju]	voyou
Я я	яхбурча	[ja]	caviar

Remarques

[1] [:] - Allonge la voyelle précédente; ['] - Après consonnes est utilisé comme un «signe dur»

ABRÉVIATIONS
employées dans ce livre

Abréviations en français

adj	-	adjective
adv	-	adverbe
anim.	-	animé
conj	-	conjonction
dénombr.	-	dénombrable
etc.	-	et cetera
f	-	nom féminin
f pl	-	féminin pluriel
fam.	-	familiar
fem.	-	féminin
form.	-	formal
inanim.	-	inanimé
indénombr.	-	indénombrable
m	-	nom masculin
m pl	-	masculin pluriel
m, f	-	masculin, féminin
masc.	-	masculin
math	-	mathematics
mil.	-	militaire
pl	-	pluriel
prep	-	préposition
pron	-	pronom
qch	-	quelque chose
qn	-	quelqu'un
sing.	-	singulier
v aux	-	verbe auxiliaire
v imp	-	verbe impersonnel
vi	-	verbe intransitif
vi, vt	-	verbe intransitif, transitif
vp	-	verbe pronominal
vt	-	verbe transitif

CONCEPTS DE BASE

Concepts de base. Partie 1

1. Les pronoms

je	ман	[man]
tu	ту	[tu]
il	ӯ, вай	[œ], [vaj]
elle	ӯ, вай	[œ], [vaj]
ça	он	[on]
nous	мо	[mo]
vous	шумо	[ʃumo]
vous (form., sing.)	Шумо	[ʃumo]
vous (form., pl)	Шумо	[ʃumo]
ils, elles (inanim.)	онон	[onon]
ils, elles (anim.)	онхо, вайхо	[onho], [vajho]

2. Adresser des vœux. Se dire bonjour. Se dire au revoir

Bonjour! (fam.)	Салом!	[salom]
Bonjour! (form.)	Ассалом!	[assalom]
Bonjour! (le matin)	Субхатон ба хайр!	[subhaton ba χajr]
Bonjour! (après-midi)	Рӯз ба хайр!	[rœz ba χajr]
Bonsoir!	Шом ба хайр!	[ʃom ba χajr]
dire bonjour	саломалейк кардан	[salomalejk kardan]
Salut!	Ассалом! Салом!	[assalom salom]
salut (m)	вохӯрдй	[voχœrdi:]
saluer (vt)	вохӯрдй кардан	[voχœrdi: kardan]
Comment allez-vous?	Корхоятон чй хел?	[korhojaton tʃi: χel]
Comment ça va?	Корхоят чй хел?	[korhojat tʃi: χel]
Quoi de neuf?	Чй навигарй?	[tʃi: navigari:]
Au revoir! (form.)	То дидан!	[to didan]
Au revoir! (fam.)	Хайр!	[χajr]
À bientôt!	То вохӯрии наздик!	[to voχœri:i nazdik]
Adieu! (fam.)	Падруд!	[padrud]
Adieu! (form.)	Хайрбод! Падруд!	[χajrbod padrud]
dire au revoir	падруд гуфтан	[padrud guftan]
Salut! (À bientôt!)	Хайр!	[χajr]
Merci!	Рахмат!	[rahmat]
Merci beaucoup!	Бисёр рахмат!	[bisjor rahmat]

Je vous en prie	Марҳамат!	[marhamat]
Il n'y a pas de quoi	Намеарзад	[namearzad]
Pas de quoi	Намеарзад	[namearzad]
Excuse-moi!	Бубахш!	[bubaχʃ]
Excusez-moi!	Бубахшед!	[bubaχʃed]
excuser (vt)	афв кардан	[afv kardan]
s'excuser (vp)	узр пурсидан	[uzr pursidan]
Mes excuses	Маро бубахшед	[maro bubaχʃed]
Pardonnez-moi!	Бубахшед!	[bubaχʃed]
pardonner (vt)	бахшидан	[baχʃidan]
C'est pas grave	Ҳеҷ гап не	[hetʃ gap ne]
s'il vous plaît	илтимос	[iltimos]
N'oubliez pas!	Фаромӯш накунед!	[faromœʃ nakuned]
Bien sûr!	Албатта!	[albatta]
Bien sûr que non!	Албатта не!	[albatta ne]
D'accord!	Розй!	[rozi:]
Ça suffit!	Бас!	[bas]

3. Comment s'adresser à quelqu'un

Excusez-moi!	Мебахшед!	[mebaχʃed]
monsieur	чаноб, оқо	[dʒanob], [oqo]
madame	хонум, бону	[χonum], [bonu]
madame (mademoiselle)	чавондухтар	[dʒavonduχtar]
jeune homme	чавон	[dʒavon]
petit garçon	писарбача	[pisarbatʃa]
petite fille	духтарча, духтарак	[duχtartʃa], [duχtarak]

4. Les nombres cardinaux. Partie 1

zéro	сифр	[sifr]
un	як	[jak]
deux	ду	[du]
trois	се	[se]
quatre	чор, чаҳор	[tʃor], [tʃahor]
cinq	панҷ	[pandʒ]
six	шаш	[ʃaʃ]
sept	ҳафт	[haft]
huit	ҳашт	[haʃt]
neuf	нуҳ	[nuh]
dix	даҳ	[dah]
onze	ёздаҳ	[jozdah]
douze	дувоздаҳ	[duvozdah]
treize	сездаҳ	[sezdah]
quatorze	чордаҳ	[tʃordah]
quinze	понздаҳ	[ponzdah]
seize	шонздаҳ	[ʃonzdah]

dix-sept	ҳафдаҳ	[hafdah]
dix-huit	ҳаждаҳ	[haʒdah]
dix-neuf	нуздаҳ	[nuzdah]

vingt	бист	[bist]
vingt et un	бисту як	[bistu jak]
vingt-deux	бисту ду	[bistu du]
vingt-trois	бисту се	[bistu se]

trente	сӣ	[siː]
trente et un	сию як	[siju jak]
trente-deux	сию ду	[siju du]
trente-trois	сию се	[siju se]

quarante	чил	[tʃil]
quarante et un	чилу як	[tʃilu jak]
quarante-deux	чилу ду	[tʃilu du]
quarante-trois	чилу се	[tʃilu se]

cinquante	панҷоҳ	[pandʒoh]
cinquante et un	панҷоху як	[pandʒohu jak]
cinquante-deux	панҷоху ду	[pandʒohu du]
cinquante-trois	панҷоху се	[pandʒohu se]

soixante	шаст	[ʃast]
soixante et un	шасту як	[ʃastu jak]
soixante-deux	шасту ду	[ʃastu du]
soixante-trois	шасту се	[ʃastu se]

soixante-dix	ҳафтод	[haftod]
soixante et onze	ҳафтоду як	[haftodu jak]
soixante-douze	ҳафтоду ду	[haftodu du]
soixante-treize	ҳафтоду се	[haftodu se]

quatre-vingts	ҳаштод	[haʃtod]
quatre-vingt et un	ҳаштоду як	[haʃtodu jak]
quatre-vingt deux	ҳаштоду ду	[haʃtodu du]
quatre-vingt trois	ҳаштоду се	[haʃtodu se]

quatre-vingt-dix	навад	[navad]
quatre-vingt et onze	наваду як	[navadu jak]
quatre-vingt-douze	наваду ду	[navadu du]
quatre-vingt-treize	наваду се	[navadu se]

5. Les nombres cardinaux. Partie 2

cent	сад	[sad]
deux cents	дусад	[dusad]
trois cents	сесад	[sesad]
quatre cents	чорсад, чаҳорсад	[tʃorsad], [tʃahorsad]
cinq cents	панҷсад	[pandʒsad]

| six cents | шашсад | [ʃaʃsad] |
| sept cents | ҳафтсад | [haftsad] |

| huit cents | хаштсад | [haʃtsad] |
| neuf cents | нӯхсадум | [nœhsadum] |

mille	хазор	[hazor]
deux mille	ду хазор	[du hazor]
trois mille	се хазор	[se hazor]
dix mille	дах хазор	[dah hazor]
cent mille	сад хазор	[sad hazor]

| million (m) | миллион | [million] |
| milliard (m) | миллиард | [milliard] |

6. Les nombres ordinaux

premier (adj)	якум	[jakum]
deuxième (adj)	дуюм	[dujum]
troisième (adj)	сеюм	[sejum]
quatrième (adj)	чорум	[tʃorum]
cinquième (adj)	панчум	[pandʒum]

sixième (adj)	шашум	[ʃaʃum]
septième (adj)	хафтум	[haftum]
huitième (adj)	хаштум	[haʃtum]
neuvième (adj)	нӯхум	[nœhum]
dixième (adj)	дахӯм	[dahœm]

7. Nombres. Fractions

fraction (f)	каср	[kasr]
un demi	аз ду як хисса	[az du jak hissa]
un tiers	аз се як хисса	[az se jak hissa]
un quart	аз чор як хисса	[az tʃor jak hissa]

un huitième	аз хашт як хисса	[az haʃt jak hissa]
un dixième	аз дах як хисса	[az dah jak hissa]
deux tiers	аз се ду хисса	[az se du hissa]
trois quarts	аз чор се хисса	[az tʃor se hissa]

8. Les nombres. Opérations mathématiques

soustraction (f)	тарх	[tarh]
soustraire (vt)	тарх кардан	[tarh kardan]
division (f)	таксим	[taqsim]
diviser (vt)	таксим кардан	[taqsim kardan]

addition (f)	чамъ кардани	[dʒam' kardani]
additionner (vt)	чамъ кардан	[dʒam' kardan]
ajouter (vt)	чамъ кардан	[dʒam' kardan]
multiplication (f)	зарб, зарбзанй	[zarb], [zarbzani:]
multiplier (vt)	зарб задан	[zarb zadan]

9. Les nombres. Divers

chiffre (m)	рақам	[raqam]
nombre (m)	адад	[adad]
adjectif (m) numéral	шумора	[ʃumora]
moins (m)	тарх	[tarh]
plus (m)	ҷамъ	[dʒam']
formule (f)	формула	[formula]
calcul (m)	ҳисоб кардани	[hisob kardani]
compter (vt)	шумурдан	[ʃumurdan]
calculer (vt)	ҳисоб кардан	[hisob kardan]
comparer (vt)	муқоиса кардан	[muqoisa kardan]
Combien? (indénombr.)	Чӣ қадар?	[tʃi: qadar]
Combien? (dénombr.)	Чанд-то?	[tʃand-to]
somme (f)	ҳосили ҷамъ	[hosili dʒam']
résultat (m)	натиҷа	[natidʒa]
reste (m)	бақия	[baqija]
quelques ...	якчанд	[jaktʃand]
peu de ...	чанд	[tʃand]
reste (m)	боқимонда	[boqimonda]
un et demi	якуним	[jakunim]
en deux (adv)	ним	[nim]
en parties égales	баробар	[barobar]
moitié (f)	нисф	[nisf]
fois (f)	бор	[bor]

10. Les verbes les plus importants. Partie 1

aider (vt)	кумак кардан	[kumak kardan]
aimer (qn)	дӯст доштан	[dœst doʃtan]
aller (à pied)	рафтан	[raftan]
apercevoir (vt)	дида мондан	[dida mondan]
appartenir à ...	таалуқ доштан	[taaluq doʃtan]
appeler (au secours)	чеғ задан	[dʒeʁ zadan]
attendre (vt)	поидан	[poidan]
attraper (vt)	доштан	[doʃtan]
avertir (vt)	танбеҳ додан	[tanbeh dodan]
avoir (vt)	доштан	[doʃtan]
avoir confiance	бовар кардан	[bovar kardan]
avoir faim	хӯрок хостан	[xœrok xostan]
avoir peur	тарсидан	[tarsidan]
avoir soif	об хостан	[ob xostan]
cacher (vt)	пинҳон кардан	[pinhon kardan]
casser (briser)	шикастан	[ʃikastan]
cesser (vt)	бас кардан	[bas kardan]
changer (vt)	иваз кардан	[ivaz kardan]

chasser (animaux)	шикор кардан	[ʃikor kardan]
chercher (vt)	ҷустан	[dʒustan]
choisir (vt)	интихоб кардан	[intiχob kardan]
commander (~ le menu)	супоридан	[suporidan]

commencer (vt)	сар кардан	[sar kardan]
comparer (vt)	муқоиса кардан	[muqoisa kardan]
comprendre (vt)	фаҳмидан	[fahmidan]
compter (dénombrer)	ҳисоб кардан	[hisob kardan]
compter sur ...	умед бастан	[umed bastan]

confondre (vt)	иштибоҳ кардан	[iʃtiboh kardan]
connaître (qn)	донистан	[donistan]
conseiller (vt)	маслиҳат додан	[maslihat dodan]
continuer (vt)	давомат кардан	[davomat kardan]
contrôler (vt)	назорат кардан	[nazorat kardan]

courir (vi)	давидан	[davidan]
coûter (vt)	арзидан	[arzidan]
créer (vt)	офаридан	[ofaridan]
creuser (vt)	кофтан	[koftan]
crier (vi)	дод задан	[dod zadan]

11. Les verbes les plus importants. Partie 2

décorer (~ la maison)	оростан	[orostan]
défendre (vt)	муҳофиза кардан	[muhofiza kardan]
déjeuner (vi)	хӯроки пешин хӯрдан	[χœroki peʃin χœrdan]
demander (~ l'heure)	пурсидан	[pursidan]
demander (de faire qch)	пурсидан	[pursidan]

descendre (vi)	фуромадан	[furomadan]
deviner (vt)	ёфтан	[jɔftan]
dîner (vi)	хӯроки шом хӯрдан	[χœroki ʃom χœrdan]
dire (vt)	гуфтан	[guftan]
diriger (~ une usine)	сардорӣ кардан	[sardori: kardan]
discuter (vt)	муҳокима кардан	[muhokima kardan]

donner (vt)	додан	[dodan]
donner un indice	луқма додан	[luqma dodan]
douter (vt)	шак доштан	[ʃak doʃtan]
écrire (vt)	навиштан	[naviʃtan]
entendre (bruit, etc.)	шунидан	[ʃunidan]

entrer (vi)	даромадан	[daromadan]
envoyer (vt)	ирсол кардан	[irsol kardan]
espérer (vi)	умед доштан	[umed doʃtan]
essayer (vt)	озмоиш кардан	[ozmoiʃ kardan]

être (vi)	будан	[budan]
être d'accord	розигӣ додан	[rozigi: dodan]
être nécessaire	даркор будан	[darkor budan]
être pressé	шитоб кардан	[ʃitob kardan]
étudier (vt)	омӯхтан	[omœχtan]

excuser (vt)	афв кардан	[afv kardan]
exiger (vt)	талаб кардан	[talab kardan]
exister (vi)	зиндагӣ кардан	[zindagi: kardan]
expliquer (vt)	шарх додан	[ʃarh dodan]

faire (vt)	кардан	[kardan]
faire tomber	афтондан	[aftondan]
finir (vt)	тамом кардан	[tamom kardan]
garder (conserver)	нигоҳ доштан	[nigoh doʃtan]
gronder, réprimander (vt)	дашном додан	[daʃnom dodan]

informer (vt)	ахборот додан	[aχborot dodan]
insister (vi)	сахт истодан	[saχt istodan]
insulter (vt)	таҳқир кардан	[tahqir kardan]
inviter (vt)	даъват кардан	[da'vat kardan]
jouer (s'amuser)	бозӣ кардан	[bozi: kardan]

12. Les verbes les plus importants. Partie 3

libérer (ville, etc.)	озод кардан	[ozod kardan]
lire (vi, vt)	хондан	[χondan]
louer (prendre en location)	ба иҷора гирифтан	[ba idʒora giriftan]
manquer (l'école)	набудан	[nabudan]
menacer (vt)	дӯғ задан	[dœʁ zadan]

mentionner (vt)	гуфта гузаштан	[gufta guzaʃtan]
montrer (vt)	нишон додан	[niʃon dodan]
nager (vi)	шино кардан	[ʃino kardan]
objecter (vt)	зид баромадан	[zid baromadan]
observer (vt)	назорат кардан	[nazorat kardan]

ordonner (mil.)	фармон додан	[farmon dodan]
oublier (vt)	фаромӯш кардан	[faromœʃ kardan]
ouvrir (vt)	кушодан	[kuʃodan]
pardonner (vt)	бахшидан	[baχʃidan]
parler (vi, vt)	гап задан	[gap zadan]

participer à …	иштирок кардан	[iʃtirok kardan]
payer (régler)	пул додан	[pul dodan]
penser (vi, vt)	фикр кардан	[fikr kardan]
permettre (vt)	иҷозат додан	[idʒozat dodan]
plaire (être apprécié)	форидан	[foridan]

plaisanter (vi)	шӯхӣ кардан	[ʃœχi: kardan]
planifier (vt)	нақша кашидан	[naqʃa kaʃidan]
pleurer (vi)	гиря кардан	[girja kardan]
posséder (vt)	соҳиб будан	[sohib budan]
pouvoir (v aux)	тавонистан	[tavonistan]
préférer (vt)	бехтар донистан	[beχtar donistan]

prendre (vt)	гирифтан	[giriftan]
prendre en note	навиштан	[naviʃtan]
prendre le petit déjeuner	ноништа кардан	[noniʃta kardan]
préparer (le dîner)	пухтан	[puχtan]

prévoir (vt)	пешбинй кардан	[peʃbini: kardan]
prier (~ Dieu)	намоз хондан	[namoz χondan]
promettre (vt)	ваъда додан	[va'da dodan]
prononcer (vt)	талаффуз кардан	[talaffuz kardan]
proposer (vt)	таклиф кардан	[taklif kardan]
punir (vt)	ҷазо додан	[dʒazo dodan]

13. Les verbes les plus importants. Partie 4

recommander (vt)	маслихат додан	[maslihat dodan]
regretter (vt)	таассуф хӯрдан	[taassuf χœrdan]
répéter (dire encore)	такрор кардан	[takror kardan]
répondre (vi, vt)	ҷавоб додан	[dʒavob dodan]
réserver (une chambre)	нигоҳ доштан	[nigoh doʃtan]

rester silencieux	хомӯш будан	[χomœʃ budan]
réunir (regrouper)	якҷоя кардан	[jakdʒoja kardan]
rire (vi)	хандидан	[χandidan]
s'arrêter (vp)	истодан	[istodan]
s'asseoir (vp)	нишастан	[niʃastan]

sauver (la vie à qn)	наҷот додан	[nadʒot dodan]
savoir (qch)	донистан	[donistan]
se baigner (vp)	оббозй кардан	[obbozi: kardan]
se plaindre (vp)	шикоят кардан	[ʃikojat kardan]
se refuser (vp)	рад кардан	[rad kardan]

se tromper (vp)	хато кардан	[χato kardan]
se vanter (vp)	худситой кардан	[χudsitoi: kardan]
s'étonner (vp)	ба ҳайрат афтодан	[ba hajrat aftodan]
s'excuser (vp)	узр пурсидан	[uzr pursidan]
signer (vt)	имзо кардан	[imzo kardan]

signifier (vt)	маъно доштан	[ma'no doʃtan]
s'intéresser (vp)	ҳавас кардан	[havas kardan]
sortir (aller dehors)	баромадан	[baromadan]
sourire (vi)	табассум кардан	[tabassum kardan]
sous-estimer (vt)	хунукназарй кардан	[χunuknazari: kardan]

suivre ... (suivez-moi)	рафтан	[raftan]
tirer (vi)	тир задан	[tir zadan]
tomber (vi)	афтодан	[aftodan]
toucher (avec les mains)	даст расондан	[dast rasondan]
tourner (~ à gauche)	гардонидан	[gardonidan]

traduire (vt)	тарҷума кардан	[tardʒuma kardan]
travailler (vi)	кор кардан	[kor kardan]
tromper (vt)	фирефтан	[fireftan]
trouver (vt)	ёфтан	[jɔftan]
tuer (vt)	куштан	[kuʃtan]
vendre (vt)	фурӯхтан	[furœχtan]

| venir (vi) | расидан | [rasidan] |
| voir (vt) | дидан | [didan] |

voler (avion, oiseau)	паридан	[paridan]
voler (qch à qn)	дуздидан	[duzdidan]
vouloir (vt)	хостан	[χostan]

14. Les couleurs

couleur (f)	ранг	[rang]
teinte (f)	тобиш	[tobiʃ]
ton (m)	тобиш, лавн	[tobiʃ], [lavn]
arc-en-ciel (m)	рангинкамон	[ranginkamon]

blanc (adj)	сафед	[safed]
noir (adj)	сиёх	[sijɔh]
gris (adj)	адкан	[adkan]

vert (adj)	сабз, кабуд	[sabz], [kabud]
jaune (adj)	зард	[zard]
rouge (adj)	сурх, аргувонй	[surχ], [arʁuvoni:]

bleu (adj)	кабуд	[kabud]
bleu clair (adj)	осмонй	[osmoni:]
rose (adj)	гулобй	[gulobi:]
orange (adj)	норанчй	[norandʒi:]
violet (adj)	бунафш	[bunafʃ]
brun (adj)	қахвагй	[qahvagi:]

| d'or (adj) | тиллоранг | [tillorang] |
| argenté (adj) | нукрафом | [nuqrafom] |

beige (adj)	кахваранг	[kahvarang]
crème (adj)	зардтоб	[zardtob]
turquoise (adj)	фирӯзаранг	[firœzarang]
rouge cerise (adj)	олуболугй	[olubolugi:]
lilas (adj)	бунафш, нофармон	[bunafʃ], [nofarmon]
framboise (adj)	сурхи сиехтоб	[surχi siehtob]

clair (adj)	кушод	[kuʃod]
foncé (adj)	торик	[torik]
vif (adj)	тоза	[toza]

de couleur (adj)	ранга	[ranga]
en couleurs (adj)	ранга	[ranga]
noir et blanc (adj)	сиёху сафед	[sijɔhu safed]
unicolore (adj)	якранга	[jakranga]
multicolore (adj)	рангоранг	[rangorang]

15. Les questions

Qui?	Кй?	[ki:]
Quoi?	Чй?	[tʃi:]
Où? (~ es-tu?)	Дар кучо?	[dar kudʒo]
Où? (~ vas-tu?)	Кучо?	[kudʒo]

D'où?	Аз кучо?	[az kudʒo]
Quand?	Кай?	[kaj]
Pourquoi? (~ es-tu venu?)	Барои чй?	[baroi tʃi:]
Pourquoi? (~ t'es pâle?)	Барои чй?	[baroi tʃi:]

À quoi bon?	Барои чй?	[baroi tʃi:]
Comment?	Чй хел?	[tʃi: χel]
Quel? (à ~ prix?)	Кадом?	[kadom]
Lequel?	Чанд? Чандум?	[tʃand tʃandum]

À qui? (pour qui?)	Ба кй?	[ba ki:]
De qui?	Дар бораи кй?	[dar borai ki:]
De quoi?	Дар бораи чй?	[dar borai tʃi:]
Avec qui?	Бо кй?	[bo ki:]

Combien? (indénombr.)	Чй қадар?	[tʃi: qadar]
Combien? (dénombr.)	Чанд-то?	[tʃand-to]
À qui?	Аз они кй?	[az oni ki:]

16. Les prépositions

avec (~ toi)	бо, ҳамроҳи	[bo], [hamrohi]
sans (~ sucre)	бе	[be]
à (aller ~ ...)	ба	[ba]
de (au sujet de)	дар бораи	[dar borai]
avant (~ midi)	пеш аз	[peʃ az]
devant (~ la maison)	дар пеши	[dar peʃi]

sous (~ la commode)	таги	[tagi]
au-dessus de ...	дар болои	[dar boloi]
sur (dessus)	ба болои	[ba boloi]
de (venir ~ Paris)	аз	[az]
en (en bois, etc.)	аз	[az]

dans (~ deux heures)	баъд аз	[ba'd az]
par dessus	аз болои ...	[az boloi]

17. Les mots-outils. Les adverbes. Partie 1

Où? (~ es-tu?)	Дар кучо?	[dar kudʒo]
ici (c'est ~)	ин ҷо	[in dʒo]
là-bas (c'est ~)	он ҷо	[on dʒo]

quelque part (être)	дар кучое	[dar kudʒoe]
nulle part (adv)	дар хеҷ ҷо	[dar hedʒ dʒo]

près de ...	дар назди ...	[dar nazdi]
près de la fenêtre	дар назди тиреза	[dar nazdi tireza]

Où? (~ vas-tu?)	Кучо?	[kudʒo]
ici (Venez ~)	ин чо	[in tʃo]
là-bas (j'irai ~)	ба он чо	[ba on dʒo]

d'ici (adv)	аз ин чо	[az in dʒo]
de là-bas (adv)	аз он чо	[az on dʒo]
près (pas loin)	наздик	[nazdik]
loin (adv)	дур	[dur]
près de (~ Paris)	дар бари	[dar bari]
tout près (adv)	бисёр наздик	[bisjor nazdik]
pas loin (adv)	наздик	[nazdik]
gauche (adj)	чап	[tʃap]
à gauche (être ~)	аз чап	[az tʃap]
à gauche (tournez ~)	ба тарафи чап	[ba tarafi tʃap]
droit (adj)	рост	[rost]
à droite (être ~)	аз рост	[az rost]
à droite (tournez ~)	ба тарафи рост	[ba tarafi rost]
devant (adv)	аз пеш	[az peʃ]
de devant (adj)	пешин	[peʃin]
en avant (adv)	ба пеш	[ba peʃ]
derrière (adv)	дар қафои	[dar qafoi]
par derrière (adv)	аз қафо	[az qafo]
en arrière (regarder ~)	ақиб	[aqib]
milieu (m)	миёна	[mijona]
au milieu (adv)	дар миёна	[dar mijona]
de côté (vue ~)	аз паҳлу	[az pahlu]
partout (adv)	дар ҳар чо	[dar har dʒo]
autour (adv)	гирду атроф	[girdu atrof]
de l'intérieur	аз дарун	[az darun]
quelque part (aller)	ба ким-кучо	[ba kim-kudʒo]
tout droit (adv)	миёнбур карда	[mijonbur karda]
en arrière (revenir ~)	ба ақиб	[ba aqib]
de quelque part (n'import d'où)	аз ягон чо	[az jagon dʒo]
de quelque part (on ne sait pas d'où)	аз як чо	[az jak dʒo]
premièrement (adv)	аввалан	[avvalan]
deuxièmement (adv)	дуюм	[dujum]
troisièmement (adv)	сеюм	[sejum]
soudain (adv)	ногоҳ, баногоҳ	[nogoh], [banogoh]
au début (adv)	дар аввал	[dar avval]
pour la première fois	якумин	[jakumin]
bien avant ...	хеле пеш	[xele peʃ]
de nouveau (adv)	аз нав	[az nav]
pour toujours (adv)	тамоман	[tamoman]
jamais (adv)	ҳеч гоҳ	[hedʒ goh]
de nouveau, encore (adv)	боз, аз дигар	[boz], [az digar]

maintenant (adv)	акнун	[aknun]
souvent (adv)	тез-тез	[tez-tez]
alors (adv)	он вақт	[on vaqt]
d'urgence (adv)	зуд, фавран	[zud], [favran]
d'habitude (adv)	одатан	[odatan]

à propos, …	вокеан	[voqean]
c'est possible	шояд	[ʃojad]
probablement (adv)	эхтимол	[ɛhtimol]
peut-être (adv)	эхтимол, шояд	[ɛhtimol], [ʃojad]
en plus, …	ғайр аз он	[ʁajr az on]
c'est pourquoi …	бинобар ин	[binobar in]
malgré …	ба ин нигоҳ накарда	[ba in nigoh nakarda]
grâce à …	ба туфайли …	[ba tufajli]

quoi (pron)	чӣ	[ʧiː]
que (conj)	ки	[ki]
quelque chose (Il m'est arrivé ~)	чизе	[ʧize]
quelque chose (peut-on faire ~)	ягон чиз	[jagon ʧiz]
rien (m)	ҳеҷ чиз	[heʤ ʧiz]

qui (pron)	кӣ	[kiː]
quelqu'un (on ne sait pas qui)	ким-кӣ	[kim-kiː]
quelqu'un (n'importe qui)	касе	[kase]

personne (pron)	ҳеҷ кас	[heʤ kas]
nulle part (aller ~)	ба ҳеҷ куҷо	[ba heʤ kuʤo]
de personne	бесоҳиб	[besohib]
de n'importe qui	аз они касе	[az oni kase]

comme ça (adv)	чунон	[ʧunon]
également (adv)	ҳам	[ham]
aussi (adv)	низ, ҳам	[niz], [ham]

18. Les mots-outils. Les adverbes. Partie 2

Pourquoi?	Барои чӣ?	[baroi ʧiː]
pour une certaine raison	бо ким-кадом сабаб	[bo kim-kadom sabab]
parce que …	зеро ки	[zero ki]
pour une raison quelconque	барои чизе	[baroi ʧize]

et (conj)	ва, … у, … ю	[va], [u], [ju]
ou (conj)	ё	[jɔ]
mais (conj)	аммо, лекин	[ammo], [lekin]
pour … (prep)	барои	[baroi]

trop (adv)	аз меъёр зиёд	[az meʼjɔr zijɔd]
seulement (adv)	фақат	[faqat]
précisément (adv)	айнан	[ajnan]
près de … (prep)	тақрибан	[taqriban]
approximativement	тақрибан	[taqriban]
approximatif (adj)	тақрибӣ	[taqribiː]

| presque (adv) | қариб | [qarib] |
| reste (m) | боқимонда | [boqimonda] |

l'autre (adj)	дигар	[digar]
autre (adj)	дигар	[digar]
chaque (adj)	ҳар	[har]
n'importe quel (adj)	ҳар	[har]
beaucoup (adv)	бисёр, хеле	[bisjɔr], [xele]
plusieurs (pron)	бисёриҳо	[bisjɔriho]
tous	ҳама	[hama]

en échange de …	ба ивази	[ba ivazi]
en échange (adv)	ба ивазаш	[ba ivazaʃ]
à la main (adv)	дастӣ	[dasti:]
peu probable (adj)	ба гумон	[ba gumon]

probablement (adv)	эҳтимол, шояд	[ɛhtimol], [ʃojad]
exprès (adv)	барқасд	[barqasd]
par accident (adv)	тасодуфан	[tasodufan]

très (adv)	хеле	[xele]
par exemple (adv)	масалан, чунончи	[masalan], [tʃunontʃi]
entre (prep)	дар байни	[dar bajni]
parmi (prep)	дар байни …	[dar bajni]
autant (adv)	ин қадар	[in qadar]
surtout (adv)	хусусан	[xususan]

Concepts de base. Partie 2

19. Les jours de la semaine

lundi (m)	душанбе	[duʃanbe]
mardi (m)	сешанбе	[seʃanbe]
mercredi (m)	чоршанбе	[tʃorʃanbe]
jeudi (m)	панҷшанбе	[pandʒʃanbe]
vendredi (m)	ҷумъа	[dʒum'a]
samedi (m)	шанбе	[ʃanbe]
dimanche (m)	якшанбе	[jakʃanbe]

aujourd'hui (adv)	имрӯз	[imrœz]
demain (adv)	пагоҳ, фардо	[pagoh], [fardo]
après-demain (adv)	пасфардо	[pasfardo]
hier (adv)	дирӯз, дина	[dirœz], [dina]
avant-hier (adv)	парирӯз	[parirœz]

jour (m)	рӯз	[rœz]
jour (m) ouvrable	рӯзи кор	[rœzi kor]
jour (m) férié	рӯзи ид	[rœzi id]
jour (m) de repos	рӯзи истироҳат	[rœzi istirohat]
week-end (m)	рӯзҳои истироҳат	[rœzhoi istirohat]

toute la journée	тамоми рӯз	[tamomi rœz]
le lendemain	рӯзи дигар	[rœzi digar]
il y a 2 jours	ду рӯз пеш	[du rœz peʃ]
la veille	як рӯз пеш	[jak rœz peʃ]
quotidien (adj)	ҳаррӯза	[harrœza]
tous les jours	ҳар рӯз	[har rœz]

semaine (f)	ҳафта	[hafta]
la semaine dernière	ҳафтаи гузашта	[haftai guzaʃta]
la semaine prochaine	ҳафтаи оянда	[haftai ojanda]
hebdomadaire (adj)	ҳафтаина	[haftaina]
chaque semaine	ҳар ҳафта	[har hafta]
2 fois par semaine	ҳафтае ду маротиба	[haftae du marotiba]
tous les mardis	ҳар сешанбе	[har seʃanbe]

20. Les heures. Le jour et la nuit

matin (m)	пагоҳӣ	[pagohi:]
le matin	пагоҳирӯзӣ	[pagohirœzi:]
midi (m)	нисфи рӯз	[nisfi rœz]
dans l'après-midi	баъди пешин	[ba'di peʃin]

soir (m)	бегоҳ, бегоҳирӯз	[begoh], [begohirœz]
le soir	бегоҳӣ, бегоҳирӯзӣ	[begohi:], [begohirœzi:]

nuit (f)	шаб	[ʃab]
la nuit	шабона	[ʃabona]
minuit (f)	нисфи шаб	[nisfi ʃab]
seconde (f)	сония	[sonija]
minute (f)	дақиқа	[daqiqa]
heure (f)	соат	[soat]
demi-heure (f)	нимсоат	[nimsoat]
un quart d'heure	чоряки соат	[tʃorjaki soat]
quinze minutes	понздах дақиқа	[ponzdah daqiqa]
vingt-quatre heures	шабонарӯз	[ʃabonarœz]
lever (m) du soleil	тулӯъ	[tulœ']
aube (f)	субхидам	[subhidam]
point (m) du jour	субхи барвақт	[subhi barvaqt]
coucher (m) du soleil	ғуруби офтоб	[ʁurubi oftob]
tôt le matin	субхи барвақт	[subhi barvaqt]
ce matin	имрӯз пагохӣ	[imrœz pagohi:]
demain matin	пагох сахарӣ	[pagoh sahari:]
cet après-midi	имрӯз	[imrœz]
dans l'après-midi	баъди пешин	[ba'di peʃin]
demain après-midi	пагох баъди пешин	[pagoh ba'di peʃin]
ce soir	хамин бегох	[hamin begoh]
demain soir	фардо бегохӣ	[fardo begohi:]
à 3 heures précises	расо соати се	[raso soati se]
autour de 4 heures	наздикии соати чор	[nazdiki:i soati tʃor]
vers midi	соатхои дувоздах	[soathoi duvozdah]
dans 20 minutes	баъд аз бист дақиқа	[ba'd az bist daqiqa]
dans une heure	баъд аз як соат	[ba'd az jak soat]
à temps	дар вақташ	[dar vaqtaʃ]
... moins le quart	понздахто кам	[ponzdahto kam]
en une heure	дар давоми як соат	[dar davomi jak soat]
tous les quarts d'heure	хар понздах дақиқа	[har ponzdah daqiqa]
24 heures sur 24	шабу рӯз	[ʃabu rœz]

21. Les mois. Les saisons

janvier (m)	январ	[janvar]
février (m)	феврал	[fevral]
mars (m)	март	[mart]
avril (m)	апрел	[aprel]
mai (m)	май	[maj]
juin (m)	июн	[ijun]
juillet (m)	июл	[ijul]
août (m)	август	[avgust]
septembre (m)	сентябр	[sentjabr]
octobre (m)	октябр	[oktjabr]
novembre (m)	ноябр	[nojabr]
décembre (m)	декабр	[dekabr]

printemps (m)	баҳор, баҳорон	[bahor], [bahoron]
au printemps	дар фасли баҳор	[dar fasli bahor]
de printemps (adj)	баҳорӣ	[bahori:]

été (m)	тобистон	[tobiston]
en été	дар тобистон	[dar tobiston]
d'été (adj)	тобистона	[tobistona]

automne (m)	тирамоҳ	[tiramoh]
en automne	дар тирамоҳ	[dar tiramoh]
d'automne (adj)	… и тирамоҳ	[i tiramoh]

hiver (m)	зимистон	[zimiston]
en hiver	дар зимистон	[dar zimiston]
d'hiver (adj)	зимистонӣ, … и зимистон	[zimistoni:], [i zimiston]

mois (m)	моҳ	[moh]
ce mois	ҳамин моҳ	[hamin moh]
le mois prochain	дар моҳи оянда	[dar mohi ojanda]
le mois dernier	дар моҳи гузашта	[dar mohi guzaʃta]

il y a un mois	як моҳ пеш	[jak moh peʃ]
dans un mois	баъд аз як моҳ	[ba'd az jak moh]
dans 2 mois	баъд аз ду моҳ	[ba'd az du moh]
tout le mois	тамоми моҳ	[tamomi moh]
tout un mois	тамоми моҳ	[tamomi moh]

mensuel (adj)	ҳармоҳа	[harmoha]
mensuellement	ҳар моҳ	[har moh]
chaque mois	ҳар моҳ	[har moh]
2 fois par mois	ду маротиба дар як моҳ	[du marotiba dar jak moh]

année (f)	сол	[sol]
cette année	ҳамин сол	[hamin sol]
l'année prochaine	соли оянда	[soli ojanda]
l'année dernière	соли гузашта	[soli guzaʃta]

il y a un an	як сол пеш	[jak sol peʃ]
dans un an	баъд аз як сол	[ba'd az jak sol]
dans 2 ans	баъд аз ду сол	[ba'd az du sol]
toute l'année	тамоми сол	[tamomi sol]
toute une année	як соли пурра	[jak soli purra]

chaque année	ҳар сол	[har sol]
annuel (adj)	ҳарсола	[harsola]
annuellement	ҳар сол	[har sol]
4 fois par an	чор маротиба дар як сол	[tʃor marotiba dar jak sol]

date (f) (jour du mois)	таърих, рӯз	[ta'riχ], [rœz]
date (f) (~ mémorable)	сана	[sana]
calendrier (m)	тақвим, солнома	[taqvim], [solnoma]

six mois	ним сол	[nim sol]
semestre (m)	нимсола	[nimsola]
saison (f)	фасл	[fasl]
siècle (m)	аср	[asr]

22. La notion de temps. Divers

temps (m)	вақт	[vaqt]
moment (m)	лаҳза, дам	[lahza], [dam]
instant (m)	лаҳза	[lahza]
instantané (adj)	яклаҳзай	[jaklahzai:]
laps (m) de temps	муддати муайян	[muddati muajjan]
vie (f)	ҳаёт	[hajɔt]
éternité (f)	абад, абадият	[abad], [abadijat]
époque (f)	давр, давра	[davr], [davra]
ère (f)	эра, давра	[ɛra], [davra]
cycle (m)	доира	[doira]
période (f)	давр	[davr]
délai (m)	муддат	[muddat]
avenir (m)	оянда	[ojanda]
prochain (adj)	оянда	[ojanda]
la fois prochaine	бори дигар	[bori digar]
passé (m)	гузашта	[guzaʃta]
passé (adj)	гузашта	[guzaʃta]
la fois passée	бори гузашта	[bori guzaʃta]
plus tard (adv)	баъдтар	[ba'dtar]
après (prep)	баъди	[ba'di]
à présent (adv)	ҳамин замон	[hamin zamon]
maintenant (adv)	ҳозир	[hozir]
immédiatement	фавран	[favran]
bientôt (adv)	ба зудӣ ... мешавад	[ba zudi: meʃavad]
d'avance (adv)	пешакӣ	[peʃaki:]
il y a longtemps	кайҳо	[kajho]
récemment (adv)	ба наздикӣ	[ba nazdiki:]
destin (m)	тақдир	[taqdir]
souvenirs (m pl)	хотира	[xotira]
archives (f pl)	архив	[arxiv]
pendant ... (prep)	дар вақти ...	[dar vaqti]
longtemps (adv)	дуру дароз	[duru daroz]
pas longtemps (adv)	кӯтоҳ	[kœtoh]
tôt (adv)	барвақт	[barvaqt]
tard (adv)	дер	[der]
pour toujours (adv)	ҳамешагӣ	[hameʃagi:]
commencer (vt)	сар кардан	[sar kardan]
reporter (retarder)	ба вақти дигар мондан	[ba vaqti digar mondan]
en même temps (adv)	дар як вақт	[dar jak vaqt]
en permanence (adv)	доимо, ҳамеша	[doimo], [hameʃa]
constant (bruit, etc.)	доимӣ, ҳамешагӣ	[doimi:], [hameʃagi:]
temporaire (adj)	муваққатӣ	[muvaqqati:]
parfois (adv)	баъзан	[ba'zan]
rarement (adv)	кам, аҳёнан	[kam], [ahjɔnan]
souvent (adv)	тез-тез	[tez-tez]

23. Les contraires

riche (adj)	бой, давлатманд	[boj], [davlatmand]
pauvre (adj)	камбағал	[kambaʁal]

malade (adj)	касал, бемор	[kasal], [bemor]
en bonne santé	тандуруст	[tandurust]

grand (adj)	калон, бузург	[kalon], [buzurg]
petit (adj)	хурд	[χurd]

vite (adv)	босуръат	[bosur'at]
lentement (adv)	оҳиста	[ohista]

rapide (adj)	босуръат	[bosur'at]
lent (adj)	оҳиста	[ohista]

joyeux (adj)	хушҳол	[χuʃhol]
triste (adj)	ғамгинона	[ʁamginona]

ensemble (adv)	дар як чо	[dar jak dʒo]
séparément (adv)	алоҳида	[alohida]

à haute voix	бо овози баланд	[bo ovozi baland]
en silence	ба дили худ	[ba dili χud]

haut (adj)	баланд	[baland]
bas (adj)	паст	[past]

profond (adj)	чуқур	[tʃuqur]
peu profond (adj)	пастоб	[pastob]

oui (adv)	ҳа	[ha]
non (adv)	не	[ne]

lointain (adj)	дур	[dur]
proche (adj)	наздик	[nazdik]

loin (adv)	дур	[dur]
près (adv)	бисёр наздик	[bisjor nazdik]

long (adj)	дароз, дур	[daroz], [dur]
court (adj)	кӯтоҳ	[kœtoh]

bon (au bon cœur)	нек	[nek]
méchant (adj)	бад	[bad]

marié (adj)	зандор	[zandor]
célibataire (adj)	муҷаррад	[mudʒarrad]

interdire (vt)	манъ кардан	[man' kardan]
permettre (vt)	иҷозат додан	[idʒozat dodan]

fin (f)	охир	[oχir]
début (m)	сар	[sar]

gauche (adj)	чап	[tʃap]
droit (adj)	рост	[rost]
premier (adj)	якум	[jakum]
dernier (adj)	охирин	[oχirin]
crime (m)	ҷиноят	[dʒinojat]
punition (f)	ҷазо	[dʒazo]
ordonner (vt)	фармон додан	[farmon dodan]
obéir (vt)	зердаст шудан	[zerdast ʃudan]
droit (adj)	рост	[rost]
courbé (adj)	каҷ	[kadʒ]
paradis (m)	биҳишт	[bihiʃt]
enfer (m)	дӯзах, ҷаҳаннам	[dœzaχ], [dʒahannam]
naître (vi)	таваллуд шудан	[tavallud ʃudan]
mourir (vi)	мурдан	[murdan]
fort (adj)	зӯр	[zœr]
faible (adj)	заиф	[zaif]
vieux (adj)	пир	[pir]
jeune (adj)	ҷавон	[dʒavon]
vieux (adj)	кӯҳна	[kœhna]
neuf (adj)	нав	[nav]
dur (adj)	сахт	[saχt]
mou (adj)	нарм, мулоим	[narm], [muloim]
chaud (tiède)	гарм	[garm]
froid (adj)	хунук	[χunuk]
gros (adj)	фарбеҳ	[farbeh]
maigre (adj)	лоғар	[loʁar]
étroit (adj)	танг	[tang]
large (adj)	васеъ	[vase']
bon (adj)	хуб	[χub]
mauvais (adj)	бад	[bad]
vaillant (adj)	нотарс	[notars]
peureux (adj)	тарсончак	[tarsontʃak]

24. Les lignes et les formes

carré (m)	квадрат, мураббаъ	[kvadrat], [murabba']
carré (adj)	… и квадрат	[i kvadrat]
cercle (m)	давра	[davra]
rond (adj)	даврашакл	[davraʃakl]

triangle (m)	сегӯша, секунҷа	[segœʃa], [sekundʒa]
triangulaire (adj)	сегӯша, секунҷа	[segœʃa], [sekundʒa]
ovale (m)	байзӣ	[bajzi:]
ovale (adj)	байзӣ	[bajzi:]
rectangle (m)	росткунҷа	[rostkundʒa]
rectangulaire (adj)	росткунҷа	[rostkundʒa]
pyramide (f)	пирамида	[piramida]
losange (m)	ромб	[romb]
trapèze (m)	трапетсия	[trapetsija]
cube (m)	мукааб	[mukaab]
prisme (m)	призма	[prizma]
circonférence (f)	давра	[davra]
sphère (f)	кура	[kura]
globe (m)	кура	[kura]
diamètre (m)	диаметр, қутр	[diametr], [qutr]
rayon (m)	радиус	[radius]
périmètre (m)	периметр	[perimetr]
centre (m)	марказ	[markaz]
horizontal (adj)	уфуқӣ	[ufuqi:]
vertical (adj)	амуди, шоқулӣ	[amudi], [ʃoquli:]
parallèle (f)	параллел	[parallel]
parallèle (adj)	мувозӣ	[muvozi:]
ligne (f)	хат	[χat]
trait (m)	хат, рах	[χat], [raχ]
ligne (f) droite	хати рост	[χati rost]
courbe (f)	хати кач	[χati kadʒ]
fin (une ~ ligne)	борик	[borik]
contour (m)	контур, суроб	[kontur], [surob]
intersection (f)	бурида гузаштан	[burida guzaʃtan]
angle (m) droit	кунҷи рост	[kundʒi rost]
segment (m)	сегмент	[segment]
secteur (m)	сектор	[sektor]
côté (m)	пахлу	[paχlu]
angle (m)	кунҷ	[kundʒ]

25. Les unités de mesure

poids (m)	вазн	[vazn]
longueur (f)	дарозӣ	[darozi:]
largeur (f)	арз	[arz]
hauteur (f)	баландӣ	[balandi:]
profondeur (f)	чуқурӣ	[tʃuquri:]
volume (m)	ҳаҷм	[hadʒm]
aire (f)	масоҳат	[masohat]
gramme (m)	грам	[gram]
milligramme (m)	миллиграмм	[milligramm]

33

kilogramme (m)	килограмм	[kilogramm]
tonne (f)	тонна	[tonna]
livre (f)	қадоқ	[qadoq]
once (f)	вақия	[vaqija]
mètre (m)	метр	[metr]
millimètre (m)	миллиметр	[millimetr]
centimètre (m)	сантиметр	[santimetr]
kilomètre (m)	километр	[kilometr]
mille (m)	мил	[mil]
pied (m)	фут	[fut]
yard (m)	ярд	[jard]
mètre (m) carré	метри квадратй	[metri kvadrati:]
hectare (m)	гектар	[gektar]
litre (m)	литр	[litr]
degré (m)	дараҷа	[daradʒa]
volt (m)	волт	[volt]
ampère (m)	ампер	[amper]
cheval-vapeur (m)	қувваи асп	[quvvai asp]
quantité (f)	миқдор	[miqdor]
un peu de …	камтар	[kamtar]
moitié (f)	нисф	[nisf]
pièce (f)	дона	[dona]
dimension (f)	ҳаҷм	[hadʒm]
échelle (f) (de la carte)	масштаб	[masʃtab]
minimal (adj)	камтарин	[kamtarin]
le plus petit (adj)	хурдтарин	[xurdtarin]
moyen (adj)	миёна	[mijona]
maximal (adj)	ниҳоят калон	[nihojat kalon]
le plus grand (adj)	калонтарин	[kalontarin]

26. Les récipients

bocal (m) en verre	банкаи шишагй	[bankai ʃiʃagi:]
boîte, canette (f)	банкаи тунукагй	[bankai tunukagi:]
seau (m)	сатил	[satil]
tonneau (m)	бочка, чалак	[botʃka], [tʃalak]
bassine, cuvette (f)	тағора	[taʁora]
cuve (f)	бак, чалак	[bak], [tʃalak]
flasque (f)	обдон	[obdon]
jerrican (m)	канистра	[kanistra]
citerne (f)	систерна	[sisterna]
tasse (f), mug (m)	кружка, дӯлча	[kruʒka], [dœltʃa]
tasse (f)	косача	[kosatʃa]
soucoupe (f)	тақсимй, тақсимича	[taqsimi:], [taqsimitʃa]
verre (m) (~ d'eau)	стакан	[stakan]

| verre (m) à vin | бокал | [bokal] |
| faitout (m) | дегча | [degtʃa] |

| bouteille (f) | шиша, сурохӣ | [ʃiʃa], [surohi:] |
| goulot (m) | даҳани шиша | [dahani ʃiʃa] |

carafe (f)	сурохӣ	[surohi:]
pichet (m)	кӯза	[kœza]
récipient (m)	зарф	[zarf]
pot (m)	хурмача	[xurmatʃa]
vase (m)	гулдон	[guldon]

flacon (m)	шиша	[ʃiʃa]
fiole (f)	ҳубобча	[hubobtʃa]
tube (m)	лӯлача	[lœlatʃa]

sac (m) (grand ~)	халта	[xalta]
sac (m) (~ en plastique)	халта	[xalta]
paquet (m) (~ de cigarettes)	қуттӣ	[qutti:]

boîte (f)	қуттӣ	[qutti:]
caisse (f)	қуттӣ	[qutti:]
panier (m)	сабад	[sabad]

27. Les matériaux

matériau (m)	материал, масолеҳ	[material], [masoleh]
bois (m)	дарахт	[daraxt]
en bois (adj)	чӯбин	[tʃœbin]

| verre (m) | шиша | [ʃiʃa] |
| en verre (adj) | шишагӣ | [ʃiʃagi:] |

| pierre (f) | санг | [sang] |
| en pierre (adj) | сангин | [sangin] |

| plastique (m) | плассмас | [plassmas] |
| en plastique (adj) | плассмасӣ | [plassmasi:] |

| caoutchouc (m) | резин | [rezin] |
| en caoutchouc (adj) | резинӣ | [rezini:] |

| tissu (m) | матоъ | [mato'] |
| en tissu (adj) | аз матоъ | [az mato'] |

| papier (m) | қоғаз | [qoʁaz] |
| de papier (adj) | қоғазӣ | [qoʁazi:] |

| carton (m) | картон | [karton] |
| en carton (adj) | картони, ... и картон | [kartoni], [i karton] |

polyéthylène (m)	полуэтилен	[poluɛtilen]
cellophane (f)	селлофан	[sellofan]
linoléum (m)	линолеум	[linoleum]

contreplaqué (m)	фанер	[faner]
porcelaine (f)	фахфур	[faχfur]
de porcelaine (adj)	фахфурӣ	[faχfuri:]
argile (f)	гил	[gil]
de terre cuite (adj)	гилӣ, сафолӣ	[gili:], [safoli:]
céramique (f)	сафолот	[safolot]
en céramique (adj)	сафолӣ, ... и сафол	[safoli:], [i safol]

28. Les métaux

métal (m)	металл, фулуз	[metall], [fuluz]
métallique (adj)	металлӣ, ... и металл	[metalli:], [i metall]
alliage (m)	хӯла	[χœla]
or (m)	зар, тилло	[zar], [tillo]
en or (adj)	... и тилло	[i tillo]
argent (m)	нуқра	[nuqra]
en argent (adj)	нуқрагин	[nuqragin]
fer (m)	оҳан	[ohan]
en fer (adj)	оҳанин, ... и оҳан	[ohanin], [i ohan]
acier (m)	пӯлод	[pœlod]
en acier (adj)	пӯлодин	[pœlodin]
cuivre (m)	мис	[mis]
en cuivre (adj)	мисин	[misin]
aluminium (m)	алюминий	[aljuminij]
en aluminium (adj)	алюминӣ	[aljumini:]
bronze (m)	биринҷӣ, хӯла	[birindʒi:], [χœla]
en bronze (adj)	биринҷӣ, хӯлагӣ	[birindʒi:], [χœlagi:]
laiton (m)	латун, биринҷӣ	[latun], [birindʒi:]
nickel (m)	никел	[nikel]
platine (f)	платина	[platina]
mercure (m)	симоб	[simob]
étain (m)	қалъагӣ	[qal'agi:]
plomb (m)	сурб	[surb]
zinc (m)	руҳ	[ruh]

L'HOMME

L'homme. Le corps humain

29. L'homme. Notions fondamentales

être (m) humain	одам, инсон	[odam], [inson]
homme (m)	мард	[mard]
femme (f)	зан, занак	[zan], [zanak]
enfant (m, f)	кӯдак	[kœdak]
fille (f)	духтарча, духтарак	[duχtartʃa], [duχtarak]
garçon (m)	писарбача	[pisarbatʃa]
adolescent (m)	наврас	[navras]
vieillard (m)	пир	[pir]
vieille femme (f)	пиразан	[pirazan]

30. L'anatomie humaine

organisme (m)	организм	[organizm]
cœur (m)	дил	[dil]
sang (m)	хун	[χun]
artère (f)	раг	[rag]
veine (f)	раги варид	[ragi varid]
cerveau (m)	мағз	[maʁz]
nerf (m)	асаб	[asab]
nerfs (m pl)	асабхо	[asabχo]
vertèbre (f)	мӯхра	[mœhra]
colonne (f) vertébrale	сутунмӯхра	[sutunmœhra]
estomac (m)	меъда	[me'da]
intestins (m pl)	рӯдахо	[rœdaho]
intestin (m)	рӯда	[rœda]
foie (m)	чигар	[dʒigar]
rein (m)	гурда	[gurda]
os (m)	устухон	[ustuχon]
squelette (f)	устухонбандӣ	[ustuχonbandi:]
côte (f)	кабурға	[kaburʁa]
crâne (m)	косаи сар	[kosai sar]
muscle (m)	мушак	[muʃak]
biceps (m)	битсепс	[bitseps]
triceps (m)	тритсепс	[tritseps]
tendon (m)	пай	[paj]
articulation (f)	банду буғум	[bandu buʁum]

37

poumons (m pl)	шуш	[ʃuʃ]
organes (m pl) génitaux	узвҳои таносул	[uzvhoi tanosul]
peau (f)	пӯст	[pœst]

31. La tête

tête (f)	сар	[sar]
visage (m)	рӯй	[rœj]
nez (m)	бинӣ	[bini:]
bouche (f)	даҳон	[dahon]

œil (m)	чашм, дида	[ʧaʃm], [dida]
les yeux	чашмон	[ʧaʃmon]
pupille (f)	гавҳараки чашм	[gavharaki ʧaʃm]
sourcil (m)	абрӯ, қош	[abrœ], [qoʃ]
cil (m)	мижа	[miʒa]
paupière (f)	пилкҳои чашм	[pilkhoi ʧaʃm]

langue (f)	забон	[zabon]
dent (f)	дандон	[dandon]
lèvres (f pl)	лабҳо	[labho]
pommettes (f pl)	устухони рухсора	[ustuχoni ruχsora]
gencive (f)	зираи дандон	[zirai dandon]
palais (m)	ком	[kom]

narines (f pl)	сурохии бинӣ	[suroχi:i bini:]
menton (m)	манаҳ	[manah]
mâchoire (f)	чоғ	[ʤoʁ]
joue (f)	рухсор	[ruχsor]

front (m)	пешона	[peʃona]
tempe (f)	чакка	[ʧakka]
oreille (f)	гӯш	[gœʃ]
nuque (f)	пушти сар	[puʃti sar]
cou (m)	гардан	[gardan]
gorge (f)	гулӯ	[gulœ]

cheveux (m pl)	мӯйи сар	[mœji sar]
coiffure (f)	ороиши мӯйсар	[oroiʃi mœjsar]
coupe (f)	ороиши мӯйсар	[oroiʃi mœjsar]
perruque (f)	мӯи ориятӣ	[mœi orijati:]

moustache (f)	муйлаб, бурут	[mujlab], [burut]
barbe (f)	риш	[riʃ]
porter (~ la barbe)	мондан, доштан	[mondan], [doʃtan]
tresse (f)	кокул	[kokul]
favoris (m pl)	риши бари рӯй	[riʃi bari rœj]

roux (adj)	сурхмуй	[surχmuj]
gris, grisonnant (adj)	сафед	[safed]
chauve (adj)	одамсар	[odamsar]
calvitie (f)	тосии сар	[tosi:i sar]
queue (f) de cheval	думча	[dumʧa]
frange (f)	пича	[piʧa]

32. Le corps humain

main (f)	панҷаи даст	[pandʒai dast]
bras (m)	даст	[dast]
doigt (m)	ангушт	[anguʃt]
orteil (m)	чилик, ангушт	[tʃilik], [anguʃt]
pouce (m)	нарангушт	[naranguʃt]
petit doigt (m)	ангушти хурд	[anguʃti χurd]
ongle (m)	нохун	[noχun]
poing (m)	кулак, мушт	[kulak], [muʃt]
paume (f)	каф	[kaf]
poignet (m)	банди даст	[bandi dast]
avant-bras (m)	бозу	[bozu]
coude (m)	оринҷ	[orindʒ]
épaule (f)	китф	[kitf]
jambe (f)	по	[po]
pied (m)	панҷаи пой	[pandʒai poj]
genou (m)	зону	[zonu]
mollet (m)	соқи по	[soqi po]
hanche (f)	миён	[mijɔn]
talon (m)	пошна	[poʃna]
corps (m)	бадан	[badan]
ventre (m)	шикам	[ʃikam]
poitrine (f)	сина	[sina]
sein (m)	сина, пистон	[sina], [piston]
côté (m)	паҳлу	[pahlu]
dos (m)	пушт	[puʃt]
reins (région lombaire)	камаргоҳ	[kamargoh]
taille (f) (~ de guêpe)	миён	[mijɔn]
nombril (m)	ноф	[nof]
fesses (f pl)	сурин	[surin]
derrière (m)	сурин	[surin]
grain (m) de beauté	хол	[χol]
tache (f) de vin	хол	[χol]
tatouage (m)	вашм	[vaʃm]
cicatrice (f)	доғи захм	[doʁi zaχm]

Les vêtements & les accessoires

33. Les vêtements d'extérieur

vêtement (m)	либос	[libos]
survêtement (m)	либоси боло	[libosi bolo]
vêtement (m) d'hiver	либоси зимистонй	[libosi zimistoni:]
manteau (m)	палто	[palto]
manteau (m) de fourrure	пӯстин	[pœstin]
veste (f) de fourrure	нимпӯстин	[nimpœstin]
manteau (m) de duvet	пуховик	[puχovik]
veste (f) (~ en cuir)	куртка	[kurtka]
imperméable (m)	боронй	[boroni:]
imperméable (adj)	обногузар	[obnoguzar]

34. Les vêtements

chemise (f)	курта	[kurta]
pantalon (m)	шим, шалвор	[ʃim], [ʃalvor]
jean (m)	шими чинс	[ʃimi dʒins]
veston (m)	пичак	[pidʒak]
complet (m)	костюм	[kostjum]
robe (f)	куртаи заннона	[kurtai zannona]
jupe (f)	юбка	[jubka]
chemisette (f)	блузка	[bluzka]
veste (f) en laine	кофтаи бофта	[koftai bofta]
jaquette (f), blazer (m)	жакет	[ʒaket]
tee-shirt (m)	футболка	[futbolka]
short (m)	шортик	[ʃortik]
costume (m) de sport	либоси варзишй	[libosi varziʃi:]
peignoir (m) de bain	халат	[χalat]
pyjama (m)	пижама	[piʒama]
chandail (m)	свитер	[sviter]
pull-over (m)	пуловер	[pulover]
gilet (m)	камзӯл	[kamzœl]
queue-de-pie (f)	фрак	[frak]
smoking (m)	смокинг	[smoking]
uniforme (m)	либоси расмй	[libosi rasmi:]
tenue (f) de travail	либоси корй	[libosi kori:]
salopette (f)	комбинезон	[kombinezon]
blouse (f) (d'un médecin)	халат	[χalat]

35. Les sous-vêtements

sous-vêtements (m pl)	либоси таг	[libosi tag]
boxer (m)	турсуки мардона	[tursuki mardona]
slip (m) de femme	турсуки занона	[tursuki zanona]
maillot (m) de corps	майка	[majka]
chaussettes (f pl)	пайпоқ	[pajpoq]
chemise (f) de nuit	куртаи хоб	[kurtai χob]
soutien-gorge (m)	синабанд	[sinaband]
chaussettes (f pl) hautes	чуроби кутоҳ	[ʤurobi kutoh]
collants (m pl)	колготка	[kolgotka]
bas (m pl)	чуроби дароз	[ʧurobi daroz]
maillot (m) de bain	либоси оббозй	[libosi obbozi:]

36. Les chapeaux

chapeau (m)	кулоҳ, телпак	[kuloh], [telpak]
chapeau (m) feutre	шляпаи моҳутй	[ʃljapai mohuti:]
casquette (f) de base-ball	бейсболка	[bejsbolka]
casquette (f)	кепка	[kepka]
béret (m)	берет	[beret]
capuche (f)	либоси кулоҳдор	[libosi kulohdor]
panama (m)	панамка	[panamka]
bonnet (m) de laine	шапкаи бофтагй	[ʃapkai boftagi:]
foulard (m)	рӯймол	[rœjmol]
chapeau (m) de femme	кулоҳча	[kulohʧa]
casque (m) (d'ouvriers)	тоскулоҳ	[toskuloh]
calot (m)	пилотка	[pilotka]
casque (m) (~ de moto)	хӯд	[χœd]
melon (m)	дегчакулох	[degʧakuloχ]
haut-de-forme (m)	силиндр	[silindr]

37. Les chaussures

chaussures (f pl)	пойафзол	[pojafzol]
bottines (f pl)	патинка	[patinka]
souliers (m pl) (~ plats)	кафш, туфли	[kafʃ], [tufli]
bottes (f pl)	мӯза	[mœza]
chaussons (m pl)	шиппак	[ʃippak]
tennis (m pl)	крассовка	[krassovka]
baskets (f pl)	кетй	[keti:]
sandales (f pl)	сандал	[sandal]
cordonnier (m)	мӯзадӯз	[mœzadœz]
talon (m)	пошна	[poʃna]

paire (f)	чуфт	[dʒuft]
lacet (m)	бандак	[bandak]
lacer (vt)	бандак гузарондан	[bandak guzarondan]
chausse-pied (m)	кафчаи кафшпӯшй	[kaftʃai kafʃpœʃi:]
cirage (m)	креми пойафзол	[kremi pojafzol]

38. Le textile. Les tissus

coton (m)	пахта	[paχta]
de coton (adj)	пахтагин	[paχtagin]
lin (m)	катон	[katon]
de lin (adj)	аз загирпоя	[az zaʁirpoja]

soie (f)	абрешим	[abreʃim]
de soie (adj)	абрешимин	[abreʃimin]
laine (f)	пашм	[paʃm]
en laine (adj)	пашмин	[paʃmin]

velours (m)	бахмал, махмал	[baχmal], [maχmal]
chamois (m)	замша, чир	[zamʃa], [dʒir]
velours (m) côtelé	пилтабахмал	[piltabaχmal]

nylon (m)	нейлон	[nejlon]
en nylon (adj)	аз нейлон	[az nejlon]
polyester (m)	полиэстер	[poliɛster]
en polyester (adj)	полуэстерй	[poluɛsteri:]

cuir (m)	чарм	[tʃarm]
en cuir (adj)	чармин	[tʃarmin]
fourrure (f)	мӯина, пӯст	[mœina], [pœst]
en fourrure (adj)	мӯинагй	[mœinagi:]

39. Les accessoires personnels

gants (m pl)	дастпӯшак	[dastpœʃak]
moufles (f pl)	дастпӯшаки бепанча	[dastpœʃaki bepandʒa]
écharpe (f)	гарданпеч	[gardanpetʃ]

lunettes (f pl)	айнак	[ajnak]
monture (f)	чанбарак	[tʃanbarak]
parapluie (m)	соябон, чатр	[sojabon], [tʃatr]
canne (f)	чӯб	[tʃœb]
brosse (f) â cheveux	чӯткаи мӯйсар	[tʃœtkai mœjsar]
éventail (m)	бодбезак	[bodbezak]

cravate (f)	галстук	[galstuk]
nœud papillon (m)	галстук-шапарак	[galstuk-ʃaparak]
bretelles (f pl)	шалворбанди китфй	[ʃalvorbandi kitfi:]
mouchoir (m)	дастрӯймол	[dastrœjmol]

| peigne (m) | шона | [ʃona] |
| barrette (f) | сарсӯзан, бандак | [sarsœzan], [bandak] |

épingle (f) à cheveux	санчак	[sandʒak]
boucle (f)	сагаки тасма	[sagaki tasma]
ceinture (f)	тасма	[tasma]
bandoulière (f)	тасма	[tasma]
sac (m)	сумка	[sumka]
sac (m) à main	сумка	[sumka]
sac (m) à dos	борхалта	[borχalta]

40. Les vêtements. Divers

mode (f)	мод	[mod]
à la mode (adj)	модшуда	[modʃuda]
couturier, créateur de mode	тархсоз	[tarhsoz]
col (m)	гиребон, ёка	[girebon], [jɔqa]
poche (f)	киса	[kisa]
de poche (adj)	… и киса	[i kisa]
manche (f)	остин	[ostin]
bride (f)	банди либос	[bandi libos]
braguette (f)	чоки пеши шим	[tʃoki peʃi ʃim]
fermeture (f) à glissière	занчирак	[zandʒirak]
agrafe (f)	гирехбанд	[girehband]
bouton (m)	тугма	[tugma]
boutonnière (f)	банди тугма	[bandi tugma]
s'arracher (bouton)	канда шудан	[kanda ʃudan]
coudre (vi, vt)	дӯхтан	[dœχtan]
broder (vt)	гулдӯзӣ кардан	[guldœzi: kardan]
broderie (f)	гулдӯзӣ	[guldœzi:]
aiguille (f)	сӯзани чокдӯзи	[sœzani tʃokdœzi]
fil (m)	ресмон	[resmon]
couture (f)	чок	[tʃok]
se salir (vp)	олуда шудан	[oluda ʃudan]
tache (f)	доғ, лакка	[doʁ], [lakka]
se froisser (vp)	ғичим шудан	[ʁidʒim ʃudan]
déchirer (vt)	даррондан	[darrondan]
mite (f)	куя	[kuja]

41. L'hygiène corporelle. Les cosmétiques

dentifrice (m)	хамираи дандон	[χamirai dandon]
brosse (f) à dents	чӯткаи дандоншӯй	[tʃœtkai dandonʃœi:]
se brosser les dents	дандон шустан	[dandon ʃustan]
rasoir (m)	ришгирак	[riʃgirak]
crème (f) à raser	креми ришгирӣ	[kremi riʃgiri:]
se raser (vp)	риш гирифтан	[riʃ giriftan]
savon (m)	собун	[sobun]

shampooing (m)	шампун	[ʃampun]
ciseaux (m pl)	кайчӣ	[kajtʃi:]
lime (f) à ongles	тарошаи нохунхо	[taroʃai noχunho]
pinces (f pl) à ongles	анбӯрча барои нохунхо	[anbœrtʃa baroi noχunho]
pince (f) à épiler	мӯйчинак	[mœjtʃinak]

produits (m pl) de beauté	косметика	[kosmetika]
masque (m) de beauté	ниқоби косметикӣ	[niqobi kosmetiki:]
manucure (f)	нохунорой	[noχunoroi:]
se faire les ongles	нохун оростан	[noχun orostan]
pédicurie (f)	ороиши нохунхои пой	[oroiʃi noχunhoi poj]

trousse (f) de toilette	косметичка	[kosmetitʃka]
poudre (f)	сафеда	[safeda]
poudrier (m)	қуттии упо	[qutti:i upo]
fard (m) à joues	сурхӣ	[surχi:]

eau (f) de toilette	атр	[atr]
lotion (f)	оби мушкин	[obi muʃkin]
eau de Cologne (f)	атр	[atr]

fard (m) à paupières	тен барои пилкхои чашм	[ten baroi pilkhoi tʃaʃm]
crayon (m) à paupières	қалами чашм	[qalami tʃaʃm]
mascara (m)	туш барои мижахо	[tuʃ baroi miჳaho]

rouge (m) à lèvres	лабсурхкунак	[labsurχkunak]
vernis (m) à ongles	лаки нохун	[laki noχun]
laque (f) pour les cheveux	лаки мӯйсар	[laki mœjsar]
déodorant (m)	дезодорант	[dezodorant]

crème (f)	крем, равғани рӯй	[krem], [ravʁani rœj]
crème (f) pour le visage	креми рӯй	[kremi rœj]
crème (f) pour les mains	креми даст	[kremi dast]
crème (f) anti-rides	креми зиддиожанг	[kremi ziddioჳang]
crème (f) de jour	креми рӯзона	[kremi rœzona]
crème (f) de nuit	креми шабона	[kremi ʃabona]
de jour (adj)	рӯзона, ~и рӯз	[rœzona], [~i rœz]
de nuit (adj)	шабона, ... и шаб	[ʃabona], [i ʃab]

tampon (m)	тампон	[tampon]
papier (m) de toilette	коғази хочатхона	[koʁazi χoჳatχona]
sèche-cheveux (m)	мӯхушккунак	[mœχuʃkkunak]

42. Les bijoux. La bijouterie

bijoux (m pl)	чавохирот	[ჳavohirot]
précieux (adj)	қиматбахо	[qimatbaho]
poinçon (m)	иёр	[ijor]

bague (f)	ангуштарин	[anguʃtarin]
alliance (f)	ангуштарини никох	[anguʃtarini nikoh]
bracelet (m)	дастпона	[dastpona]
boucles (f pl) d'oreille	гӯшвора	[gœʃvora]
collier (m) (de perles)	гарданбанд	[gardanband]

| couronne (f) | точ | [toʤ] |
| collier (m) (en verre, etc.) | шадда | [ʃadda] |

diamant (m)	бриллиант	[brilliant]
émeraude (f)	зумуррад	[zumurrad]
rubis (m)	лаъл	[la'l]
saphir (m)	ёқути кабуд	[jɔquti kabud]
perle (f)	марворид	[marvorid]
ambre (m)	каҳрабо	[kahrabo]

43. Les montres. Les horloges

montre (f)	соати дастӣ	[soati dasti:]
cadran (m)	лавҳаи соат	[lavhai soat]
aiguille (f)	акрабак	[akrabak]
bracelet (m)	дастпона	[dastpona]
bracelet (m) (en cuir)	банди соат	[bandi soat]

pile (f)	батареяча, батарейка	[batarejatʃa], [batarejka]
être déchargé	холӣ шудааст	[xoli: ʃudaast]
changer de pile	иваз кардани батаре	[ivaz kardani batare]
avancer (vi)	пеш меравад	[peʃ meravad]
retarder (vi)	ақиб мондан	[aqib mondan]

pendule (f)	соати деворӣ	[soati devori:]
sablier (m)	соати регӣ	[soati regi:]
cadran (m) solaire	соати офтобӣ	[soati oftobi:]
réveil (m)	соати рӯимизии зангдор	[soati rœimizi:i zangdor]
horloger (m)	соатсоз	[soatsoz]
réparer (vt)	таъмир кардан	[ta'mir kardan]

Les aliments. L'alimentation

44. Les aliments

viande (f)	гӯшт	[gœʃt]
poulet (m)	мурғ	[murʁ]
poulet (m) (poussin)	чӯча	[ʧœʤa]
canard (m)	мурғобӣ	[murʁobi:]
oie (f)	қоз, ғоз	[qoz], [ʁoz]
gibier (m)	сайди шикор	[sajdi ʃikor]
dinde (f)	мурғи марчон	[murʁi mardʒon]
du porc	гӯшти хук	[gœʃti χuk]
du veau	гӯшти гӯсола	[gœʃti gœsola]
du mouton	гӯшти гӯсфанд	[gœʃti gœsfand]
du bœuf	гӯшти гов	[gœʃti gov]
lapin (m)	харгӯш	[χargœʃ]
saucisson (m)	ҳасиб	[hasib]
saucisse (f)	ҳасибча	[hasibʧa]
bacon (m)	бекон	[bekon]
jambon (m)	ветчина	[vetʧina]
cuisse (f)	рон	[ron]
pâté (m)	паштет	[paʃtet]
foie (m)	чигар	[dʒigar]
farce (f)	гӯшти кӯфта	[gœʃti kœfta]
langue (f)	забон	[zabon]
œuf (m)	тухм	[tuχm]
les œufs	тухм	[tuχm]
blanc (m) d'œuf	сафедии тухм	[safedi:i tuχm]
jaune (m) d'œuf	зардии тухм	[zardi:i tuχm]
poisson (m)	моҳӣ	[mohi:]
fruits (m pl) de mer	маҳсулоти баҳрӣ	[mahsuloti bahri:]
crustacés (m pl)	буғумпойхо	[buʁumpojho]
caviar (m)	тухми моҳӣ	[tuχmi mohi:]
crabe (m)	харчанг	[χarʧang]
crevette (f)	креветка	[krevetka]
huître (f)	садафак	[sadafak]
langoustine (f)	лангуст	[langust]
poulpe (m)	ҳаштпо	[haʃtpo]
calamar (m)	калмар	[kalmar]
esturgeon (m)	гӯшти тосмоҳӣ	[gœʃti tosmohi:]
saumon (m)	озодмоҳӣ	[ozodmohi:]
flétan (m)	палтус	[paltus]
morue (f)	равғанмоҳӣ	[ravʁanmohi:]

maquereau (m)	зағӯтамоҳӣ	[zaʁœtamohi:]
thon (m)	самак	[samak]
anguille (f)	мормоҳӣ	[mormohi:]

truite (f)	гулмоҳӣ	[gulmohi:]
sardine (f)	саморис	[samoris]
brochet (m)	шӯртан	[ʃœrtan]
hareng (m)	шӯрмоҳӣ	[ʃœrmohi:]

pain (m)	нон	[non]
fromage (m)	панир	[panir]
sucre (m)	шакар	[ʃakar]
sel (m)	намак	[namak]

riz (m)	биринҷ	[birindʒ]
pâtes (m pl)	макарон	[makaron]
nouilles (f pl)	угро	[ugro]

beurre (m)	равғани маска	[ravʁani maska]
huile (f) végétale	равғани пок	[ravʁani pok]
huile (f) de tournesol	равғани офтобпараст	[ravʁani oftobparast]
margarine (f)	маргарин	[margarin]

| olives (f pl) | зайтун | [zajtun] |
| huile (f) d'olive | равғани зайтун | [ravʁani zajtun] |

lait (m)	шир	[ʃir]
lait (m) condensé	ширқиём	[ʃirqijɔm]
yogourt (m)	йогурт	[jɔgurt]
crème (f) aigre	қаймок	[qajmok]
crème (f) (de lait)	қаймоқ	[qajmoq]

| sauce (f) mayonnaise | майонез | [majɔnez] |
| crème (f) au beurre | крем | [krem] |

gruau (m)	ярма	[jarma]
farine (f)	орд	[ord]
conserves (f pl)	консерв	[konserv]

pétales (m pl) de maïs	бадроқи чуворимакка	[badroqi dʒuvorimakka]
miel (m)	асал	[asal]
confiture (f)	чем	[dʒem]
gomme (f) à mâcher	сақич, илқ	[saqitʃ], [ilq]

45. Les boissons

eau (f)	об	[ob]
eau (f) potable	оби нӯшиданӣ	[obi nœʃidani:]
eau (f) minérale	оби минералӣ	[obi minerali:]

plate (adj)	бе газ	[be gaz]
gazeuse (l'eau ~)	газнок	[gaznok]
pétillante (adj)	газдор	[gazdor]
glace (f)	ях	[jaχ]

avec de la glace	бо ях, яхдор	[bo jaχ], [jaχdor]
sans alcool	беалкогол	[bealkogol]
boisson (f) non alcoolisée	нӯшокии беалкогол	[nœʃoki:i bealkogol]
rafraîchissement (m)	нӯшокии хунук	[nœʃoki:i χunuk]
limonade (f)	лимонад	[limonad]

boissons (f pl) alcoolisées	нӯшокиҳои спиртӣ	[nœʃokihoi spirti:]
vin (m)	шароб, май	[ʃarob], [maj]
vin (m) blanc	маи ангури сафед	[mai anguri safed]
vin (m) rouge	маи арғувонӣ	[mai arʁuvoni:]

liqueur (f)	ликёр	[likjɔr]
champagne (m)	шампан	[ʃampan]
vermouth (m)	вермут	[vermut]

whisky (m)	виски	[viski]
vodka (f)	арақ, водка	[araq], [vodka]
gin (m)	ҷин	[dʒin]
cognac (m)	коняк	[konjak]
rhum (m)	ром	[rom]

café (m)	қаҳва	[qahva]
café (m) noir	қаҳваи сиёҳ	[qahvai sijoh]
café (m) au lait	ширқаҳва	[ʃirqahva]
cappuccino (m)	капучино	[kaputʃino]
café (m) soluble	қаҳваи кӯфта	[qahvai kœfta]

lait (m)	шир	[ʃir]
cocktail (m)	коктейл	[koktejl]
cocktail (m) au lait	коктейли ширӣ	[koktejli ʃiri:]

jus (m)	шарбат	[ʃarbat]
jus (m) de tomate	шираи помидор	[ʃirai pomidor]
jus (m) d'orange	афшураи афлесун	[afʃurai aflesun]
jus (m) pressé	афшураи тоза тайёршуда	[afʃurai toza tajjorʃuda]

bière (f)	пиво	[pivo]
bière (f) blonde	оби ҷави шафоф	[obi dʒavi ʃafof]
bière (f) brune	оби ҷави торик	[obi dʒavi torik]

thé (m)	чой	[tʃoj]
thé (m) noir	чойи сиёҳ	[tʃoji sijoh]
thé (m) vert	чои кабуд	[tʃoi kabud]

46. Les légumes

| légumes (m pl) | сабзавот | [sabzavot] |
| verdure (f) | сабзавот | [sabzavot] |

tomate (f)	помидор	[pomidor]
concombre (m)	бодиринг	[bodiring]
carotte (f)	сабзӣ	[sabzi:]
pomme (f) de terre	картошка	[kartoʃka]
oignon (m)	пиёз	[pijoz]

ail (m)	сир	[sir]
chou (m)	карам	[karam]
chou-fleur (m)	гулкарам	[gulkaram]
chou (m) de Bruxelles	карами брусселӣ	[karami brusseli:]
brocoli (m)	карами брокколӣ	[karami brokkoli:]
betterave (f)	лаблабу	[lablabu]
aubergine (f)	бодинҷон	[bodindʒon]
courgette (f)	таррак	[tarrak]
potiron (m)	каду	[kadu]
navet (m)	шалғам	[ʃalʁam]
persil (m)	чаъфарӣ	[dʒa'fari:]
fenouil (m)	шибит	[ʃibit]
laitue (f) (salade)	коху	[kohu]
céleri (m)	карафс	[karafs]
asperge (f)	морчӯба	[mortʃœba]
épinard (m)	испаноқ	[ispanoq]
pois (m)	нахӯд	[naχœd]
fèves (f pl)	лӯбиё	[lœbijɔ]
maïs (m)	чув700римакка	[dʒuvorimakka]
haricot (m)	лӯбиё	[lœbijɔ]
poivron (m)	қаламфур	[qalamfur]
radis (m)	шалғамча	[ʃalʁamtʃa]
artichaut (m)	анганор	[anganor]

47. Les fruits. Les noix

fruit (m)	мева	[meva]
pomme (f)	себ	[seb]
poire (f)	мурӯд, нок	[murœd], [nok]
citron (m)	лиму	[limu]
orange (f)	афлесун, пӯртахол	[aflesun], [pœrtaχol]
fraise (f)	қулфинай	[qulfinaj]
mandarine (f)	норанг	[norang]
prune (f)	олу	[olu]
pêche (f)	шафтолу	[ʃaftolu]
abricot (m)	дарахти зардолу	[daraχti zardolu]
framboise (f)	тамашк	[tamaʃk]
ananas (m)	ананас	[ananas]
banane (f)	банан	[banan]
pastèque (f)	тарбуз	[tarbuz]
raisin (m)	ангур	[angur]
cerise (f)	олуболу	[olubolu]
merise (f)	гелос	[gelos]
pamplemousse (m)	норинҷ	[norindʒ]
avocat (m)	авокадо	[avokado]
papaye (f)	папайя	[papajja]
mangue (f)	анбаҳ	[anbah]

grenade (f)	анор	[anor]
groseille (f) rouge	коти сурх	[koti surχ]
cassis (m)	қоти сиёх	[qoti sijɔh]
groseille (f) verte	бектошй	[bektoʃi:]
myrtille (f)	черника	[tʃernika]
mûre (f)	марминчон	[marmindʒon]

raisin (m) sec	мавиз	[maviz]
figue (f)	анчир	[andʒir]
datte (f)	хурмо	[χurmo]

cacahuète (f)	финдуки заминй	[finduki zamini:]
amande (f)	бодом	[bodom]
noix (f)	чормағз	[tʃormaʁz]
noisette (f)	финдиқ	[findiq]
noix (f) de coco	норгил	[norgil]
pistaches (f pl)	писта	[pista]

48. Le pain. Les confiseries

confiserie (f)	махсулоти қанноди	[mahsuloti qannodi]
pain (m)	нон	[non]
biscuit (m)	кулчақанд	[kultʃaqand]

chocolat (m)	шоколад	[ʃokolad]
en chocolat (adj)	... и шоколад, шоколадй	[i ʃokolad], [ʃokoladi:]
bonbon (m)	конфет	[konfet]
gâteau (m), pâtisserie (f)	пирожни	[piroʒni]
tarte (f)	торт	[tort]

| gâteau (m) | пирог | [pirog] |
| garniture (f) | пур кардани, андохтани | [pur kardani], [andoχtani] |

confiture (f)	мураббо	[murabbo]
marmelade (f)	мармалод	[marmalod]
gaufre (f)	вафлй	[vafli:]
glace (f)	яхмос	[jaχmos]
pudding (m)	пудинг	[puding]

49. Les plats cuisinés

plat (m)	таом	[taom]
cuisine (f)	таомхо	[taomho]
recette (f)	ретсепт	[retsept]
portion (f)	навола	[navola]

| salade (f) | салат | [salat] |
| soupe (f) | шӯрбо | [ʃœrbo] |

bouillon (m)	булён	[buljɔn]
sandwich (m)	бутерброд	[buterbrod]
les œufs brouillés	тухмбирён	[tuχmbirjɔn]

| hamburger (m) | гамбургер | [gamburger] |
| steak (m) | бифштекс | [bifʃteks] |

garniture (f)	хӯриши таом	[χœriʃi taom]
spaghettis (m pl)	спагеттӣ	[spagetti:]
purée (f)	пюре	[pjure]
pizza (f)	питса	[pitsa]
bouillie (f)	шӯла	[ʃœla]
omelette (f)	омлет, тухмбирён	[omlet], [tuχmbirjɔn]

cuit à l'eau (adj)	чӯшондашуда	[dʒœʃondaʃuda]
fumé (adj)	дудхӯрда	[dudχœrda]
frit (adj)	бирён	[birjɔn]
sec (adj)	хушк	[χuʃk]
congelé (adj)	яхкарда	[jaχkarda]
mariné (adj)	дар сирко хобондашуда	[dar sirko χobondaʃuda]

sucré (adj)	ширин	[ʃirin]
salé (adj)	шӯр	[ʃœr]
froid (adj)	хунук	[χunuk]
chaud (adj)	гарм	[garm]
amer (adj)	талх	[talχ]
bon (savoureux)	бомаза	[bomaza]

cuire à l'eau	пухтан, чӯшондан	[puχtan], [dʒœʃondan]
préparer (le dîner)	пухтан	[puχtan]
faire frire	бирён кардан	[birjɔn kardan]
réchauffer (vt)	гарм кардан	[garm kardan]

saler (vt)	намак андохтан	[namak andoχtan]
poivrer (vt)	қаламфур андохтан	[qalamfur andoχtan]
râper (vt)	тарошидан	[taroʃidan]
peau (f)	пӯст	[pœst]
éplucher (vt)	пӯст кандан	[pœst kandan]

50. Les épices

sel (m)	намак	[namak]
salé (adj)	шӯр	[ʃœr]
saler (vt)	намак андохтан	[namak andoχtan]

poivre (m) noir	мурчи сиёҳ	[murtʃi sijɔh]
poivre (m) rouge	мурчи сурх	[murtʃi surχ]
moutarde (f)	хардал	[χardal]
raifort (m)	қаҳзак	[qahzak]

condiment (m)	хӯриш	[χœriʃ]
épice (f)	дорувор	[doruvor]
sauce (f)	қайла	[qajla]
vinaigre (m)	сирко	[sirko]

anis (m)	тухми бодиён	[tuχmi bodijɔn]
basilic (m)	нозбӯй, райҳон	[nozbœj], [rajhon]
clou (m) de girofle	қаланфури гардан	[qalanfuri gardan]

gingembre (m)	занчабил	[zandʒabil]
coriandre (m)	кашнич	[kaʃnidʒ]
cannelle (f)	дорчин, долчин	[dortʃin], [doltʃin]

sésame (m)	кунчид	[kundʒid]
feuille (f) de laurier	барги ғор	[bargi ʁor]
paprika (m)	каламфур	[qalamfur]
cumin (m)	зира	[zira]
safran (m)	заъфарон	[za'faron]

51. Les repas

| nourriture (f) | хӯрок, таом | [xœrok], [taom] |
| manger (vi, vt) | хӯрдан | [xœrdan] |

petit déjeuner (m)	ноништа	[noniʃta]
prendre le petit déjeuner	ноништа кардан	[noniʃta kardan]
déjeuner (m)	хӯроки пешин	[xœroki peʃin]
déjeuner (vi)	хӯроки пешин хӯрдан	[xœroki peʃin xœrdan]
dîner (m)	шом	[ʃom]
dîner (vi)	хӯроки шом хӯрдан	[xœroki ʃom xœrdan]

| appétit (m) | иштихо | [iʃtiho] |
| Bon appétit! | ош шавад! | [oʃ ʃavad] |

ouvrir (vt)	кушодан	[kuʃodan]
renverser (liquide)	резондан	[rezondan]
se renverser (liquide)	рехтан	[reχtan]

bouillir (vi)	чӯшидан	[dʒœʃidan]
faire bouillir	чӯшондан	[dʒœʃondan]
bouilli (l'eau ~e)	чӯшомада	[dʒœʃomada]

| refroidir (vt) | хунук кардан | [χunuk kardan] |
| se refroidir (vp) | хунук шудан | [χunuk ʃudan] |

| goût (m) | маза, таъм | [maza], [ta'm] |
| arrière-goût (m) | таъм | [ta'm] |

suivre un régime	хароб шудан	[χarob ʃudan]
régime (m)	диета	[dieta]
vitamine (f)	витамин	[vitamin]
calorie (f)	калория	[kalorija]

| végétarien (m) | гӯштнахӯранда | [gœʃtnaχœranda] |
| végétarien (adj) | бегӯшт | [begœʃt] |

lipides (m pl)	равған	[ravʁan]
protéines (f pl)	сафедахо	[safedaho]
glucides (m pl)	карбогидратхо	[karbogidratho]

tranche (f)	тилим, порча	[tilim], [portʃa]
morceau (m)	порча	[portʃa]
miette (f)	резгӣ	[rezgi:]

52. Le dressage de la table

cuillère (f)	қошуқ	[qoʃuq]
couteau (m)	корд	[kord]
fourchette (f)	чангча, чангол	[tʃangtʃa], [tʃangol]

tasse (f)	косача	[kosatʃa]
assiette (f)	тақсимча	[taqsimtʃa]
soucoupe (f)	тақсимӣ, тақсимича	[taqsimi:], [taqsimitʃa]
serviette (f)	салфетка	[salfetka]
cure-dent (m)	дандонковак	[dandonkovak]

53. Le restaurant

restaurant (m)	тарабхона	[tarabχona]
salon (m) de café	қаҳвахона	[qahvaχona]
bar (m)	бар	[bar]
salon (m) de thé	чойхона	[tʃojχona]

serveur (m)	пешхизмат	[peʃχizmat]
serveuse (f)	пешхизмат	[peʃχizmat]
barman (m)	бармен	[barmen]

carte (f)	меню	[menju]
carte (f) des vins	рӯйхати шаробхо	[rœjχati ʃarobho]
réserver une table	банд кардани миз	[band kardani miz]

plat (m)	таом	[taom]
commander (vt)	супориш додан	[suporiʃ dodan]
faire la commande	фармоиш додан	[farmoiʃ dodan]
apéritif (m)	аперитив	[aperitiv]
hors-d'œuvre (m)	хӯриш, газак	[χœriʃ], [gazak]
dessert (m)	десерт	[desert]

addition (f)	ҳисоб	[hisob]
régler l'addition	пардохт кардан	[pardoχt kardan]
rendre la monnaie	бақия додан	[baqija dodan]
pourboire (m)	чойпулӣ	[tʃojpuli:]

La famille. Les parents. Les amis

54. Les données personnelles. Les formulaires

prénom (m)	ном	[nom]
nom (m) de famille	фамилия	[familija]
date (f) de naissance	рӯзи таваллуд	[rœzi tavallud]
lieu (m) de naissance	ҷойи таваллуд	[dʒoji tavallud]
nationalité (f)	миллият	[millijat]
domicile (m)	ҷои истиқомат	[dʒoi istiqomat]
pays (m)	кишвар	[kiʃvar]
profession (f)	касб	[kasb]
sexe (m)	ҷинс	[dʒins]
taille (f)	қад	[qad]
poids (m)	вазн	[vazn]

55. La famille. Les liens de parenté

mère (f)	модар	[modar]
père (m)	падар	[padar]
fils (m)	писар	[pisar]
fille (f)	духтар	[duχtar]
fille (f) cadette	духтари хурдӣ	[duχtari χurdi:]
fils (m) cadet	писари хурдӣ	[pisari χurdi:]
fille (f) aînée	духтари калонӣ	[duχtari kaloni:]
fils (m) aîné	писари калонӣ	[pisari kaloni:]
frère (m)	бародар	[barodar]
frère (m) aîné	ака	[aka]
frère (m) cadet	додар	[dodar]
sœur (f)	хоҳар	[χohar]
sœur (f) aînée	апа	[apa]
sœur (f) cadette	хоҳари хурд	[χohari χurd]
cousin (m)	амакписар (ама-, таӻо-, хола-)	[amakpisar] ([ama], [taƅo], [χola])
cousine (f)	амакдухтар (ама-, таӻо-, хола-)	[amakduχtar] ([ama], [taƅo], [χola])
maman (f)	модар, оча	[modar], [otʃa]
papa (m)	дада	[dada]
parents (m pl)	волидайн	[volidajn]
enfant (m, f)	кӯдак	[kœdak]
enfants (pl)	бачагон, кӯдакон	[batʃagon], [kœdakon]
grand-mère (f)	модаркалон, онакалон	[modarkalon], [onakalon]

grand-père (m)	бобо	[bobo]
petit-fils (m)	набера	[nabera]
petite-fille (f)	набера	[nabera]
petits-enfants (pl)	набераҳо	[naberaho]

oncle (m)	тағо, амак	[taʁo], [amak]
tante (f)	хола, амма	[χola], [amma]
neveu (m)	чиян	[dʒijan]
nièce (f)	чиян	[dʒijan]

belle-mère (f)	модарарӯс	[modararœs]
beau-père (m)	падаршӯй	[padarʃœj]
gendre (m)	почо, язна	[potʃo], [jazna]
belle-mère (f)	модарандар	[modarandar]
beau-père (m)	падарандар	[padarandar]

nourrisson (m)	бачаи ширмак	[batʃai ʃirmak]
bébé (m)	кӯдаки ширмак	[kœdaki ʃirmak]
petit (m)	писарча, кӯдак	[pisartʃa], [kœdak]

femme (f)	зан	[zan]
mari (m)	шавҳар, шӯй	[ʃavhar], [ʃœj]
époux (m)	завч	[zavdʒ]
épouse (f)	завча	[zavdʒa]

marié (adj)	зандор	[zandor]
mariée (adj)	шавҳардор	[ʃavhardor]
célibataire (adj)	безан	[bezan]
célibataire (m)	безан	[bezan]
divorcé (adj)	чудошудагӣ	[dʒudoʃudagi:]
veuve (f)	бева, бевазан	[beva], [bevazan]
veuf (m)	бева, занмурда	[beva], [zanmurda]

parent (m)	хеш	[χeʃ]
parent (m) proche	хеши наздик	[χeʃi nazdik]
parent (m) éloigné	хеши дур	[χeʃi dur]
parents (m pl)	хешу табор	[χeʃu tabor]

orphelin (m)	ятимбача	[jatimbatʃa]
orpheline (f)	ятимдухтар	[jatimduχtar]
tuteur (m)	васӣ	[vasi:]
adopter (un garçon)	писар хондан	[pisar χondan]
adopter (une fille)	духтархонд кардан	[duχtarχond kardan]

56. Les amis. Les collègues

ami (m)	дӯст, чӯра	[dœst], [dʒœra]
amie (f)	дугона	[dugona]
amitié (f)	дӯстӣ, чӯрагӣ	[dœsti:], [dʒœragi:]
être ami	дӯстӣ кардан	[dœsti: kardan]

copain (m)	дуст, рафик	[dust], [rafik]
copine (f)	шинос	[ʃinos]
partenaire (m)	шарик	[ʃarik]

chef (m)	сардор	[sardor]
supérieur (m)	сардор	[sardor]
propriétaire (m)	соҳиб	[sohib]
subordonné (m)	зердаст	[zerdast]
collègue (m, f)	ҳамкор	[hamkor]

connaissance (f)	шинос, ошно	[ʃinos], [oʃno]
compagnon (m) de route	ҳамроҳ	[hamroh]
copain (m) de classe	ҳамсинф	[hamsinf]

voisin (m)	ҳамсоя	[hamsoja]
voisine (f)	ҳамсоязан	[hamsojazan]
voisins (m pl)	ҳамсояҳо	[hamsojaho]

57. L'homme. La femme

femme (f)	зан, занак	[zan], [zanak]
jeune fille (f)	ҷавондухтар	[dʒavonduxtar]
fiancée (f)	арӯс	[arœs]

belle (adj)	зебо	[zebo]
de grande taille	зани қадбаланд	[zani qadbaland]
svelte (adj)	мавзун	[mavzun]
de petite taille	начандон баланд	[natʃandon baland]

| blonde (f) | духтари малламӯй | [duxtari mallamœj] |
| brune (f) | зани сиёҳмӯй | [zani sijohmœj] |

de femme (adj)	занона	[zanona]
vierge (f)	бокира, афифа	[bokira], [afifa]
enceinte (adj)	ҳомила	[homila]
homme (m)	мард	[mard]
blond (m)	марди малламӯй	[mardi mallamœj]
brun (m)	марди сиёҳмӯй	[mardi sijohmœj]
de grande taille	қадбаланд	[qadbaland]
de petite taille	начандон баланд	[natʃandon baland]

rude (adj)	дағал	[daʁal]
trapu (adj)	ғалча	[ʁaltʃa]
robuste (adj)	боқувват	[boquvvat]
fort (adj)	зӯр	[zœr]
force (f)	зӯр, қувва	[zœr], [quvva]

gros (adj)	фарбеҳ, пурра	[farbeh], [purra]
basané (adj)	сабзина	[sabzina]
svelte (adj)	мавзун	[mavzun]
élégant (adj)	босалиқа	[bosaliqa]

58. L'age

| âge (m) | син | [sin] |
| jeunesse (f) | ҷавонӣ | [dʒavoni:] |

jeune (adj)	чавон	[ʤavon]
plus jeune (adj)	хурд, хурдй	[χurd], [χurdi:]
plus âgé (adj)	калон	[kalon]
jeune homme (m)	чавон	[ʤavon]
adolescent (m)	наврас	[navras]
gars (m)	чавон	[ʤavon]
vieillard (m)	пир	[pir]
vieille femme (f)	пиразан	[pirazan]
adulte (m)	калонсол	[kalonsol]
d'âge moyen (adj)	солдида	[soldida]
âgé (adj)	пир, солхӯрда	[pir], [solχœrda]
vieux (adj)	пир	[pir]
retraite (f)	нафақа	[nafaqa]
prendre sa retraite	ба нафақа баромадан	[ba nafaqa baromadan]
retraité (m)	нафақахӯр	[nafaqaχœr]

59. Les enfants. Les adolescents

enfant (m, f)	кӯдак	[kœdak]
enfants (pl)	бачагон, кӯдакон	[baʧagon], [kœdakon]
jumeaux (m pl)	дугоник	[dugonik]
berceau (m)	гаҳвора	[gahvora]
hochet (m)	шақилдоқ	[ʃaqildoq]
couche (f)	уребча	[urebʧa]
tétine (f)	чочак	[ʧoʧak]
poussette (m)	аробачаи бачагона	[arobaʧai baʧagona]
école (f) maternelle	боғчаи бачагон	[boʁʧai baʧagon]
baby-sitter (m, f)	бачабардор	[baʧabardor]
enfance (f)	бачагй, кӯдакй	[baʧagi:], [kœdaki:]
poupée (f)	лӯхтак	[lœχtak]
jouet (m)	бозича	[boziʧa]
jeu (m) de construction	конструктор	[konstruktor]
bien élevé (adj)	тарбиядида	[tarbijadida]
mal élevé (adj)	беодоб	[beodob]
gâté (adj)	эрка	[ɛrka]
faire le vilain	шӯхй кардан	[ʃœχi: kardan]
vilain (adj)	шӯх	[ʃœχ]
espièglerie (f)	шӯхй	[ʃœχi:]
vilain (m)	шӯх	[ʃœχ]
obéissant (adj)	халим	[halim]
désobéissant (adj)	саркаш	[sarkaʃ]
sage (adj)	халим	[halim]
intelligent (adj)	оқил	[oqil]
l'enfant prodige	вундеркинд	[vunderkind]

60. Les couples mariés. La vie de famille

embrasser (sur les lèvres)	бӯсидан	[bœsidan]
s'embrasser (vp)	бӯсобӯсӣ кардан	[bœsobœsi: kardan]
famille (f)	оила	[oila]
familial (adj)	оилавӣ	[oilavi:]
couple (m)	чуфт, зану шавҳар	[dʒuft], [zanu ʃavhar]
mariage (m) (~ civil)	никоҳ	[nikoh]
foyer (m) familial	хонавода	[xonavoda]
dynastie (f)	сулола	[sulola]
rendez-vous (m)	вохӯрӣ	[voxœri:]
baiser (m)	бӯса	[bœsa]
amour (m)	муҳаббат, ишқ	[muhabbat], [iʃq]
aimer (qn)	дӯст доштан	[dœst doʃtan]
aimé (adj)	азиз, маҳбуб	[aziz], [mahbub]
tendresse (f)	меҳрубонӣ	[mehruboni:]
tendre (affectueux)	меҳрубон	[mehrubon]
fidélité (f)	вафодорӣ	[vafodori:]
fidèle (adj)	вафодор	[vafodor]
soin (m) (~ de qn)	ғамхорӣ	[ʁamxori:]
attentionné (adj)	ғамхор	[ʁamxor]
jeunes mariés (pl)	навхонадор	[navxonador]
lune (f) de miel	моҳи асал	[mohi asal]
se marier (prendre pour époux)	шавҳар кардан	[ʃavhar kardan]
se marier (prendre pour épouse)	зан гирифтан	[zan giriftan]
mariage (m)	тӯй, тӯйи арӯсӣ	[tœj], [tœji arœsi:]
les noces d'or	панчоҳсолагии тӯйи арӯсӣ	[pandʒohsolagi:i tœji arœsi:]
anniversaire (m)	солгард, солагӣ	[solgard], [solagi:]
amant (m)	ошиқ	[oʃiq]
maîtresse (f)	маъшуқа	[ma'ʃuqa]
adultère (m)	бевафоӣ	[bevafoi:]
commettre l'adultère	бевафоӣ кардан	[bevafoi: kardan]
jaloux (adj)	бадрашк	[badraʃk]
être jaloux	рашк кардан	[raʃk kardan]
divorce (m)	талоқ	[taloq]
divorcer (vi)	талоқ гирифтан	[taloq giriftan]
se disputer (vp)	чанчол кардан	[dʒandʒol kardan]
se réconcilier (vp)	оштӣ шудан	[oʃti: ʃudan]
ensemble (adv)	дар як чо	[dar jak dʒo]
sexe (m)	шаҳват	[ʃahvat]
bonheur (m)	бахт	[baxt]
heureux (adj)	хушбахт	[xuʃbaxt]
malheur (m)	бадбахтӣ	[badbaxti:]
malheureux (adj)	бадбахт	[badbaxt]

Le caractère. Les émotions

61. Les sentiments. Les émotions

sentiment (m)	хис	[his]
sentiments (m pl)	хиссиёт	[hissijɔt]
sentir (vt)	хис кардан	[his kardan]
faim (f)	гуруснагй	[gurusnagi:]
avoir faim	хӯрок хостан	[χœrok χostan]
soif (f)	ташнагй	[taʃnagi:]
avoir soif	об хостан	[ob χostan]
somnolence (f)	хоболудй	[χoboludi:]
avoir sommeil	хоб рафтан хостан	[χob raftan χostan]
fatigue (f)	мондашавй	[mondaʃavi:]
fatigué (adj)	мондашуда	[mondaʃuda]
être fatigué	монда шудан	[monda ʃudan]
humeur (f) (de bonne ~)	рӯхия, кайфият	[rœhija], [kajfijat]
ennui (m)	дилтангй, зикй	[diltangi:], [ziqi:]
s'ennuyer (vp)	дилтанг шудан	[diltang ʃudan]
solitude (f)	танхой	[tanhoi:]
s'isoler (vp)	танхо мондан	[tanho mondan]
inquiéter (vt)	ташвиш додан	[taʃviʃ dodan]
s'inquiéter (vp)	норохат шудан	[norohat ʃudan]
inquiétude (f)	норохатй	[norohati:]
préoccupation (f)	хаячон	[hajadʒon]
soucieux (adj)	мушавваш	[muʃavvaʃ]
s'énerver (vp)	асабони шудан	[asaboni ʃudan]
paniquer (vi)	вохима кардан	[vohima kardan]
espoir (m)	умед	[umed]
espérer (vi)	умед доштан	[umed doʃtan]
certitude (f)	дилпурй	[dilpuri:]
certain (adj)	дилпур	[dilpur]
incertitude (f)	эътимод надоштани	[ɛ'timod nadoʃtani]
incertain (adj)	эътимоднадошта	[ɛ'timodnadoʃta]
ivre (adj)	маст	[mast]
sobre (adj)	хушёр	[huʃjɔr]
faible (adj)	заиф	[zaif]
heureux (adj)	хушбахт	[χuʃbaχt]
faire peur	тарсондан	[tarsondan]
fureur (f)	газабнокй	[ʁazabnoki:]
rage (f), colère (f)	бадхашмй	[badχaʃmi:]
dépression (f)	рӯхафтодагй	[rœhaftodagi:]
inconfort (m)	норохат	[norohat]

confort (m)	хузуру ҳаловат	[huzuru halovat]
regretter (vt)	таассуф хӯрдан	[taassuf χœrdan]
regret (m)	таассуф	[taassuf]
malchance (f)	нобарорй, нокомй	[nobarori:], [nokomi:]
tristesse (f)	ранчиш, озор	[randʒiʃ], [ozor]

honte (f)	шарм	[ʃarm]
joie, allégresse (f)	шодй, хурсандй	[ʃodi:], [χursandi:]
enthousiasme (m)	ғайрат	[ʁajrat]
enthousiaste (m)	одами боғаират	[odami boʁairat]
avoir de l'enthousiasme	ғайрат кардан	[ʁajrat kardan]

62. Le caractère. La personnalité

caractère (m)	феъл, табиат	[fe'l], [tabiat]
défaut (m)	камбудй	[kambudi:]
esprit (m)	ақл	[aql]
raison (f)	фаҳм	[fahm]

conscience (f)	вичдон	[vidʒdon]
habitude (f)	одат	[odat]
capacité (f)	қобилият	[qobilijat]
savoir (faire qch)	тавонистан	[tavonistan]

patient (adj)	бурдбор	[burdbor]
impatient (adj)	бетоқат	[betoqat]
curieux (adj)	кунчков	[kundʒkov]
curiosité (f)	кунчковй	[kundʒkovi:]

modestie (f)	хоксорй	[χoksori:]
modeste (adj)	хоксор	[χoksor]
vaniteux (adj)	густохона	[gustoχona]

paresse (f)	танбалй	[tanbali:]
paresseux (adj)	танбал	[tanbal]
paresseux (m)	танбал	[tanbal]

astuce (f)	ҳилагарй	[hilagari:]
rusé (adj)	ҳилагар	[hilagar]
méfiance (f)	нобоварй	[nobovari:]
méfiant (adj)	нобовар	[nobovar]

générosité (f)	саховат	[saχovat]
généreux (adj)	сахй	[saχi:]
doué (adj)	боистеъдод	[boiste'dod]
talent (m)	истеъдод	[iste'dod]

courageux (adj)	нотарс, часур	[notars], [dʒasur]
courage (m)	нотарсй, часурй	[notarsi:], [dʒasuri:]
honnête (adj)	бовичдон	[bovidʒdon]
honnêteté (f)	бовичдонй	[bovidʒdoni:]

| prudent (adj) | эҳтиёткор | [εhtijotkor] |
| courageux (adj) | диловар | [dilovar] |

| sérieux (adj) | мулоҳизакор | [mulohizakor] |
| sévère (adj) | сахтгир | [saχtgir] |

décidé (adj)	собитқадам	[sobitqadam]
indécis (adj)	сабукмизоҷ	[sabukmizodʒ]
timide (adj)	бечуръат	[bedʒur'at]
timidité (f)	бечуръатй	[bedʒur'ati:]

confiance (f)	бовар	[bovar]
croire (qn)	бовар кардан	[bovar kardan]
confiant (adj)	зудбовар	[zudbovar]

sincèrement (adv)	самимона	[samimona]
sincère (adj)	самимй	[samimi:]
sincérité (f)	самимият	[samimijat]
ouvert (adj)	кушод	[kuʃod]

calme (adj)	ором	[orom]
franc (sincère)	фошофош	[foʃofoʃ]
naïf (adj)	соддадил	[soddadil]
distrait (adj)	хаёлпарешон	[χajɔlpareʃon]
drôle, amusant (adj)	хандаовар	[χandaovar]

avidité (f)	хасисй	[χasisi:]
avare (adj)	хасис	[χasis]
radin (adj)	хасис	[χasis]
méchant (adj)	бад, шарир	[bad], [ʃarir]
têtu (adj)	якрав	[jakrav]
désagréable (adj)	дилнокаш	[dilnokaʃ]

égoïste (m)	худпараст	[χudparast]
égoïste (adj)	худпарастона	[χudparastona]
peureux (m)	тарсончак	[tarsontʃak]
peureux (adj)	тарсончак	[tarsontʃak]

63. Le sommeil. Les rêves

dormir (vi)	хобидан	[χobidan]
sommeil (m)	хоб	[χob]
rêve (m)	хоб	[χob]
rêver (en dormant)	хоб дидан	[χob didan]
endormi (adj)	хоболуд	[χobolud]

lit (m)	кат	[kat]
matelas (m)	матрас, бистар	[matras], [bistar]
couverture (f)	кӯрпа	[kœrpa]
oreiller (m)	болишт	[boliʃt]
drap (m)	чойпӯш	[dʒojpœʃ]

insomnie (f)	бехобй	[beχobi:]
sans sommeil (adj)	бехоб	[beχob]
somnifère (m)	доруи хоб	[dorui χob]
prendre un somnifère	доруи хоб нӯшидан	[dorui χob nœʃidan]
avoir sommeil	хоб рафтан хостан	[χob raftan χostan]

bâiller (vi)	хамёза кашидан	[χamjɔza kaʃidan]
aller se coucher	хобравй рафтан	[χɔbravi: raftan]
faire le lit	чогаҳ андохтан	[ʤɔgah andɔχtan]
s'endormir (vp)	хоб рафтан	[χɔb raftan]
cauchemar (m)	сиёҳй	[sijɔhi:]
ronflement (m)	хуррок	[χurrɔk]
ronfler (vi)	хуррок кашидан	[χurrɔk kaʃidan]
réveil (m)	соати рӯимизии зангдор	[sɔati rœimizi:i zangdor]
réveiller (vt)	бедор кардан	[bedor kardan]
se réveiller (vp)	аз хоб бедор шудан	[az χob bedor ʃudan]
se lever (tôt, tard)	саҳар хестан	[sahar χestan]
se laver (le visage)	дасту рӯй шустан	[dastu rœj ʃustan]

64. L'humour. Le rire. La joie

humour (m)	ҳачв	[haʤv]
sens (m) de l'humour	шӯхтабъй	[ʃœχtab'i:]
s'amuser (vp)	хурсандй кардан	[χursandi: kardan]
joyeux (adj)	хушҳол	[χuʃhol]
joie, allégresse (f)	шодй, хурсандй	[ʃodi:], [χursandi:]
sourire (m)	табассум	[tabassum]
sourire (vi)	табассум кардан	[tabassum kardan]
se mettre à rire	хандидан	[χandidan]
rire (vi)	хандидан	[χandidan]
rire (m)	ханда	[χanda]
anecdote (f)	латифа, ҳикояти мазҳакавй	[latifa], [hikojati mazhakavi:]
drôle, amusant (adj)	хандаовар	[χandaovar]
comique, ridicule (adj)	хандаовар	[χandaovar]
plaisanter (vi)	шӯхй кардан	[ʃœχi: kardan]
plaisanterie (f)	шӯхй	[ʃœχi:]
joie (f) (émotion)	шодй	[ʃodi:]
se réjouir (vp)	шодй кардан	[ʃodi: kardan]
joyeux (adj)	хурсанд	[χursand]

65. Dialoguer et communiquer. Partie 1

communication (f)	алоқа, робита	[aloqa], [robita]
communiquer (vi)	алоқа доштан	[aloqa doʃtan]
conversation (f)	сӯхбат	[sœhbat]
dialogue (m)	муколима	[mukolima]
discussion (f) (débat)	мубоҳиса	[mubohisa]
débat (m)	баҳс	[bahs]
discuter (vi)	баҳс кардан	[bahs kardan]
interlocuteur (m)	ҳамсӯхбат	[hamsœhbat]
sujet (m)	мавзӯъ	[mavzœ']

point (m) de vue	нуқтаи назар	[nuqtai nazar]
opinion (f)	фикр	[fikr]
discours (m)	нутқ	[nutq]

discussion (f) (d'un rapport)	муҳокима	[muhokima]
discuter (vt)	муҳокима кардан	[muhokima kardan]
conversation (f)	сӯхбат	[sœhbat]
converser (vi)	сӯхбат кардан	[sœhbat kardan]
rencontre (f)	мулоқот	[muloqot]
se rencontrer (vp)	мулоқот кардан	[muloqot kardan]

proverbe (m)	зарбулмасал	[zarbulmasal]
dicton (m)	мақол	[maqol]
devinette (f)	чистон	[tʃiston]
poser une devinette	чистон гуфтан	[tʃiston guftan]
mot (m) de passe	рамз	[ramz]
secret (m)	сир, роз	[sir], [roz]

serment (m)	қасам	[qasam]
jurer (de faire qch)	қасам хурдан	[qasam xurdan]
promesse (f)	ваъда	[va'da]
promettre (vt)	ваъда додан	[va'da dodan]

conseil (m)	маслиҳат	[maslihat]
conseiller (vt)	маслиҳат додан	[maslihat dodan]
suivre le conseil (de qn)	аз рӯи маслиҳат рафтор кардан	[az rœi maslihat raftor kardan]
écouter (~ ses parents)	ба маслиҳат гӯш додан	[ba maslihat gœʃ dodan]

nouvelle (f)	навӣ, навигарӣ	[navi:], [navigari:]
sensation (f)	ҳангома	[hangoma]
renseignements (m pl)	маълумот	[ma'lumot]
conclusion (f)	хулоса	[xulosa]
voix (f)	овоз	[ovoz]
compliment (m)	таъриф	[ta'rif]
aimable (adj)	меҳрубон	[mehrubon]

mot (m)	калима	[kalima]
phrase (f)	ибора	[ibora]
réponse (f)	ҷавоб	[dʒavob]

| vérité (f) | ҳақиқат | [haqiqat] |
| mensonge (m) | дурӯғ | [durœʁ] |

pensée (f)	фикр, ақл	[fikr], [aql]
idée (f)	фикр	[fikr]
fantaisie (f)	сайри хаёлот	[sajri xajɔlot]

66. Dialoguer et communiquer. Partie 2

respecté (adj)	мӯхтарам	[mœhtaram]
respecter (vt)	хурмат кардан	[hurmat kardan]
respect (m)	хурмат	[hurmat]
Cher ...	Мӯхтарам ...	[mœhtaram]

| présenter (faire connaître) | ошно кардан | [oʃno kardan] |
| faire la connaissance | ошно шудан | [oʃno ʃudan] |

intention (f)	ният	[nijat]
avoir l'intention	ният доштан	[nijat doʃtan]
souhait (m)	орзу, хоҳиш	[orzu], [xohiʃ]
souhaiter (vt)	орзу кардан	[orzu kardan]

étonnement (m)	таачҷуб, ҳайрат	[taadʒdʒub], [hajrat]
étonner (vt)	ба ҳайрат андохтан	[ba hajrat andoxtan]
s'étonner (vp)	ба ҳайрат афтодан	[ba hajrat aftodan]

donner (vt)	додан	[dodan]
prendre (vt)	гирифтан	[giriftan]
rendre (vt)	баргардондан	[bargardondan]
retourner (vt)	баргардондан	[bargardondan]

s'excuser (vp)	узр пурсидан	[uzr pursidan]
excuse (f)	узр, афв	[uzr], [afv]
pardonner (vt)	бахшидан	[baxʃidan]

parler (~ avec qn)	гап задан	[gap zadan]
écouter (vt)	гӯш кардан	[gœʃ kardan]
écouter jusqu'au bout	гӯш кардан	[gœʃ kardan]
comprendre (vt)	фаҳмидан	[fahmidan]

montrer (vt)	нишон додан	[niʃon dodan]
regarder (vt)	нигоҳ кардан ба ...	[nigoh kardan ba]
appeler (vt)	чеғ задан	[dʒeʁ zadan]
distraire (déranger)	халал расондан	[xalal rasondan]
ennuyer (déranger)	халал расондан	[xalal rasondan]
passer (~ le message)	расонидан	[rasonidan]

prière (f) (demande)	пурсиш	[pursiʃ]
demander (vt)	пурсидан	[pursidan]
exigence (f)	талаб	[talab]
exiger (vt)	талаб кардан	[talab kardan]

taquiner (vt)	шӯронидан	[ʃœronidan]
se moquer (vp)	масхара кардан	[masxara kardan]
moquerie (f)	масхара	[masxara]
surnom (m)	лақаб	[laqab]

allusion (f)	ишора	[iʃora]
faire allusion	ишора кардан	[iʃora kardan]
sous-entendre (vt)	тахмин кардан	[taxmin kardan]

description (f)	тасвир	[tasvir]
décrire (vt)	тасвир кардан	[tasvir kardan]
éloge (m)	таъриф	[ta'rif]
louer (vt)	таъриф кардан	[ta'rif kardan]

déception (f)	ноумедӣ	[noumedi:]
décevoir (vt)	ноумед кардан	[noumed kardan]
être déçu	ноумед шудан	[noumed ʃudan]
supposition (f)	гумон	[gumon]

supposer (vt)	гумон доштан	[gumon doʃtan]
avertissement (m)	огоҳӣ	[ogohi:]
prévenir (vt)	огоҳонидан	[ogohonidan]

67. Dialoguer et communiquer. Partie 3

| convaincre (vt) | розӣ кардан | [rozi: kardan] |
| calmer (vt) | ором кардан | [orom kardan] |

silence (m) (~ est d'or)	хомӯшӣ	[χomœʃi:]
rester silencieux	хомӯш будан	[χomœʃ budan]
chuchoter (vi, vt)	пичиррос задан	[pitʃirros zadan]
chuchotement (m)	пичиррос	[pitʃirros]

| sincèrement (adv) | фошофош | [foʃofoʃ] |
| à mon avis … | ба фикри ман … | [ba fikri man] |

détail (m) (d'une histoire)	муфассалӣ	[mufassali:]
détaillé (adj)	муфассал	[mufassal]
en détail (adv)	муфассал	[mufassal]

| indice (m) | луқма додан | [luqma dodan] |
| donner un indice | луқма додан | [luqma dodan] |

regard (m)	нигоҳ	[nigoh]
jeter un coup d'oeil	нигоҳ кардан	[nigoh kardan]
fixe (un regard ~)	карахт	[karaχt]
clignoter (vi)	мижа задан	[miʒa zadan]
cligner de l'oeil	чашмакӣ задан	[tʃaʃmaki: zadan]
hocher la tête	сар ҷунбондан	[sar dʒunbondan]

soupir (m)	нафас	[nafas]
soupirer (vi)	нафас рост кардан	[nafas rost kardan]
tressaillir (vi)	як қад ларидан	[jak qad laridan]
geste (m)	имову ишора	[imovu iʃora]
toucher (de la main)	даст задан	[dast zadan]
saisir (par le bras)	гирифтан	[giriftan]
taper (sur l'épaule)	тап-тап задан	[tap-tap zadan]

Attention!	Эҳтиёт шавед!	[ɛhtijot ʃaved]
Vraiment?	Наход?	[naχod]
Tu es sûr?	Ту дилпурӣ?	[tu dilpuri:]
Bonne chance!	Барори кор!	[barori kor]
Compris!	Фаҳмо!	[fahmo]
Dommage!	Афсӯс!	[afsœs]

68. L'accord. Le refus

accord (m)	розигӣ	[rozigi:]
être d'accord	розигӣ додан	[rozigi: dodan]
approbation (f)	розигӣ	[rozigi:]
approuver (vt)	розигӣ додан	[rozigi: dodan]

refus (m)	рад	[rad]
se refuser (vp)	рад кардан	[rad kardan]

Super!	Олй!	[oli:]
Bon!	Хуб!	[χub]
D'accord!	Майлаш!	[majlaʃ]

interdit (adj)	мамнӯъ	[mamnœ']
c'est interdit	мумкин нест	[mumkin nest]
c'est impossible	номумкин	[nomumkin]
incorrect (adj)	нодуруст	[nodurust]

décliner (vt)	рад кардан	[rad kardan]
soutenir (vt)	тарафдорй кардан	[tarafdori: kardan]
accepter (condition, etc.)	баргирифтан	[bargiriftan]

confirmer (vt)	тасдиқ кардан	[tasdiq kardan]
confirmation (f)	тасдиқ	[tasdiq]
permission (f)	ичозат	[idʒozat]
permettre (vt)	ичозат додан	[idʒozat dodan]
décision (f)	қарор	[qaror]
ne pas dire un mot	хомӯш мондан	[χomœʃ mondan]

condition (f)	шарт	[ʃart]
excuse (f) (prétexte)	баҳона	[bahona]
éloge (m)	таъриф	[ta'rif]
louer (vt)	таъриф кардан	[ta'rif kardan]

69. La réussite. La chance. L'échec

succès (m)	муваффақият	[muvaffaqijat]
avec succès (adv)	бо муваффақият	[bo muvaffaqijat]
réussi (adj)	бомуваффақият	[bomuvaffaqijat]

chance (f)	барор	[baror]
Bonne chance!	Барори кор!	[barori kor]
de chance (jour ~)	бобарор	[bobaror]
chanceux (adj)	бахтбедор	[baχtbedor]
échec (m)	бемуваффақиятӣ	[bemuvaffaqijati:]
infortune (f)	нобарорӣ	[nobarori:]
malchance (f)	нобарорӣ, нокомӣ	[nobarori:], [nokomi:]
raté (adj)	бемуваффақият	[bemuvaffaqijat]
catastrophe (f)	шикаст	[ʃikast]

fierté (f)	ифтихор	[iftiχor]
fier (adj)	боифтихор	[boiftiχor]
être fier	ифтихор доштан	[iftiχor doʃtan]

gagnant (m)	ғолиб	[ʁolib]
gagner (vi)	ғалаба кардан	[ʁalaba kardan]
perdre (vi)	бохтан	[boχtan]
tentative (f)	кӯшиш	[kœʃiʃ]
essayer (vt)	кӯшидан	[kœʃidan]
chance (f)	имконият	[imkonijat]

70. Les disputes. Les émotions négatives

cri (m)	дод, фарёд	[dod], [farjod]
crier (vi)	дод задан	[dod zadan]
se mettre à crier	фарёд кардан	[farjod kardan]
dispute (f)	чанчол	[dʒandʒol]
se disputer (vp)	чанчол кардан	[dʒandʒol kardan]
scandale (m) (dispute)	ғавғо	[ʁavʁo]
faire un scandale	ғавғо бардоштан	[ʁavʁo bardoʃtan]
conflit (m)	чанчол, низоъ	[dʒandʒol], [nizo']
malentendu (m)	нофаҳмӣ	[nofahmi:]
insulte (f)	таҳқир	[tahqir]
insulter (vt)	таҳқир кардан	[tahqir kardan]
insulté (adj)	ранчида, озурда	[randʒida], [ozurda]
offense (f)	озор, озурдаги	[ozor], [ozurdagi]
offenser (vt)	озурда кардан	[ozurda kardan]
s'offenser (vp)	озурда шудан	[ozurda ʃudan]
indignation (f)	ғазаб	[ʁazab]
s'indigner (vp)	ба ғазаб омадан	[ba ʁazab omadan]
plainte (f)	шикоят	[ʃikojat]
se plaindre (vp)	шикоят кардан	[ʃikojat kardan]
excuse (f)	узр, афв	[uzr], [afv]
s'excuser (vp)	узр пурсидан	[uzr pursidan]
demander pardon	узр пурсидан	[uzr pursidan]
critique (f)	танқид	[tanqid]
critiquer (vt)	танқид кардан	[tanqid kardan]
accusation (f)	айбдоркунӣ	[ajbdorkuni:]
accuser (vt)	айбдор кардан	[ajbdor kardan]
vengeance (f)	интиқом	[intiqom]
se venger (vp)	интиқом гирифтан	[intiqom giriftan]
faire payer (qn)	қасос гирифтан	[qasos giriftan]
mépris (m)	ҳақорат	[haqorat]
mépriser (vt)	ҳақорат кардан	[haqorat kardan]
haine (f)	нафрат	[nafrat]
haïr (vt)	нафрат кардан	[nafrat kardan]
nerveux (adj)	асабонӣ	[asaboni:]
s'énerver (vp)	асабони шудан	[asaboni ʃudan]
fâché (adj)	бадқаҳр	[badqahr]
fâcher (vt)	ранчондан	[randʒondan]
humiliation (f)	таҳқиркунӣ	[tahqirkuni:]
humilier (vt)	таҳқир кардан	[tahqir kardan]
s'humilier (vp)	таҳқир шудан	[tahqir ʃudan]
choc (m)	садама, садамот	[sadama], [sadamot]
choquer (vt)	хичил кардан	[χidʒil kardan]
ennui (m) (problème)	нохушӣ	[noχuʃi:]

désagréable (adj)	дилнокаш	[dilnokaʃ]
peur (f)	тарс	[tars]
terrible (tempête, etc.)	сахт	[saχt]
effrayant (histoire ~e)	дахшатангез	[dahʃatangez]
horreur (f)	дахшат	[dahʃat]
horrible (adj)	дахшатнок	[dahʃatnok]

commencer à trembler	ба ларзиш омадан	[ba larziʃ omadan]
pleurer (vi)	гиря кардан	[girja kardan]
se mettre à pleurer	гиря сар кардан	[girja sar kardan]
larme (f)	ашк	[aʃk]

faute (f)	гунох	[gunoh]
culpabilité (f)	айб	[ajb]
déshonneur (m)	беобрӯй	[beobrœi:]
protestation (f)	эътироз	[ɛ'tiroz]
stress (m)	стресс	[stress]

déranger (vt)	ташвиш додан	[taʃviʃ dodan]
être furieux	газабнок шудан	[ʁazabnok ʃudan]
en colère, fâché (adj)	газаболуд	[ʁazabolud]
rompre (relations)	бас кардан	[bas kardan]
réprimander (vt)	дашном додан	[daʃnom dodan]

prendre peur	тарс хӯрдан	[tars χœrdan]
frapper (vt)	задан	[zadan]
se battre (vp)	занозани кардан	[zanozani: kardan]

régler (~ un conflit)	ба рох мондан	[ba roh mondan]
mécontent (adj)	норози	[norozi:]
enragé (adj)	пурхашм	[purχaʃm]

| Ce n'est pas bien! | Ин хуб не! | [in χub ne] |
| C'est mal! | Ин бад! | [in bad] |

La médecine

71. Les maladies

maladie (f)	касалӣ, беморӣ	[kasali:], [bemori:]
être malade	бемор будан	[bemor budan]
santé (f)	тандурустӣ, саломатӣ	[tandurusti:], [salomati:]
rhume (m) (coryza)	зуком	[zukom]
angine (f)	дарди гулӯ	[dardi gulœ]
refroidissement (m)	шамол хӯрдани	[ʃamol χœrdani]
prendre froid	шамол хӯрдан	[ʃamol χœrdan]
bronchite (f)	бронхит	[bronχit]
pneumonie (f)	варами шуш	[varami ʃuʃ]
grippe (f)	грипп	[gripp]
myope (adj)	наздикбин	[nazdikbin]
presbyte (adj)	дурбин	[durbin]
strabisme (m)	олусӣ	[olusi:]
strabique (adj)	олус	[olus]
cataracte (f)	катаракта	[katarakta]
glaucome (m)	глаукома	[glaukoma]
insulte (f)	сактаи майна	[saktai majna]
crise (f) cardiaque	инфаркт, сактаи дил	[infarkt], [saktai dil]
infarctus (m) de myocarde	инфаркти миокард	[infarkti miokard]
paralysie (f)	фалаҷ	[faladʒ]
paralyser (vt)	фалаҷ шудан	[faladʒ ʃudan]
allergie (f)	аллергия	[allergija]
asthme (m)	астма, зиққи нафас	[astma], [ziqqi nafas]
diabète (m)	диабет	[diabet]
mal (m) de dents	дарди дандон	[dardi dandon]
carie (f)	кариес	[karies]
diarrhée (f)	шикамрав	[ʃikamrav]
constipation (f)	қабзият	[qabzijat]
estomac (m) barbouillé	вайроншавии меъда	[vajronʃavi:i me'da]
intoxication (f) alimentaire	заҳролудшавӣ	[zahroludʃavi:]
être intoxiqué	заҳролуд шудан	[zahrolud ʃudan]
arthrite (f)	артрит	[artrit]
rachitisme (m)	рахит, чиллаашӯр	[raχit], [tʃillaaʃœr]
rhumatisme (m)	тарбод	[tarbod]
athérosclérose (f)	атеросклероз	[ateroskleroz]
gastrite (f)	гастрит	[gastrit]
appendicite (f)	варами кӯррӯда	[varami kœrrœda]

cholécystite (f)	холетсистит	[ҳoletsistit]
ulcère (m)	захм	[zaҳm]
rougeole (f)	сурхча, сурхак	[surҳtʃa], [surҳak]
rubéole (f)	сурхакон	[surҳakon]
jaunisse (f)	зардча, заъфарма	[zardtʃa], [za'farma]
hépatite (f)	гепатит, қубод	[gepatit], [qubod]
schizophrénie (f)	маҷзубият	[madʒzubijat]
rage (f) (hydrophobie)	ҳорй	[hori:]
névrose (f)	невроз, чунун	[nevroz], [tʃunun]
commotion (f) cérébrale	зарб хӯрдани майна	[zarb ҳœrdani majna]
cancer (m)	саратон	[saraton]
sclérose (f)	склероз	[skleroz]
sclérose (f) en plaques	склерози густаришёфта	[sklerozi gustariʃʃɔfta]
alcoolisme (m)	майзадагй	[majzadagi:]
alcoolique (m)	майзада	[majzada]
syphilis (f)	оташак	[otaʃak]
SIDA (m)	СПИД	[spid]
tumeur (f)	варам	[varam]
maligne (adj)	ганда	[ganda]
bénigne (adj)	безарар	[bezarar]
fièvre (f)	табларза, варача	[tablarza], [varadʒa]
malaria (f)	варача	[varadʒa]
gangrène (f)	гангрена	[gangrena]
mal (m) de mer	касалии баҳр	[kasali:i bahr]
épilepsie (f)	саръ	[sar']
épidémie (f)	эпидемия	[εpidemija]
typhus (m)	арақа, домана	[araqa], [domana]
tuberculose (f)	сил	[sil]
choléra (m)	вабо	[vabo]
peste (f)	тоун	[toun]

72. Les symptômes. Le traitement. Partie 1

symptôme (m)	аломат	[alomat]
température (f)	ҳарорат, таб	[harorat], [tab]
fièvre (f)	ҳарорати баланд	[harorati baland]
pouls (m)	набз	[nabz]
vertige (m)	саргардй	[sargardi:]
chaud (adj)	гарм	[garm]
frisson (m)	ларза, варача	[larza], [varadʒa]
pâle (adj)	рангпарида	[rangparida]
toux (f)	сулфа	[sulfa]
tousser (vi)	сулфидан	[sulfidan]
éternuer (vi)	атса задан	[atsa zadan]
évanouissement (m)	беҳушй	[behuʃi:]

s'évanouir (vp)	бехуш шудан	[behuʃ ʃudan]
bleu (m)	доғи кабуд, кабудӣ	[doʁi kabud], [kabudi:]
bosse (f)	ғуррӣ	[ʁurri:]
se heurter (vp)	зада шудан	[zada ʃudan]
meurtrissure (f)	лат	[lat]
se faire mal	лату кӯб хӯрдан	[latu kœb χœrdan]

boiter (vi)	лангидан	[langidan]
foulure (f)	баромадан	[baromadan]
se démettre (l'épaule, etc.)	баровардан	[barovardan]
fracture (f)	шикасти устухон	[ʃikasti ustuχon]
avoir une fracture	устухон шикастан	[ustuχon ʃikastan]

coupure (f)	буриш	[buriʃ]
se couper (~ le doigt)	буридан	[buridan]
hémorragie (f)	хунравӣ	[χunravi:]

| brûlure (f) | сӯхта | [sœχta] |
| se brûler (vp) | сӯзондан | [sœzondan] |

se piquer (le doigt)	халондан	[χalondan]
se piquer (vp)	халидан	[χalidan]
blesser (vt)	осеб дидан	[oseb didan]
blessure (f)	захм	[zaχm]
plaie (f) (blessure)	захм, реш	[zaχm], [reʃ]
trauma (m)	захм	[zaχm]

délirer (vi)	алой гуфтан	[aloi: guftan]
bégayer (vi)	тутила шудан	[tutila ʃudan]
insolation (f)	офтобзанӣ	[oftobzani:]

73. Les symptômes. Le traitement. Partie 2

| douleur (f) | дард | [dard] |
| écharde (f) | хор, зиреба | [χor], [zireba] |

sueur (f)	арақ	[araq]
suer (vi)	арақ кардан	[araq kardan]
vomissement (m)	қайкунӣ	[qajkuni:]
spasmes (m pl)	рагкашӣ	[ragkaʃi:]

enceinte (adj)	ҳомила	[homila]
naître (vi)	таваллуд шудан	[tavallud ʃudan]
accouchement (m)	зоиш	[zoiʃ]
accoucher (vi)	зоидан	[zoidan]
avortement (m)	аборт, бачапартой	[abort], [batʃapartoi:]

inhalation (f)	нафасгирӣ	[nafasgiri:]
expiration (f)	нафасбарорӣ	[nafasbarori:]
expirer (vi)	нафас баровардаи	[nafas barovardai]
inspirer (vi)	нафас кашидан	[nafas kaʃidan]

| invalide (m) | инвалид | [invalid] |
| handicapé (m) | маъюб | [ma'jub] |

drogué (m)	нашъаманд	[naʃ'amand]
sourd (adj)	кар, гӯшкар	[kar], [gœʃkar]
muet (adj)	гунг	[gung]
sourd-muet (adj)	кару гунг	[karu gung]

fou (adj)	девона	[devona]
fou (m)	девона	[devona]
folle (f)	девона	[devona]
devenir fou	аз ақл бегона шудан	[az aql begona ʃudan]

gène (m)	ген	[gen]
immunité (f)	сироятнопазирӣ	[sirojatnopaziri:]
héréditaire (adj)	меросӣ, ирсӣ	[merosi:], [irsi:]
congénital (adj)	модарзод	[modarzod]

virus (m)	вирус	[virus]
microbe (m)	микроб	[mikrob]
bactérie (f)	бактерия	[bakterija]
infection (f)	сироят	[sirojat]

74. Les symptômes. Le traitement. Partie 3

| hôpital (m) | касалхона | [kasalχona] |
| patient (m) | бемор | [bemor] |

diagnostic (m)	ташхиси касалӣ	[taʃχisi kasali:]
cure (f) (faire une ~)	муолича	[muolidʒa]
traitement (m)	табобат	[tabobat]
se faire soigner	табобат гирифтан	[tabobat giriftan]
traiter (un patient)	табобат кардан	[tabobat kardan]
soigner (un malade)	нигоҳубин кардан	[nigohubin kardan]
soins (m pl)	нигоҳубин	[nigohubin]

opération (f)	ҷарроҳи	[dʒarrohi]
panser (vt)	бо бандина бастан	[bo bandina bastan]
pansement (m)	ҷароҳатбандӣ	[dʒarohatbandi:]

vaccination (f)	доругузаронӣ	[doruguzaroni:]
vacciner (vt)	эмгузаронӣ кардан	[ɛmguzaroni: kardan]
piqûre (f)	сӯзанзанӣ	[sœzanzani:]
faire une piqûre	сӯзандору кардан	[sœzandoru kardan]

crise, attaque (f)	хуруҷ	[χurudʒ]
amputation (f)	ампутатсия	[amputatsija]
amputer (vt)	ампутатсия кардан	[amputatsija kardan]
coma (m)	кома, игмо	[koma], [igmo]
être dans le coma	дар кома будан	[dar koma budan]
réanimation (f)	шӯъбаи эҳё	[ʃœ'bai ɛhjo]

se rétablir (vp)	сиҳат шудан	[sihat ʃudan]
état (m) (de santé)	аҳвол	[ahvol]
conscience (f)	ҳуш	[huʃ]
mémoire (f)	ҳофиза	[hofiza]
arracher (une dent)	кандан	[kandan]

| plombage (m) | пломба | [plomba] |
| plomber (vt) | пломба занондан | [plomba zanondan] |

| hypnose (f) | гипноз | [gipnoz] |
| hypnotiser (vt) | гипноз кардан | [gipnoz kardan] |

75. Les médecins

médecin (m)	духтур	[duχtur]
infirmière (f)	ҳамшираи тиббӣ	[hamʃirai tibbi:]
médecin (m) personnel	духтури шахсӣ	[duχturi ʃaχsi:]

dentiste (m)	духтури дандон	[duχturi dandon]
ophtalmologiste (m)	духтури чашм	[duχturi tʃaʃm]
généraliste (m)	терапевт	[terapevt]
chirurgien (m)	ҷаррох	[dʒarroh]

psychiatre (m)	равонпизишк	[ravonpiziʃk]
pédiatre (m)	духтури касалихои кудакона	[duχturi kasalihoi kœdakona]
psychologue (m)	равоншинос	[ravonʃinos]
gynécologue (m)	гинеколог	[ginekolog]
cardiologue (m)	кардиолог	[kardiolog]

76. Les médicaments. Les accessoires

médicament (m)	дору	[doru]
remède (m)	дору	[doru]
prescrire (vt)	таъйин кардан	[ta'jin kardan]
ordonnance (f)	нусхаи даво	[nusχai davo]

comprimé (m)	ҳаб	[hab]
onguent (m)	марҳам	[marham]
ampoule (f)	ампул	[ampul]
mixture (f)	доруи обакӣ	[dorui obaki:]
sirop (m)	сироп	[sirop]
pilule (f)	ҳаб	[hab]
poudre (f)	хока	[χoka]

bande (f)	дока	[doka]
coton (m) (ouate)	пахта	[paχta]
iode (m)	йод	[jod]

sparadrap (m)	лейкопластир	[lejkoplastir]
compte-gouttes (m)	қатрачакон	[qatratʃakon]
thermomètre (m)	ҳароратсанҷ	[haroratsandʒ]
seringue (f)	обдуздак	[obduzdak]

fauteuil (m) roulant	аробачаи маъюбӣ	[arobatʃai ma'jubi:]
béquilles (f pl)	бағаласо	[baʁalaso]
anesthésique (m)	доруи дард	[dorui dard]
purgatif (m)	мусхил	[mushil]

73

alcool (m)	спирт	[spirt]
herbe (f) médicinale	растаниҳои доругӣ	[rastanihoi dorugi:]
d'herbes (adj)	... и алаф	[i alaf]

77. Le tabac et ses produits dérivés

tabac (m)	тамоку	[tamoku]
cigarette (f)	сигарета	[sigareta]
cigare (f)	сигара	[sigara]
pipe (f)	чилим, чубук	[tʃilim], [tʃubuk]
paquet (m)	қуттӣ	[qutti:]

allumettes (f pl)	гӯгирд	[gœgird]
boîte (f) d'allumettes	қуттии гӯгирд	[qutti:i gœgird]
briquet (m)	оташафрӯзак	[otaʃafrœzak]
cendrier (m)	хокистардон	[xokistardon]
étui (m) à cigarettes	папиросдон	[papirosdon]

| fume-cigarette (m) | найча | [najtʃa] |
| filtre (m) | филтр | [filtr] |

fumer (vi, vt)	сигоркашидан	[sigorkaʃidan]
allumer une cigarette	даргирондан	[dargirondan]
tabagisme (m)	сигоркашӣ	[sigorkaʃi:]
fumeur (m)	сигоркаш	[sigorkaʃ]

| mégot (m) | пасмондаи сигор | [pasmondai sigor] |
| cendre (f) | хокистар | [xokistar] |

L'HABITAT HUMAIN

La ville

78. La ville. La vie urbaine

ville (f)	шаҳр	[ʃahr]
capitale (f)	пойтахт	[pojtaχt]
village (m)	деҳа, деҳ	[deha], [deh]
plan (m) de la ville	нақшаи шаҳр	[naqʃai ʃahr]
centre-ville (m)	маркази шаҳр	[markazi ʃahr]
banlieue (f)	шаҳрча	[ʃahrtʃa]
de banlieue (adj)	наздишаҳрӣ	[nazdiʃahri:]
périphérie (f)	атроф, канор	[atrof], [kanor]
alentours (m pl)	атрофи шаҳр	[atrofi ʃahr]
quartier (m)	квартал, маҳалла	[kvartal], [mahalla]
quartier (m) résidentiel	маҳаллаи истиқоматӣ	[mahallai istiqomati:]
trafic (m)	ҳаракат дар кӯча	[harakat dar kœtʃa]
feux (m pl) de circulation	чароғи раҳнамо	[tʃaroʁi rahnamo]
transport (m) urbain	нақлиёти шаҳрӣ	[naqlijoti ʃahri:]
carrefour (m)	чорраҳа	[tʃorraha]
passage (m) piéton	гузаргоҳи пиёдагардон	[guzargohi pijodagardon]
passage (m) souterrain	гузаргоҳи зеризаминӣ	[guzargohi zerizamini:]
traverser (vt)	гузаштан	[guzaʃtan]
piéton (m)	пиёдагард	[pijodagard]
trottoir (m)	пиёдараҳа	[pijodaraha]
pont (m)	пул, кӯпрук	[pul], [kœpruk]
quai (m)	соҳил	[sohil]
fontaine (f)	фаввора	[favvora]
allée (f)	кӯчабоғ	[kœtʃaboʁ]
parc (m)	боғ	[boʁ]
boulevard (m)	кӯчабоғ, гулгашт	[kœtʃaboʁ], [gulgaʃt]
place (f)	майдон	[majdon]
avenue (f)	хиёбон	[χijobon]
rue (f)	кӯча	[kœtʃa]
ruelle (f)	тангкӯча	[tangkœtʃa]
impasse (f)	кӯчаи бумбаста	[kœtʃai bumbasta]
maison (f)	хона	[χona]
édifice (m)	бино	[bino]
gratte-ciel (m)	иморати осмонхарош	[imorati osmonχaroʃ]
façade (f)	намо	[namo]
toit (m)	бом	[bom]

fenêtre (f)	тиреза	[tireza]
arc (m)	равоқ, тоқ	[ravoq], [toq]
colonne (f)	сутун	[sutun]
coin (m)	бурчак	[burtʃak]

vitrine (f)	витрина	[vitrina]
enseigne (f)	лавҳа	[lavha]
affiche (f)	эълоннома	[ε'lonnoma]
affiche (f) publicitaire	плакати реклама	[plakati reklama]
panneau-réclame (m)	лавҳаи эълонҳо	[lavhai ε'lonho]

ordures (f pl)	ахлот, хокрӯба	[aχlot], [χokrœba]
poubelle (f)	ахлотқуттӣ	[aχlotqutti:]
jeter à terre	ифлос кардан	[iflos kardan]
décharge (f)	партовгоҳ	[partovgoh]

cabine (f) téléphonique	будкаи телефон	[budkai telefon]
réverbère (m)	сутуни фонус	[sutuni fonus]
banc (m)	нимкат	[nimkat]

policier (m)	полис	[polis]
police (f)	полис	[polis]
clochard (m)	гадо	[gado]
sans-abri (m)	бехона	[beχona]

79. Les institutions urbaines

magasin (m)	магазин	[magazin]
pharmacie (f)	дорухона	[doruχona]
opticien (m)	оптика	[optika]
centre (m) commercial	маркази савдо	[markazi savdo]
supermarché (m)	супермаркет	[supermarket]

boulangerie (f)	дӯкони нонфурӯшӣ	[dœkoni nonfurœʃi:]
boulanger (m)	нонвой	[nonvoj]
pâtisserie (f)	қаннодӣ	[qannodi:]
épicerie (f)	дӯкони баққолӣ	[dœkoni baqqoli:]
boucherie (f)	дӯкони гӯштфурӯшӣ	[dœkoni gœʃtfurœʃi:]

| magasin (m) de légumes | дӯкони сабзавот | [dœkoni sabzavot] |
| marché (m) | бозор | [bozor] |

salon (m) de café	қаҳвахона	[qahvaχona]
restaurant (m)	тарабхона	[tarabχona]
brasserie (f)	пивохона	[pivoχona]
pizzeria (f)	питсерия	[pitserija]

salon (m) de coiffure	сартарошхона	[sartaroʃχona]
poste (f)	пӯшта	[pœʃta]
pressing (m)	козургарии химиявӣ	[kozurgari:i χimijavi:]

| atelier (m) de photo | суратгирхона | [suratgirχona] |
| magasin (m) de chaussures | магазини пойафзолфурӯшӣ | [magazini pojafzolfurœʃi:] |

| librairie (f) | мағозаи китоб | [maʁozai kitob] |
| magasin (m) d'articles de sport | мағозаи варзишй | [maʁozai varziʃi:] |

atelier (m) de retouche	таъмири либос	[ta'miri libos]
location (f) de vêtements	кирояи либос	[kirojai libos]
location (f) de films	кирояи филмхо	[kirojai filmho]

cirque (m)	сирк	[sirk]
zoo (m)	боғи ҳайвонот	[boʁi hajvonot]
cinéma (m)	кинотеатр	[kinoteatr]
musée (m)	осорхона	[osorχona]
bibliothèque (f)	китобхона	[kitobχona]

théâtre (m)	театр	[teatr]
opéra (m)	опера	[opera]
boîte (f) de nuit	клуби шабона	[klubi ʃabona]
casino (m)	казино	[kazino]

mosquée (f)	масҷид	[masdʒid]
synagogue (f)	каниса	[kanisa]
cathédrale (f)	собор	[sobor]
temple (m)	ибодатгоҳ	[ibodatgoh]
église (f)	калисо	[kaliso]

institut (m)	институт	[institut]
université (f)	университет	[universitet]
école (f)	мактаб	[maktab]

préfecture (f)	префектура	[prefektura]
mairie (f)	мэрия	[mɛrija]
hôtel (m)	меҳмонхона	[mehmonχona]
banque (f)	банк	[bank]

ambassade (f)	сафорат	[saforat]
agence (f) de voyages	турагенство	[turagenstvo]
bureau (m) d'information	бюрои справкадиҳй	[bjuroi spravkadihi:]
bureau (m) de change	нуқтаи мубодила	[nuqtai mubodila]

| métro (m) | метро | [metro] |
| hôpital (m) | касалхона | [kasalχona] |

| station-service (f) | нуқтаи фурӯши сӯзишворӣ | [nuqtai furœʃi sœziʃvori:] |

| parking (m) | истгоҳи мошинхо | [istgohi moʃinho] |

80. Les enseignes. Les panneaux

enseigne (f)	лавҳа	[lavha]
pancarte (f)	хат, навиштаҷот	[χat], [naviʃtadʒot]
poster (m)	плакат	[plakat]
indicateur (m) de direction	аломат, нишона	[alomat], [niʃona]
flèche (f)	аломати тир	[alomati tir]
avertissement (m)	огоҳӣ	[ogohi:]
panneau d'avertissement	огоҳӣ	[ogohi:]

avertir (vt)	танбех додан	[tanbeh dodan]
jour (m) de repos	рӯзи истирохат	[rœzi istirohat]
horaire (m)	чадвал	[dʒadval]
heures (f pl) d'ouverture	соати корӣ	[soati kori:]

BIENVENUE!	ХУШ ОМАДЕД!	[χuʃ omaded]
ENTRÉE	ДАРОМАД	[daromad]
SORTIE	БАРОМАД	[baromad]

POUSSER	АЗ ХУД	[az χud]
TIRER	БА ХУД	[ba χud]
OUVERT	КУШОДА	[kuʃoda]
FERMÉ	ПӮШИДА	[pœʃida]

| FEMMES | БАРОИ ЗАНОН | [baroi zanon] |
| HOMMES | БАРОИ МАРДОН | [baroi mardon] |

RABAIS	ТАХФИФ	[taχfif]
SOLDES	АРЗОНФУРӮШӢ	[arzonfurœʃi:]
NOUVEAU!	МОЛИ НАВ!	[moli nav]
GRATUIT	БЕПУЛ	[bepul]

ATTENTION!	ДИҚҚАТ!	[diqqat]
COMPLET	ҶОЙ НЕСТ	[dʒoj nest]
RÉSERVÉ	БАНД АСТ	[band ast]

| ADMINISTRATION | МАЪМУРИЯТ | [ma'murijat] |
| RÉSERVÉ AU PERSONNEL | ФАҚАТ БАРОИ КОРМАНДОН | [faqat baroi kormandon] |

ATTENTION CHIEN MÉCHANT	САГИ ГАЗАНДА	[sagi gazanda]
DÉFENSE DE FUMER	ТАМОКУ НАКАШЕД!	[tamoku nakaʃed]
PRIÈRE DE NE PAS TOUCHER	ДАСТ НАРАСОНЕД!	[dast narasoned]

DANGEREUX	ХАТАРНОК	[χatarnok]
DANGER	ХАТАР	[χatar]
HAUTE TENSION	ШИДДАТИ БАЛАНД	[ʃiddati baland]
BAIGNADE INTERDITE	ОББОЗӢ КАРДАН МАНЪ АСТ	[obbozi: kardan man' ast]
HORS SERVICE	КОР НАМЕКУНАД	[kor namekunad]

INFLAMMABLE	ОТАШАНГЕЗ	[otaʃangez]
INTERDIT	МАНЪ АСТ	[man' ast]
PASSAGE INTERDIT	ДАРОМАД МАНЪ АСТ	[daromad man' ast]
PEINTURE FRAÎCHE	РАНГ КАРДА ШУДААСТ	[rang karda ʃudaast]

81. Les transports en commun

autobus (m)	автобус	[avtobus]
tramway (m)	трамвай	[tramvaj]
trolleybus (m)	троллейбус	[trollejbus]
itinéraire (m)	маршрут	[marʃrut]

numéro (m)	рақам	[raqam]
prendre ...	савор будан	[savor budan]
monter (dans l'autobus)	савор шудан	[savor ʃudan]
descendre de ...	фуромадан	[furomadan]

arrêt (m)	истгоҳ	[istgoh]
arrêt (m) prochain	истгоҳи дигар	[istgohi digar]
terminus (m)	истгоҳи охирон	[istgohi oχiron]
horaire (m)	ҷадвал	[dʒadval]
attendre (vt)	поидан	[poidan]

| ticket (m) | билет | [bilet] |
| prix (m) du ticket | арзиши чипта | [arziʃi tʃipta] |

caissier (m)	кассир	[kassir]
contrôle (m) des tickets	назорат	[nazorat]
contrôleur (m)	нозир	[nozir]

être en retard	дер мондан	[der mondan]
rater (~ le train)	дер мондан	[der mondan]
se dépêcher	шитоб кардан	[ʃitob kardan]

taxi (m)	такси	[taksi]
chauffeur (m) de taxi	таксичӣ	[taksitʃi:]
en taxi	дар такси	[dar taksi]
arrêt (m) de taxi	истгоҳи таксӣ	[istgohi taksi:]
appeler un taxi	даъват кардани таксӣ	[da'vat kardani taksi:]
prendre un taxi	такси гирифтан	[taksi giriftan]

trafic (m)	ҳаракат дар кӯча	[harakat dar kœtʃa]
embouteillage (m)	пробка	[probka]
heures (f pl) de pointe	час пик	[tʃas pik]
se garer (vp)	ҷой кардан	[dʒoj kardan]
garer (vt)	ҷой кардан	[dʒoj kardan]
parking (m)	истгоҳ	[istgoh]

métro (m)	метро	[metro]
station (f)	истгоҳ	[istgoh]
prendre le métro	бо метро рафтан	[bo metro raftan]
train (m)	поезд, қатор	[poezd], [qator]
gare (f)	вокзал	[vokzal]

82. Le tourisme

monument (m)	ҳайкал	[hajkal]
forteresse (f)	ҳисор	[hisor]
palais (m)	қаср	[qasr]
château (m)	кӯшк	[kœʃk]
tour (f)	манора, бурҷ	[manora], [burdʒ]
mausolée (m)	мавзолей, мақбара	[mavzolej], [maqbara]

architecture (f)	меъморӣ	[me'mori:]
médiéval (adj)	асримиёнагӣ	[asrimijɔnagi:]
ancien (adj)	қадим	[qadim]

| national (adj) | миллӣ | [milli:] |
| connu (adj) | маъруф | [ma'ruf] |

touriste (m)	саёҳатчӣ	[sajohattʃi:]
guide (m) (personne)	роҳбалад	[rohbalad]
excursion (f)	экскурсия	[ɛkskursija]
montrer (vt)	нишон додан	[niʃon dodan]
raconter (une histoire)	нақл кардан	[naql kardan]

trouver (vt)	ёфтан	[joftan]
se perdre (vp)	роҳ гум кардан	[roh gum kardan]
plan (m) (du metro, etc.)	нақша	[nakʃa]
carte (f) (de la ville, etc.)	нақша	[naqʃa]

souvenir (m)	тӯҳфа	[tœhfa]
boutique (f) de souvenirs	мағозаи туҳфаҳо	[maʁozai tuhfaho]
prendre en photo	сурат гирифтан	[surat giriftan]
se faire prendre en photo	сурати худро гирондан	[surati χudro girondan]

83. Le shopping

acheter (vt)	харидан	[χaridan]
achat (m)	харид	[χarid]
faire des achats	харид кардан	[χarid kardan]
shopping (m)	шопинг	[ʃoping]

| être ouvert | кушода будан | [kuʃoda budan] |
| être fermé | маҳкам будан | [mahkam budan] |

chaussures (f pl)	пойафзол	[pojafzol]
vêtement (m)	либос	[libos]
produits (m pl) de beauté	косметика	[kosmetika]
produits (m pl) alimentaires	озуқаворӣ	[ozuqavori:]
cadeau (m)	тӯҳфа	[tœhfa]

| vendeur (m) | фурӯш | [furœʃ] |
| vendeuse (f) | фурӯш | [furœʃ] |

caisse (f)	касса	[kassa]
miroir (m)	оина	[oina]
comptoir (m)	пешдӯкон	[peʃdœkon]
cabine (f) d'essayage	ҷои пӯшида дидани либос	[dʒoi pœʃida didani libos]

essayer (robe, etc.)	пӯшида дидан	[pœʃida didan]
aller bien (robe, etc.)	мувофиқ омадан	[muvofiq omadan]
plaire (être apprécié)	форидан	[foridan]

prix (m)	нарх	[narχ]
étiquette (f) de prix	нархнома	[narχnoma]
coûter (vt)	арзидан	[arzidan]
Combien?	Чанд пул?	[tʃand pul]
rabais (m)	тахфиф	[taχfif]
pas cher (adj)	арзон	[arzon]
bon marché (adj)	арзон	[arzon]

| cher (adj) | қимат | [qimat] |
| C'est cher | Ин қимат аст | [in qimat ast] |

location (f)	кироя	[kiroja]
louer (une voiture, etc.)	насия гирифтан	[nasija giriftan]
crédit (m)	қарз	[qarz]
à crédit (adv)	кредит гирифтан	[kredit giriftan]

84. L'argent

argent (m)	пул	[pul]
échange (m)	мубодила, иваз	[mubodila], [ivaz]
cours (m) de change	қурб	[qurb]
distributeur (m)	банкомат	[bankomat]
monnaie (f)	танга	[tanga]

dollar (m)	доллар	[dollar]
lire (f)	лираи италиявӣ	[lirai italijavi:]
mark (m) allemand	маркаи олмонӣ	[markai olmoni:]
franc (m)	франк	[frank]
livre sterling (f)	фунт стерлинг	[funt sterling]
yen (m)	иена	[iena]

dette (f)	қарз	[qarz]
débiteur (m)	қарздор	[qarzdor]
prêter (vt)	қарз додан	[qarz dodan]
emprunter (vt)	қарз гирифтан	[qarz giriftan]

banque (f)	банк	[bank]
compte (m)	ҳисоб	[hisob]
verser (dans le compte)	гузарондан	[guzarondan]
verser dans le compte	ба суратҳисоб гузарондан	[ba surathisob guzarondan]
retirer du compte	аз суратҳисоб гирифтан	[az surathisob giriftan]

carte (f) de crédit	корти кредитӣ	[korti krediti:]
espèces (f pl)	пули нақд, нақдина	[puli naqd], [naqdina]
chèque (m)	чек	[tʃek]
faire un chèque	чек навиштан	[tʃek naviʃtan]
chéquier (m)	дафтарчаи чек	[daftartʃai tʃek]

portefeuille (m)	ҳамён	[hamjon]
bourse (f)	ҳамён	[hamjon]
coffre fort (m)	сейф	[sejf]

héritier (m)	меросхӯр	[merosχœr]
héritage (m)	мерос	[meros]
fortune (f)	дорой	[doroi:]

location (f)	иҷора	[idʒora]
loyer (m) (argent)	ҳаққи манзил	[haqqi manzil]
louer (prendre en location)	ба иҷора гирифтан	[ba idʒora giriftan]

| prix (m) | нарх | [narχ] |
| coût (m) | арзиш | [arziʃ] |

somme (f)	маблағ	[mablaʁ]
dépenser (vt)	сарф кардан	[sarf kardan]
dépenses (f pl)	харҷ, ҳазина	[xardʒ], [hazina]
économiser (vt)	сарфа кардан	[sarfa kardan]
économe (adj)	сарфакор	[sarfakor]
payer (régler)	пул додан	[pul dodan]
paiement (m)	пардохт	[pardoxt]
monnaie (f) (rendre la ~)	баҚияи пул	[baqijai pul]
impôt (m)	налог, андоз	[nalog], [andoz]
amende (f)	ҷарима	[dʒarima]
mettre une amende	ҷарима андохтан	[dʒarima andoxtan]

85. La poste. Les services postaux

poste (f)	почта	[potʃta]
courrier (m) (lettres, etc.)	почта	[potʃta]
facteur (m)	хаткашон	[xatkaʃon]
heures (f pl) d'ouverture	соати корӣ	[soati kori:]
lettre (f)	мактуб	[maktub]
recommandé (m)	хати супоришӣ	[xati suporiʃi:]
carte (f) postale	руҚъа	[ruq'a]
télégramme (m)	барҚия	[barqija]
colis (m)	равонак	[ravonak]
mandat (m) postal	пули фиристодашуда	[puli firistodaʃuda]
recevoir (vt)	гирифтан	[giriftan]
envoyer (vt)	ирсол кардан	[irsol kardan]
envoi (m)	ирсол	[irsol]
adresse (f)	адрес, унвон	[adres], [unvon]
code (m) postal	индекси почта	[indeksi potʃta]
expéditeur (m)	ирсолкунанда	[irsolkunanda]
destinataire (m)	гиранда	[giranda]
prénom (m)	ном	[nom]
nom (m) de famille	фамилия	[familija]
tarif (m)	таърифа	[ta'rifa]
normal (adj)	муҚаррарӣ	[muqarrari:]
économique (adj)	камхарҷ	[kamxardʒ]
poids (m)	вазн	[vazn]
peser (~ les lettres)	баркашидан	[barkaʃidan]
enveloppe (f)	конверт	[konvert]
timbre (m)	марка	[marka]
timbrer (vt)	марка часпонидан	[marka tʃasponidan]

Le logement. La maison. Le foyer

86. La maison. Le logis

maison (f)	хона	[χona]
chez soi	дар хона	[dar χona]
cour (f)	ҳавлӣ	[havli:]
clôture (f)	панҷара	[pandʒara]
brique (f)	хишт	[χiʃt]
en brique (adj)	хиштӣ, … и хишт	[χiʃti:], [i χiʃt]
pierre (f)	санг	[sang]
en pierre (adj)	сангин	[sangin]
béton (m)	бетон	[beton]
en béton (adj)	бетонӣ	[betoni:]
neuf (adj)	нав	[nav]
vieux (adj)	кӯҳна	[kœhna]
délabré (adj)	фарсуда	[farsuda]
moderne (adj)	ҳамаср, муосир	[hamasr], [muosir]
à plusieurs étages	серошёна	[seroʃjona]
haut (adj)	баланд	[baland]
étage (m)	қабат, ошёна	[qabat], [oʃjona]
sans étage (adj)	якошёна	[jakoʃjona]
rez-de-chaussée (m)	ошёнаи поён	[oʃjonai pojon]
dernier étage (m)	ошёнаи боло	[oʃjonai bolo]
toit (m)	бом	[bom]
cheminée (f)	мӯрии дудкаш	[mœri:i dudkaʃ]
tuile (f)	сафоли бомпӯшӣ	[safoli bompœʃi:]
en tuiles (adj)	… и сафоли бомпӯшӣ	[i safoli bompœʃi:]
grenier (m)	чердак	[tʃerdak]
fenêtre (f)	тиреза	[tireza]
vitre (f)	шиша, оина	[ʃiʃa], [oina]
rebord (m)	зертахтаи тиреза	[zertaχtai tireza]
volets (m pl)	дари пушти тиреза	[dari puʃti tireza]
mur (m)	девор	[devor]
balcon (m)	балкон	[balkon]
gouttière (f)	тарнов, новадон	[tarnov], [novadon]
en haut (à l'étage)	дар боло	[dar bolo]
monter (vi)	баромадан	[baromadan]
descendre (vi)	фуромадан	[furomadan]
déménager (vi)	кӯчидан	[kœtʃidan]

83

87. La maison. L'entrée. L'ascenseur

entrée (f)	даромадгох	[daromadgoh]
escalier (m)	зина, зинапоя	[zina], [zinapoja]
marches (f pl)	зинахо	[zinaho]
rampe (f)	панчара	[pandʒara]
hall (m)	толор	[tolor]
boîte (f) à lettres	куттии почта	[qutti:i potʃta]
poubelle (f) d'extérieur	куттии партов	[qutti:i partov]
vide-ordures (m)	кубури ахлот	[quburi axlot]
ascenseur (m)	лифт	[lift]
monte-charge (m)	лифти боркаш	[lifti borkaʃ]
cabine (f)	лифт	[lift]
prendre l'ascenseur	ба лифт рафтан	[ba lift raftan]
appartement (m)	манзил	[manzil]
locataires (m pl)	истикоматкунандагон	[istiqomatkunandagon]
voisin (m)	хамсоя	[hamsoja]
voisine (f)	хамсоязан	[hamsojazan]
voisins (m pl)	хамсояхо	[hamsojaho]

88. La maison. L'électricité

électricité (f)	барк	[barq]
ampoule (f)	лампача, чарогча	[lampatʃa], [tʃaroʁtʃa]
interrupteur (m)	калидак	[kalidak]
plomb, fusible (m)	пробка	[probka]
fil (m) (~ électrique)	сим	[sim]
installation (f) électrique	сими барк	[simi barq]
compteur (m) électrique	хисобкунаки электрикй	[xisobkunaki ɛlektriki:]
relevé (m)	нишондод	[niʃondod]

89. La maison. La porte. La serrure

porte (f)	дар	[dar]
portail (m)	дарвоза	[darvoza]
poignée (f)	дастак	[dastak]
déverrouiller (vt)	кушодан	[kuʃodan]
ouvrir (vt)	кушодан	[kuʃodan]
fermer (vt)	пушидан, бастан	[pœʃidan], [bastan]
clé (f)	калид	[kalid]
trousseau (m), jeu (m)	даста	[dasta]
grincer (la porte)	гичиррос задан	[ʁidʒirros zadan]
grincement (m)	гичиррос	[ʁidʒirros]
gond (m)	ошик-маъшук	[oʃiq-maʃuq]
paillasson (m)	пойандоз	[pojandoz]
serrure (f)	кулф	[qulf]

84

trou (m) de la serrure	сӯрохи қулф	[sœroχi qulf]
verrou (m)	ликаки дар	[likaki dar]
loquet (m)	ғалақаи дар	[ʁalaqai dar]
cadenas (m)	қулфи овезон	[qulfi ovezon]
sonner (à la porte)	занг задан	[zang zadan]
sonnerie (f)	занг	[zang]
sonnette (f)	занг	[zang]
bouton (m)	кнопка	[knopka]
coups (m pl) à la porte	тақ-тақ	[taq-taq]
frapper (~ à la porte)	тақ-тақ кардан	[taq-taq kardan]
code (m)	рамз, код	[ramz], [kod]
serrure (f) à combinaison	қулфи коддор	[qulfi koddor]
interphone (m)	домофон	[domofon]
numéro (m)	рақам	[raqam]
plaque (f) de porte	чадвалча	[dʒadvaltʃa]
judas (m)	чашмаки дар	[tʃaʃmaki dar]

90. La maison de campagne

village (m)	деҳа, деҳ	[deha], [deh]
potager (m)	обчакорӣ	[obtʃakori:]
palissade (f)	девор	[devor]
clôture (f)	панчара, деворча	[pandʒara], [devortʃa]
portillon (m)	дарича	[daritʃa]
grange (f)	анбор	[anbor]
cave (f)	таххона	[tahχona]
abri (m) de jardin	анбор	[anbor]
puits (m)	чоҳ	[tʃoh]
poêle (m) (~ à bois)	оташдон	[otaʃdon]
chauffer le poêle	ба печка алав мондан	[ba petʃka alav mondan]
bois (m) de chauffage	ҳезум	[hezum]
bûche (f)	тароша	[taroʃa]
véranda (f)	айвон, пешайвон	[ajvon], [peʃajvon]
terrasse (f)	пешайвон	[peʃajvon]
perron (m) d'entrée	айвон	[ajvon]
balançoire (f)	арғунчак	[arʁuntʃak]

91. La villa et le manoir

maison (f) de campagne	хонаи берун аз шаҳр	[χonai berun az ʃahr]
villa (f)	кӯшк, чорбоғ	[kœʃk], [tʃorboʁ]
aile (f) (~ ouest)	қанот	[qanot]
jardin (m)	боғ	[boʁ]
parc (m)	боғ	[boʁ]
serre (f) tropicale	гулхона	[gulχona]
s'occuper (~ du jardin)	нигоҳубин кардан	[nigohubin kardan]

piscine (f)	ҳавз	[havz]
salle (f) de gym	толори варзишй	[tolori varziʃi:]
court (m) de tennis	майдони теннис	[majdoni tennis]
salle (f) de cinéma	кинотеатр	[kinoteatr]
garage (m)	гараж	[garaʒ]

| propriété (f) privée | мулки хусусӣ | [mulki χususi:] |
| terrain (m) privé | моликияти хусусӣ | [molikijati χususi:] |

| avertissement (m) | огоҳӣ | [ogohi:] |
| panneau d'avertissement | хати огоҳӣ | [χati ogohi:] |

sécurité (f)	посбонй	[posboni:]
agent (m) de sécurité	посбон	[posbon]
alarme (f) antivol	сигналдиҳӣ	[signaldihi:]

92. Le château. Le palais

château (m)	кӯшк	[kœʃk]
palais (m)	қаср	[qasr]
forteresse (f)	ҳисор	[hisor]
muraille (f)	девор	[devor]
tour (f)	манора, бурҷ	[manora], [burdʒ]
donjon (m)	бурҷи асосӣ	[burdʒi asosi:]

herse (f)	панҷараи болошаванда	[pandʒarai boloʃavanda]
souterrain (m)	роҳи зеризаминй	[rohi zerizamini:]
douve (f)	хандақ	[χandaq]
chaîne (f)	занҷир	[zandʒir]
meurtrière (f)	почанг	[potʃang]

magnifique (adj)	бошукӯҳ, боҳашамат	[boʃukœh], [bohaʃamat]
majestueux (adj)	боазамат, ҷалил	[boazamat], [dʒalil]
inaccessible (adj)	фатҳнопазир	[fathnopazir]
médiéval (adj)	асримиёнагй	[asrimijonagi:]

93. L'appartement

appartement (m)	манзил	[manzil]
chambre (f)	хона, ӯтоқ	[χona], [œtoq]
chambre (f) à coucher	хонаи хоб	[χonai χob]
salle (f) à manger	хонаи хӯрокхӯрӣ	[χonai χœrokχœri:]
salon (m)	меҳмонхона	[mehmonχona]
bureau (m)	утоқ	[utoq]

antichambre (f)	мадхал, даҳлез	[madχal], [dahlez]
salle (f) de bains	ваннахона	[vannaχona]
toilettes (f pl)	ҳоҷатхона	[hodʒatχona]

plafond (m)	шифт	[ʃift]
plancher (m)	фарш	[farʃ]
coin (m)	кунҷ	[kundʒ]

94. L'appartement. Le ménage

faire le ménage	рӯбучин кардан	[rœbutʃin kardan]
ranger (jouets, etc.)	ғундошта гирифтан	[ʁundoʃta giriftan]
poussière (f)	чанг	[tʃang]
poussiéreux (adj)	пурчанг	[purtʃang]
essuyer la poussière	чанг гирифтан	[tʃang giriftan]
aspirateur (m)	чангкашак	[tʃangkaʃak]
passer l'aspirateur	чанг кашидан	[tʃang kaʃidan]
balayer (vt)	рӯфтан	[rœftan]
balayures (f pl)	ахлот	[aχlot]
ordre (m)	тартиб	[tartib]
désordre (m)	бетартибӣ	[betartibi:]
balai (m) à franges	пайкора	[pajkora]
torchon (m)	латта	[latta]
balayette (f) de sorgho	ҷорӯб	[dʒorœb]
pelle (f) à ordures	хокандози ахлот	[χokandozi aχlot]

95. Les meubles. L'intérieur

meubles (m pl)	мебел	[mebel]
table (f)	миз	[miz]
chaise (f)	курсӣ	[kursi:]
lit (m)	кат	[kat]
canapé (m)	диван	[divan]
fauteuil (m)	курсӣ	[kursi:]
bibliothèque (f) (meuble)	чевони китобмонӣ	[dʒevoni kitobmoni:]
rayon (m)	раф, рафча	[raf], [raftʃa]
armoire (f)	чевони либос	[dʒevoni libos]
patère (f)	либосовезак	[libosovezak]
portemanteau (m)	либосовезак	[libosovezak]
commode (f)	чевон	[dʒevon]
table (f) basse	мизи қаҳва	[mizi qahva]
miroir (m)	оина	[oina]
tapis (m)	гилем, қолин	[gilem], [qolin]
petit tapis (m)	гилемча	[gilemtʃa]
cheminée (f)	оташдон	[otaʃdon]
bougie (f)	шамъ	[ʃam']
chandelier (m)	шамъдон	[ʃam'don]
rideaux (m pl)	парда	[parda]
papier (m) peint	зардеворӣ	[zardevori:]
jalousie (f)	жалюзи	[ʒaljuzi]
lampe (f) de table	чароғи мизӣ	[tʃaroʁi mizi:]
applique (f)	чароғак	[tʃaroʁak]

lampadaire (m)	торшер	[torʃer]
lustre (m)	қандил	[qandil]

pied (m) (~ de la table)	поя	[poja]
accoudoir (m)	оринчмонаки курсӣ	[orindʒmonaki kursi:]
dossier (m)	пуштаки курсӣ	[puʃtaki kursi:]
tiroir (m)	ғаладон	[ʁaladon]

96. La literie

linge (m) de lit	чилдҳои болишту бистар	[dʒildhoi boliʃtu bistar]
oreiller (m)	болишт	[boliʃt]
taie (f) d'oreiller	чилди болишт	[dʒildi boliʃt]
couverture (f)	кӯрпа	[kœrpa]
drap (m)	чойпӯш	[dʒojpœʃ]
couvre-lit (m)	болопӯш	[bolopœʃ]

97. La cuisine

cuisine (f)	ошхона	[oʃχona]
gaz (m)	газ	[gaz]
cuisinière (f) à gaz	плитаи газ	[plitai gaz]
cuisinière (f) électrique	плитаи электрикӣ	[plitai ɛlektriki:]
four (m) micro-ondes	микроволновка	[mikrovolnovka]

réfrigérateur (m)	яхдон	[jaχdon]
congélateur (m)	яхдон	[jaχdon]
lave-vaisselle (m)	мошини зарфшӯй	[moʃini zarfʃœj]

hachoir (m) à viande	мошини гӯшткӯбӣ	[moʃini gœʃtkœbi:]
centrifugeuse (f)	шарбатафшурак	[ʃarbatafʃurak]
grille-pain (m)	тостер	[toster]
batteur (m)	миксер	[mikser]

machine (f) à café	қаҳвачӯшонак	[qahvadʒœʃonak]
cafetière (f)	зарфи қаҳвачӯшонӣ	[zarfi qahvadʒœʃoni:]
moulin (m) à café	дастоси қаҳва	[dastosi qahva]

bouilloire (f)	чойник	[ʧojnik]
théière (f)	чойник	[ʧojnik]
couvercle (m)	сарпӯш	[sarpœʃ]
passoire (f) à thé	ғалберча	[ʁalberʧa]

cuillère (f)	қошуқ	[qoʃuq]
petite cuillère (f)	чойкошук	[ʧojkoʃuk]
cuillère (f) à soupe	қошуқи ошхӯрӣ	[qoʃuqi oʃχœri:]
fourchette (f)	чангча, чангол	[ʧangʧa], [ʧangol]
couteau (m)	корд	[kord]

vaisselle (f)	табақ	[tabaq]
assiette (f)	тақсимча	[taqsimʧa]
soucoupe (f)	тақсимӣ, тақсимича	[taqsimi:], [taqsimiʧa]

verre (m) à shot	рюмка	[rjumka]
verre (m) (~ d'eau)	стакан	[stakan]
tasse (f)	косача	[kosatʃa]

sucrier (m)	шакардон	[ʃakardon]
salière (f)	намакдон	[namakdon]
poivrière (f)	қаламфурдон	[qalamfurdon]
beurrier (m)	равғандон	[ravʁandon]

casserole (f)	дегча	[degtʃa]
poêle (f)	тоба	[toba]
louche (f)	кафлез, обгардон, сархумй	[kaflez], [obgardon], [sarχumi:]
plateau (m)	лаълй	[la'li:]

bouteille (f)	шиша, сурохй	[ʃiʃa], [surohi:]
bocal (m) (à conserves)	банкаи шишагй	[bankai ʃiʃagi:]
boîte (f) en fer-blanc	банкаи тунукагй	[bankai tunukagi:]

ouvre-bouteille (m)	саркушояк	[sarkuʃojak]
ouvre-boîte (m)	саркушояк	[sarkuʃojak]
tire-bouchon (m)	пӯккашак	[pœkkaʃak]
filtre (m)	филтр	[filtr]
filtrer (vt)	полоидан	[poloidan]

| ordures (f pl) | ахлот | [aχlot] |
| poubelle (f) | сатили ахлот | [satili aχlot] |

98. La salle de bains

salle (f) de bains	ваннахона	[vannaχona]
eau (f)	об	[ob]
robinet (m)	чуммак, мил	[dʒummak], [mil]
eau (f) chaude	оби гарм	[obi garm]
eau (f) froide	оби сард	[obi sard]

dentifrice (m)	хамираи дандон	[χamirai dandon]
se brosser les dents	дандон шустан	[dandon ʃustan]
brosse (f) à dents	чӯткаи дандоншӯй	[tʃœtkai dandonʃœi:]

se raser (vp)	риш гирифтан	[riʃ giriftan]
mousse (f) à raser	кафки ришгирй	[kafki riʃgiri:]
rasoir (m)	ришгирак	[riʃgirak]

laver (vt)	шустан	[ʃustan]
se laver (vp)	шустушӯ кардан	[ʃustuʃœ kardan]
prendre une douche	ба душ даромадан	[ba duʃ daromadan]

baignoire (f)	ванна	[vanna]
cuvette (f)	нишастгохи халочо	[niʃastgohi χalodʒo]
lavabo (m)	дастшӯяк	[dastʃœjak]

| savon (m) | собун | [sobun] |
| porte-savon (m) | собундон | [sobundon] |

éponge (f)	исфанч	[isfandʒ]
shampooing (m)	шампун	[ʃampun]
serviette (f)	сачоқ	[satʃoq]
peignoir (m) de bain	халат	[χalat]

lessive (f) (faire la ~)	ҷомашӯӣ	[dʒomaʃœi:]
machine (f) à laver	мошини ҷомашӯӣ	[moʃini dʒomaʃœi:]
faire la lessive	ҷомашӯӣ кардан	[dʒomaʃœi: kardan]
lessive (f) (poudre)	хокаи ҷомашӯӣ	[χokai dʒomaʃœi:]

99. Les appareils électroménagers

téléviseur (m)	телевизор	[televizor]
magnétophone (m)	магнитафон	[magnitafon]
magnétoscope (m)	видеомагнитафон	[videomagnitafon]
radio (f)	радио	[radio]
lecteur (m)	плеер	[pleer]

vidéoprojecteur (m)	видеопроектор	[videoproektor]
home cinéma (m)	кинотеатри хонагӣ	[kinoteatri χonagi:]
lecteur DVD (m)	DVD-монак	[ɛøɛ-monak]
amplificateur (m)	қувватафзо	[quvvatafzo]
console (f) de jeux	плейстейшн	[plejstejʃn]

caméscope (m)	видеокамера	[videokamera]
appareil (m) photo	фотоаппарат	[fotoapparat]
appareil (m) photo numérique	суратгираки рақамӣ	[suratgiraki raqami:]

aspirateur (m)	чангкашак	[tʃangkaʃak]
fer (m) à repasser	дарзмол	[darzmol]
planche (f) à repasser	тахтаи дарзмолкунӣ	[taχtai darzmolkuni:]

téléphone (m)	телефон	[telefon]
portable (m)	телефони мобилӣ	[telefoni mobili:]
machine (f) à écrire	мошинаи хатнависӣ	[moʃinai χatnavisi:]
machine (f) à coudre	мошинаи чокдӯзӣ	[moʃinai tʃokdœzi:]

micro (m)	микрофон	[mikrofon]
écouteurs (m pl)	гӯшак, гӯшпӯшак	[gœʃak], [gœʃpœʃak]
télécommande (f)	пулт	[pult]

CD (m)	компакт-диск	[kompakt-disk]
cassette (f)	кассета	[kasseta]
disque (m) (vinyle)	пластинка	[plastinka]

100. Les travaux de réparation et de rénovation

rénovation (f)	таъмир, тармим	[ta'mir], [tarmim]
faire la rénovation	таъмир кардан	[ta'mir kardan]
réparer (vt)	таъмир кардан	[ta'mir kardan]
remettre en ordre	ба тартиб андохтан	[ba tartib andoχtan]
refaire (vt)	дубора хохтан	[dubora χoχtan]

peinture (f)	ранг	[rang]
peindre (des murs)	ранг кардан	[rang kardan]
peintre (m) en bâtiment	рангзан, рангмол	[rangzan], [rangmol]
pinceau (m)	мӯқалам	[mœqalam]

| chaux (f) | қабати оҳак | [qabati ohak] |
| blanchir à la chaux | сафед кардан | [safed kardan] |

papier (m) peint	зардеворӣ	[zardevori:]
tapisser (vt)	зардеворӣ часпондан	[zardevori: ʧaspondan]
vernis (m)	лок	[lok]
vernir (vt)	лок задан	[lok zadan]

101. La plomberie

eau (f)	об	[ob]
eau (f) chaude	оби гарм	[obi garm]
eau (f) froide	оби сард	[obi sard]
robinet (m)	чуммак, мил	[dʒummak], [mil]

goutte (f)	катра	[katra]
goutter (vi)	чакидан	[ʧakidan]
fuir (tuyau)	чакидан	[ʧakidan]
fuite (f)	сӯрох будан	[sœroχ budan]
flaque (f)	кӯлмак	[kœlmak]

tuyau (m)	қубур	[qubur]
valve (f)	вентил	[ventil]
se boucher (vp)	аз чирк маҳкам шудан	[az ʧirk mahkam ʃudan]

outils (m pl)	асбобу анчом	[asbobu andʒom]
clé (f) réglable	калиди бозшаванда	[kalidi bozʃavanda]
dévisser (vt)	тоб дода кушодан	[tob doda kuʃodan]
visser (vt)	тофтан, тоб додан	[toftan], [tob dodan]

déboucher (vt)	тоза кардан	[toza kardan]
plombier (m)	сантехник	[santeχnik]
sous-sol (m)	таҳхона	[tahχona]
égouts (m pl)	канализатсия	[kanalizatsija]

102. L'incendie

feu (m)	оташ	[otaʃ]
flamme (f)	шӯъла	[ʃœ'la]
étincelle (f)	шарора	[ʃarora]
flambeau (m)	машъал	[maʃ'al]
feu (m) de bois	гулхан	[gulχan]

essence (f)	бензин	[benzin]
kérosène (m)	карасин	[karasin]
inflammable (adj)	сӯзанда	[sœzanda]
explosif (adj)	тарканда	[tarkanda]

DÉFENSE DE FUMER	ТАМОКУ НАКАШЕД!	[tamoku nakaʃed]
sécurité (f)	бехатарӣ	[beχatari:]
danger (m)	хатар	[χatar]
dangereux (adj)	хатарнок	[χatarnok]

prendre feu	даргирифтан	[dargiriftan]
explosion (f)	таркиш, таркидан	[tarkiʃ], [tarkidan]
mettre feu	оташ задан	[otaʃ zadan]
incendiaire (m)	оташзананда	[otaʃzananda]
incendie (m) prémédité	оташ задан	[otaʃ zadan]

flamboyer (vi)	аланга задан	[alanga zadan]
brûler (vi)	сӯхтан	[sœχtan]
brûler complètement	сӯхтан	[sœχtan]

appeler les pompiers	даъват кардани сӯхторхомӯшкунхо	[da'vat kardani sœχtorχomœʃkunho]
pompier (m)	сӯхторхомӯшкун	[sœχtorχomœʃkun]
voiture (f) de pompiers	мошини сӯхторхомӯшкунӣ	[moʃini sœχtorχomœʃkuni:]
sapeurs-pompiers (pl)	дастаи сӯхторхомӯшкунхо	[dastai sœχtorχomœʃkunho]
échelle (f) des pompiers	зинапояи дарозшаванда	[zinapojai darozʃavanda]

tuyau (m) d'incendie	рӯда	[rœda]
extincteur (m)	оташнишон	[otaʃniʃon]
casque (m)	тоскулох	[toskuloh]
sirène (f)	бурғу	[burʁu]

crier (vi)	дод задан	[dod zadan]
appeler au secours	ба ёрӣ чеғ задан	[ba jori: ʤeʁ zadan]
secouriste (m)	начотдиханда	[naʤotdihanda]
sauver (vt)	начот додан	[naʤot dodan]

venir (vi)	расидан	[rasidan]
éteindre (feu)	хомӯш кардан	[χomœʃ kardan]
eau (f)	об	[ob]
sable (m)	рег	[reg]

ruines (f pl)	харобот	[χarobot]
tomber en ruine	гумбуррос зада афтодан	[gumburros zada aftodan]
s'écrouler (vp)	ғалтидан	[ʁaltidan]
s'effondrer (vp)	чӯкидан	[tʃœkidan]

| morceau (m) (de mur, etc.) | шикастпора | [ʃikastpora] |
| cendre (f) | хокистар | [χokistar] |

| mourir étouffé | нафас гашта мурдан | [nafas gaʃta murdan] |
| périr (vi) | вафот кардан | [vafot kardan] |

LES ACTIVITÉS HUMAINS

Le travail. Les affaires. Partie 1

103. Le bureau. La vie de bureau

bureau (m) (établissement)	офис	[ofis]
bureau (m) (au travail)	утоқи кор	[utoqi kor]
accueil (m)	ресепшн	[resepʃn]
secrétaire (m, f)	котиб	[kotib]
directeur (m)	директор, мудир	[direktor], [mudir]
manager (m)	менечер	[menedʒer]
comptable (m)	бухгалтер	[buχʁalter]
collaborateur (m)	коркун	[korkun]
meubles (m pl)	мебел	[mebel]
bureau (m)	миз	[miz]
fauteuil (m)	курсй	[kursi:]
classeur (m) à tiroirs	чевонча	[dʒevontʃa]
portemanteau (m)	либосовезак	[libosovezak]
ordinateur (m)	компютер	[kompjuter]
imprimante (f)	принтер	[printer]
fax (m)	факс	[faks]
copieuse (f)	мошини нусхабардорй	[moʃini nusχabardori:]
papier (m)	қоғаз	[qoʁaz]
papeterie (f)	молхои конселярй	[molhoi konseljari:]
tapis (m) de souris	гилемчаи муш	[gilemtʃai muʃ]
feuille (f)	варақ	[varaq]
classeur (m)	папка	[papka]
catalogue (m)	каталог	[katalog]
annuaire (m)	маълумотнома	[ma'lumotnoma]
documents (m pl)	хуччатхо	[hudʒdʒatho]
brochure (f)	рисола, китобча	[risola], [kitobtʃa]
prospectus (m)	варақа	[varaqa]
échantillon (m)	намуна	[namuna]
formation (f)	машқ	[maʃq]
réunion (f)	мачлис	[madʒlis]
pause (f) déjeuner	танаффуси нисфирӯзй	[tanaffusi nisfirœzi:]
faire une copie	нусха бардоштан	[nusχa bardoʃtan]
faire des copies	бисёр кардан	[bisjor kardan]
recevoir un fax	факс гирифтан	[faks giriftan]
envoyer un fax	факс фиристодан	[faks firistodan]
téléphoner, appeler	занг задан	[zang zadan]

répondre (vi, vt)	чавоб додан	[dʒavob dodan]
passer (au téléphone)	алоқаманд кардан	[aloqamand kardan]

fixer (rendez-vous)	муайян кардан	[muajjan kardan]
montrer (un échantillon)	нишон додан	[niʃon dodan]
être absent	набудан	[nabudan]
absence (f)	набуд	[nabud]

104. Les processus d'affaires. Partie 1

affaire (f) (business)	кор, соҳибкорӣ	[kor], [sohibkori:]
métier (m)	кор	[kor]

firme (f), société (f)	фирма	[firma]
compagnie (f)	ширкат	[ʃirkat]
corporation (f)	корпоратсия	[korporatsija]
entreprise (f)	муассиса, корхона	[muassisa], [korχona]
agence (f)	агенти шӯъба	[agenti ʃœ'ba]

accord (m)	шартнома, созишнома	[ʃartnoma], [soziʃnoma]
contrat (m)	шартнома	[ʃartnoma]
marché (m) (accord)	харидуфурӯш	[χaridufurœʃ]
commande (f)	супориш	[suporiʃ]
terme (m) (~ du contrat)	шарт	[ʃart]

en gros (adv)	кӯтара	[kœtara]
en gros (adj)	кӯтара, яклухт	[kœtara], [jakluχt]
vente (f) en gros	яклухтфурӯшӣ	[jakluχtfurœʃi:]
au détail (adj)	чакана	[tʃakana]
vente (f) au détail	чаканафурӯшӣ	[tʃakanafurœʃi:]

concurrent (m)	рақиб	[raqib]
concurrence (f)	рақобат	[raqobat]
concurrencer (vt)	рақобат кардан	[raqobat kardan]

associé (m)	ҳариф	[harif]
partenariat (m)	ҳарифӣ	[harifi:]

crise (f)	бӯҳрон	[bœhron]
faillite (f)	шикаст, муфлисӣ	[ʃikast], [muflisi:]
faire faillite	муфлис шудан	[muflis ʃudan]
difficulté (f)	душворӣ	[duʃvori:]
problème (m)	масъала	[mas'ala]
catastrophe (f)	шикаст	[ʃikast]

économie (f)	иқтисодиёт	[iqtisodijɔt]
économique (adj)	… и иқтисодӣ	[i iqtisodi:]
baisse (f) économique	таназзули иқтисодӣ	[tanazzuli iqtisodi:]

but (m)	мақсад	[maqsad]
objectif (m)	вазифа	[vazifa]

faire du commerce	савдо кардан	[savdo kardan]
réseau (m) (de distribution)	муассисаҳо	[muassisaho]

inventaire (m) (stocks)	анбор	[anbor]
assortiment (m)	навъҳои мол	[nav'hoi mol]
leader (m)	роҳбар	[rohbar]
grande (~ entreprise)	калон	[kalon]
monopole (m)	монополия, инҳисор	[monopolija], [inhisor]
théorie (f)	назария	[nazarija]
pratique (f)	таҷриба, амалия	[tadʒriba], [amalija]
expérience (f)	таҷриба	[tadʒriba]
tendance (f)	майл	[majl]
développement (m)	пешравӣ	[peʃravi:]

105. Les processus d'affaires. Partie 2

rentabilité (m)	фоида	[foida]
rentable (adj)	фоиданок	[foidanok]
délégation (f)	ҳайати вакилон	[hajati vakilon]
salaire (m)	музди меҳнат	[muzdi mehnat]
corriger (une erreur)	ислоҳ кардан	[isloh kardan]
voyage (m) d'affaires	командировка	[komandirovka]
commission (f)	комиссия	[komissija]
contrôler (vt)	назорат кардан	[nazorat kardan]
conférence (f)	конференсия	[konferensija]
licence (f)	ҷавознома	[dʒavoznoma]
fiable (partenaire ~)	боэътимод	[boɛ'timod]
initiative (f)	шурӯъ, ташаббус	[ʃurœ'], [taʃabbus]
norme (f)	норма	[norma]
circonstance (f)	ҳолат, маврид	[holat], [mavrid]
fonction (f)	вазифа	[vazifa]
entreprise (f)	созмон	[sozmon]
organisation (f)	ташкил	[taʃkil]
organisé (adj)	муташаккил	[mutaʃakkil]
annulation (f)	бекор кардани	[bekor kardani]
annuler (vt)	бекор кардан	[bekor kardan]
rapport (m)	ҳисоб, ҳисобот	[hisob], [hisobot]
brevet (m)	патент	[patent]
breveter (vt)	патент додан	[patent dodan]
planifier (vt)	нақша кашидан	[naqʃa kaʃidan]
prime (f)	ҷоиза	[dʒoiza]
professionnel (adj)	касаба	[kasaba]
procédure (f)	расму қоида	[rasmu qoida]
examiner (vt)	матраҳ кардан	[matrah kardan]
calcul (m)	муҳосиба	[muhosiba]
réputation (f)	шӯҳрат	[ʃœhrat]
risque (m)	хатар, таваккал	[χatar], [tavakkal]
diriger (~ une usine)	сардорӣ кардан	[sardori: kardan]

renseignements (m pl)	маълумот	[ma'lumot]
propriété (f)	моликият	[molikijat]
union (f)	иттиход	[ittihod]

assurance vie (f)	суғуртакунии ҳаёт	[suʁurtakuni:i hajɔt]
assurer (vt)	суғурта кардан	[suʁurta kardan]
assurance (f)	суғурта	[suʁurta]

enchères (f pl)	савдо, фурӯш	[savdo], [furœʃ]
notifier (informer)	огоҳ кардан	[ogoh kardan]
gestion (f)	идоракунӣ	[idorakuni:]
service (m)	хизмат	[χizmat]

forum (m)	маҷлис	[madʒlis]
fonctionner (vi)	ҳаракат кардан	[harakat kardan]
étape (f)	марҳала	[marhala]
juridique (services ~s)	ҳуқуқӣ, ... и ҳуқуқ	[huquqi:], [i huquq]
juriste (m)	ҳуқуқшинос	[huquqʃinos]

106. L'usine. La production

usine (f)	завод	[zavod]
fabrique (f)	фабрика	[fabrika]
atelier (m)	сех	[seχ]
site (m) de production	истеҳсолот	[istehsolot]

industrie (f)	саноат	[sanoat]
industriel (adj)	саноатӣ	[sanoati:]
industrie (f) lourde	саноати вазнин	[sanoati vaznin]
industrie (f) légère	саноати сабук	[sanoati sabuk]

produit (m)	тавлидот, маҳсул	[tavlidot], [mahsul]
produire (vt)	истеҳсол кардан	[istehsol kardan]
matières (f pl) premières	ашёи хом	[aʃʃoi χom]

chef (m) d'équipe	сардори бригада	[sardori brigada]
équipe (f) d'ouvriers	бригада	[brigada]
ouvrier (m)	коргар	[korgar]

jour (m) ouvrable	рӯзи кор	[rœzi kor]
pause (f) (repos)	танаффус	[tanaffus]
réunion (f)	маҷлис	[madʒlis]
discuter (vt)	муҳокима кардан	[muhokima kardan]

plan (m)	нақша	[naqʃa]
accomplir le plan	иҷрои нақша	[idʒroi naqʃa]
norme (f) de production	нормаи кор	[normai kor]
qualité (f)	сифат	[sifat]
contrôle (m)	назорат	[nazorat]
contrôle (m) qualité	назорати сифат	[nazorati sifat]

sécurité (f) de travail	беҳатарии меҳнат	[beχatari:i mehnat]
discipline (f)	низом	[nizom]
infraction (f)	вайронкунӣ	[vajronkuni:]

violer (les règles)	вайрон кардан	[vajron kardan]
grève (f)	корпартой	[korpartoi:]
gréviste (m)	корпарто	[korparto]
faire grève	корпартой кардан	[korpartoi: kardan]
syndicat (m)	ташкилоти касабавй	[taʃkiloti kasabavi:]

inventer (machine, etc.)	ихтироъ кардан	[iχtiro' kardan]
invention (f)	ихтироъ	[iχtiro']
recherche (f)	таққиқ	[tahqiq]
améliorer (vt)	беҳтар кардан	[behtar kardan]
technologie (f)	технология	[teχnologija]
dessin (m) technique	нақша, тарх	[naqʃa], [tarh]

charge (f) (~ de 3 tonnes)	бор	[bor]
chargeur (m)	борбардор	[borbardor]
charger (véhicule, etc.)	бор кардан	[bor kardan]
chargement (m)	бор кардан	[bor kardan]
décharger (vt)	борро фуровардан	[borro furovardan]
déchargement (m)	борфурорй	[borfurori:]

transport (m)	нақлиёт	[naqlijɔt]
compagnie (f) de transport	ширкати нақлиётй	[ʃirkati naqlijoti:]
transporter (vt)	кашондан	[kaʃondan]

wagon (m) de marchandise	вагони боркаш	[vagoni borkaʃ]
citerne (f)	систерна	[sisterna]
camion (m)	мошини боркаш	[moʃini borkaʃ]

| machine-outil (f) | дастгоҳ | [dastgoh] |
| mécanisme (m) | механизм | [meχanizm] |

déchets (m pl)	пасмондаҳо	[pasmondaho]
emballage (m)	печонда бастан	[petʃonda bastan]
emballer (vt)	печонда бастан	[petʃonda bastan]

107. Le contrat. L'accord

contrat (m)	шартнома	[ʃartnoma]
accord (m)	созишнома	[soziʃnoma]
annexe (f)	илова	[ilova]

signer un contrat	шартнома бастан	[ʃartnoma bastan]
signature (f)	имзо	[imzo]
signer (vt)	имзо кардан	[imzo kardan]
cachet (m)	мӯҳр	[mœhr]

objet (m) du contrat	мавзӯи шартнома	[mavzœi ʃartnoma]
clause (f)	модда	[modda]
côtés (m pl)	тарафҳо	[tarafho]
adresse (f) légale	нишонии ҳуқуқӣ	[niʃoni:i huquqi:]

| violer l'accord | вайрон кардани шартнома | [vajron kardani ʃartnoma] |
| obligation (f) | вазифа, ӯҳдадорй | [vazifa], [œhdadori:] |

responsabilité (f)	масъулият	[mas'ulijat]
force (f) majeure	форс-мажор	[fors-maʒor]
litige (m)	баҳс	[bahs]
pénalités (f pl)	ҷаримаи шартномавӣ	[dʒarimai ʃartnomavi:]

108. L'importation. L'exportation

importation (f)	воридот	[voridot]
importateur (m)	воридгари мол	[voridgari mol]
importer (vt)	ворид кардан	[vorid kardan]
d'importation	... и воридот	[i voridot]

exportation (f)	содирот	[sodirot]
exportateur (m)	содиргар	[sodirgar]
exporter (vt)	содирот кардан	[sodirot kardan]
d'exportation (adj)	... и содирот	[i sodirot]

marchandise (f)	мол	[mol]
lot (m) de marchandises	як миқдор	[jak miqdor]

poids (m)	вазн	[vazn]
volume (m)	ҳаҷм	[hadʒm]
mètre (m) cube	метри кубӣ	[metri kubi:]

producteur (m)	истеҳолкунанда	[isteholkunanda]
compagnie (f) de transport	ширкати нақлиётӣ	[ʃirkati naqlijoti:]
container (m)	контейнер	[kontejner]

frontière (f)	сарҳад	[sarhad]
douane (f)	гумрукхона	[gumrukχona]
droit (m) de douane	хаққи гумрукӣ	[χaqqi gumruki:]
douanier (m)	гумрукчӣ	[gumruktʃi:]
contrebande (f) (trafic)	қочоқчигӣ	[qotʃoqtʃigi:]
contrebande (f)	қочоқ	[qotʃoq]

109. La finance

action (f)	саҳмия	[sahmija]
obligation (f)	облигасия	[obligasija]
lettre (f) de change	вексел	[veksel]

bourse (f)	биржа	[birʒa]
cours (m) d'actions	қурби саҳмия	[qurbi sahmija]

baisser (vi)	арзон шудан	[arzon ʃudan]
augmenter (vi) (prix)	қимат шудан	[qimat ʃudan]

part (f)	ҳақ, саҳм	[haq], [sahm]
participation (f) de contrôle	пакети контролӣ	[paketi kontroli:]

investissements (m pl)	маблағгузорӣ	[mablaʁtuzori:]
investir (vt)	гузоштан	[guzoʃtan]

pour-cent (m)	фоиз	[foiz]
intérêts (m pl)	фоизхо	[foizho]
profit (m)	даромад, фоида	[daromad], [foida]
profitable (adj)	фоиданок	[foidanok]
impôt (m)	налог, андоз	[nalog], [andoz]
devise (f)	валюта асъор	[valjuta as'or]
national (adj)	миллй	[milli:]
échange (m)	мубодила, иваз	[mubodila], [ivaz]
comptable (m)	бухгалтер	[buχʁalter]
comptabilité (f)	бухгалтерия	[buχʁalterija]
faillite (f)	шикаст, муфлисй	[ʃikast], [muflisi:]
krach (m)	шикаст, халокат	[ʃikast], [halokat]
ruine (f)	муфлисй	[muflisi:]
se ruiner (vp)	муфлис шудан	[muflis ʃudan]
inflation (f)	бекурбшавии пул	[beκurbʃavi:i pul]
dévaluation (f)	бекурбшавии пул	[bequrbʃavi:i pul]
capital (m)	капитал	[kapital]
revenu (m)	даромад	[daromad]
chiffre (m) d'affaires	гардиш	[gardiʃ]
ressources (f pl)	захира	[zaχira]
moyens (m pl) financiers	маблаги пулй	[mablaʁi puli:]
frais (m pl) généraux	харочоти иловагй	[χarodʒoti ilovagi:]
réduire (vt)	кам кардан	[kam kardan]

110. La commercialisation. Le marketing

marketing (m)	маркетинг	[marketing]
marché (m)	бозор	[bozor]
segment (m) du marché	сегменти бозор	[segmenti bozor]
produit (m)	мол, махсул	[mol], [mahsul]
marchandise (f)	мол	[mol]
marque (f) de fabrique	тамгаи савдо, бренд	[tamʁai savdo], [brend]
marque (f) déposée	тамга	[tamʁa]
logotype (m)	маркаи фирма	[markai firma]
logo (m)	логотип	[logotip]
demande (f)	талабот	[talabot]
offre (f)	таклиф	[taklif]
besoin (m)	ниёз, талабот	[nijoz], [talabot]
consommateur (m)	истеъмолкунанда	[iste'molkunanda]
analyse (f)	тахлил	[tahlil]
analyser (vt)	тахлил кардан	[tahlil kardan]
positionnement (m)	мавкеъ гирифтан	[mavqe' giriftan]
positionner (vt)	мавкеъгирй	[mavqe'giri:]
prix (m)	нарх	[narχ]
politique (f) des prix	сиёсати нархгузорй	[sijɔsati narχguzori:]
formation (f) des prix	нархгузорй	[narχguzori:]

111. La publicité

publicité (f), pub (f)	реклама	[reklama]
faire de la publicité	эълон кардан	[ɛ'lon kardan]
budget (m)	бучет	[budʒet]
annonce (f), pub (f)	реклама, эълон	[reklama], [ɛ'lon]
publicité (f) à la télévision	телереклама	[telereklama]
publicité (f) à la radio	реклама дар радио	[reklama dar radio]
publicité (f) extérieure	рекламаи беруна	[reklamai beruna]
mass média (m pl)	васоити ахбор	[vasoiti aχbor]
périodique (m)	нашрияи даврй	[naʃrijai davri:]
image (f)	имидж	[imidʒ]
slogan (m)	шиор	[ʃior]
devise (f)	шиор	[ʃior]
campagne (f)	маърака	[ma'raka]
campagne (f) publicitaire	маърака реклама	[ma'raka reklama]
public (m) cible	гурӯхи одамони ба мақсад чавобгӯ	[gurœhi odamoni ba maqsad dʒavobgœ]
carte (f) de visite	варакаи боздид	[varakai bozdid]
prospectus (m)	варақа	[varaqa]
brochure (f)	рисола, китобча	[risola], [kitobtʃa]
dépliant (m)	буклет	[buklet]
bulletin (m)	бюллетен	[bjulleten]
enseigne (f)	лавха	[lavha]
poster (m)	плакат	[plakat]
panneau-réclame (m)	лавхаи эълонхо	[lavhai ɛ'lonho]

112. Les opérations bancaires

banque (f)	банк	[bank]
agence (f) bancaire	шӯъба	[ʃœ'ba]
conseiller (m)	мушовир	[muʃovir]
gérant (m)	идоракунанда	[idorakunanda]
compte (m)	хисоб	[hisob]
numéro (m) du compte	рақами суратхисоб	[raqami surathisob]
compte (m) courant	хисоби чорй	[hisobi dʒori:]
compte (m) sur livret	суратхисоби чамъшаванда	[surathisobi dʒam'ʃavanda]
ouvrir un compte	суратхисоб кушодан	[surathisob kuʃodan]
clôturer le compte	бастани суратхисоб	[bastani surathisob]
verser dans le compte	ба суратхисоб гузарондан	[ba surathisob guzarondan]
retirer du compte	аз суратхисоб гирифтан	[az surathisob giriftan]
dépôt (m)	амонат	[amonat]
faire un dépôt	маблаг гузоштан	[mablaʁ guzoʃtan]

virement (m) bancaire	интиқоли маблағ	[intiqoli mablaʁ]
faire un transfert	интиқол додан	[intiqol dodan]
somme (f)	маблағ	[mablaʁ]
Combien?	Чӣ қадар?	[tʃi: qadar]
signature (f)	имзо	[imzo]
signer (vt)	имзо кардан	[imzo kardan]
carte (f) de crédit	корти кредитӣ	[korti krediti:]
code (m)	рамз, код	[ramz], [kod]
numéro (m) de carte de crédit	рақами корти кредитӣ	[raqami korti krediti:]
distributeur (m)	банкомат	[bankomat]
chèque (m)	чек	[tʃek]
faire un chèque	чек навиштан	[tʃek naviʃtan]
chéquier (m)	дафтарчаи чек	[daftartʃai tʃek]
crédit (m)	қарз	[qarz]
demander un crédit	барои кредит муроҷиат кардан	[baroi kredit murodʒiat kardan]
prendre un crédit	кредит гирифтан	[kredit giriftan]
accorder un crédit	кредит додан	[kredit dodan]
gage (m)	кафолат, замонат	[kafolat], [zamonat]

113. Le téléphone. La conversation téléphonique

téléphone (m)	телефон	[telefon]
portable (m)	телефони мобилӣ	[telefoni mobili:]
répondeur (m)	худҷавобгӯ	[χuddʒavobgœ]
téléphoner, appeler	телефон кардан	[telefon kardan]
appel (m)	занг	[zang]
composer le numéro	гирифтани рақамҳо	[giriftani raqamho]
Allô!	алло, ҳа	[allo], [ha]
demander (~ l'heure)	пурсидан	[pursidan]
répondre (vi, vt)	ҷавоб додан	[dʒavob dodan]
entendre (bruit, etc.)	шунидан	[ʃunidan]
bien (adv)	хуб, нағз	[χub], [naʁz]
mal (adv)	бад	[bad]
bruits (m pl)	садоҳои бегона	[sadohoi begona]
récepteur (m)	гӯшак	[gi:ʃak]
décrocher (vt)	бардоштани гӯшак	[bardoʃtani gœʃak]
raccrocher (vi)	мондани гӯшак	[mondani gœʃak]
occupé (adj)	банд	[band]
sonner (vi)	занг задан	[zang zadan]
carnet (m) de téléphone	китоби телефон	[kitobi telefon]
local (adj)	маҳаллӣ	[mahalli:]
appel (m) local	занги маҳаллӣ	[zangi mahalli:]

interurbain (adj)	байнишаҳрй	[bajniʃahri:]
appel (m) interurbain	занги байнишаҳрй	[zangi bajniʃahri:]
international (adj)	байналхалқй	[bajnalχalqi:]

114. Le téléphone portable

portable (m)	телефони мобилй	[telefoni mobili:]
écran (m)	дисплей	[displej]
bouton (m)	тугмача	[tugmatʃa]
carte SIM (f)	сим-корт	[sim-kort]

pile (f)	батарея	[batareja]
être déchargé	бе заряд шудан	[be zarjad ʃudan]
chargeur (m)	асбоби барқпуркунанда	[asbobi barqpurkunanda]

| menu (m) | меню | [menju] |
| réglages (m pl) | соз кардан | [soz kardan] |

| mélodie (f) | оҳанг | [ohang] |
| sélectionner (vt) | интихоб кардан | [intiχob kardan] |

calculatrice (f)	ҳисобкунак	[hisobkunak]
répondeur (m)	худчавобгӯ	[χuddʒavobgœ]
réveil (m)	соати рӯимизии зангдор	[soati rœimizi:i zangdor]
contacts (m pl)	китоби телефон	[kitobi telefon]

| SMS (m) | СМС-хабар | [sms-χabar] |
| abonné (m) | муштарй | [muʃtari:] |

115. La papeterie

| stylo (m) à bille | ручкаи саққочадор | [rutʃkai saqqotʃador] |
| stylo (m) à plume | парқалам | [parqalam] |

crayon (m)	қалам	[qalam]
marqueur (m)	маркер	[marker]
feutre (m)	фломастер	[flomaster]

| bloc-notes (m) | блокнот, дафтари ёддошт | [bloknot], [daftari joddoʃt] |
| agenda (m) | рӯзнома | [rœznoma] |

règle (f)	чадвал	[dʒadval]
calculatrice (f)	ҳисобкунак	[hisobkunak]
gomme (f)	ластик	[lastik]

| punaise (f) | кнопка | [knopka] |
| trombone (m) | скрепка | [skrepka] |

colle (f)	елим, шилм	[elim], [ʃilm]
agrafeuse (f)	степлер	[stepler]
taille-crayon (m)	чарх	[tʃarχ]

116. Les différents types de documents

rapport (m)	хисоб, хисобот	[hisob], [hisobot]
accord (m)	созишнома	[soziʃnoma]
formulaire (m) d'inscription	дархост	[darχost]
authentique (adj)	аслй	[asli:]
badge (m)	бэч	[bɛdʒ]
carte (f) de visite	варакаи боздид	[varakai bozdid]
certificat (m)	сертификат	[sertifikat]
chèque (m) de banque	чек	[tʃek]
addition (f) (restaurant)	хисоб	[hisob]
constitution (f)	конститутсия	[konstitutsija]
contrat (m)	шартнома	[ʃartnoma]
copie (f)	нусха	[nusχa]
exemplaire (m)	нусха	[nusχa]
déclaration (f) de douane	декларатсияи гумрукй	[deklaratsijai gumruki:]
document (m)	хуччат, санад	[hudʒdʒat], [sanad]
permis (m) de conduire	хукуки ронандагй	[χuquqi ronandagi:]
annexe (f)	илова	[ilova]
questionnaire (m)	анкета, саволнома	[anketa], [savolnoma]
carte (f) d'identité	шаходатномаи шахсй	[ʃahodatnomai ʃaχsi:]
demande (f) de renseignements	дархост	[darχost]
lettre (f) d'invitation	даъватнома	[da'vatnoma]
facture (f)	суратхисоб	[surathisob]
loi (f)	қонун	[qonun]
lettre (f)	мактуб	[maktub]
papier (m) à en-tête	бланк	[blank]
liste (f) (~ des noms)	рӯйхат	[rœjχat]
manuscrit (m)	дастнавис	[dastnavis]
bulletin (m)	бюллетен	[bjulleten]
mot (m) (message)	хатча	[χattʃa]
laissez-passer (m)	ичозатнома	[idʒozatnoma]
passeport (m)	шиноснома	[ʃinosnoma]
permis (m)	ичозат	[idʒozat]
C.V. (m)	резюме, сивй	[rezjume], [sivi:]
reconnaissance (f) de dette	санади қарз	[sanadi qarz]
reçu (m)	квитансия	[kvitansija]
ticket (m) de caisse	чек	[tʃek]
rapport (m)	гузориш	[guzoriʃ]
présenter (pièce d'identité)	пешниход кардан	[peʃnihod kardan]
signer (vt)	имзо кардан	[imzo kardan]
signature (f)	имзо	[imzo]
cachet (m)	мӯхр	[mœhr]
texte (m)	матн	[matn]
ticket (m)	билет	[bilet]
rayer (vt)	хат задан	[χat zadan]
remplir (vt)	пур кардан	[pur kardan]

| bordereau (m) de transport | борхат | [borχat] |
| testament (m) | васиятнома | [vasijatnoma] |

117. Les types d'activités économiques

agence (f) de recrutement	шӯъбаи кадрхо	[ʃœ'bai kadrho]
agence (f) de sécurité	оҷонсии посбонй	[odʒonsi:i posboni:]
agence (f) d'information	оҷонсии хабарй	[odʒonsi:i χabari:]
agence (f) publicitaire	умури реклама	[umuri reklama]

antiquités (f pl)	атиқафурӯшй	[atiqafurœʃi:]
assurance (f)	суғуртакунй	[suʁurtakuni:]
atelier (m) de couture	ателе, коргох	[atele], [korgoh]

banques (f pl)	бизнеси бонкй	[biznesi bonki:]
bar (m)	бар	[bar]
bâtiment (m)	сохтумон	[soχtumon]
bijouterie (f)	чавохирот	[dʒavohirot]
bijoutier (m)	чавҳарй	[dʒavhari:]

blanchisserie (f)	чомашӯйхона	[dʒomaʃœjχona]
boissons (f pl) alcoolisées	машруботи спиртдор	[maʃruboti spirtdor]
boîte (f) de nuit	клуби шабона	[klubi ʃabona]
bourse (f)	биржа	[birʒa]
brasserie (f) (fabrique)	корхонаи пивопазй	[korχonai pivopazi:]
maison (f) funéraire	бюрои дафнкунй	[bjuroi dafnkuni:]

casino (m)	казино	[kazino]
centre (m) d'affaires	маркази бизнес	[markazi biznes]
cinéma (m)	кинотеатр	[kinoteatr]
climatisation (m)	кондитсионерхо	[konditsionerho]

commerce (m)	савдо	[savdo]
compagnie (f) aérienne	ширкати ҳавопаймой	[ʃirkati havopajmoi:]
conseil (m)	консалтинг	[konsalting]
coursiers (m pl)	шӯъбаи хаткашонй	[ʃœ'bai χatkaʃoni:]

dentistes (pl)	дандонпизишкй	[dandonpiziʃki:]
design (m)	дизайн, зебосозй	[dizajn], [zebosozi:]
école (f) de commerce	мактаби бизнес	[maktabi biznes]
entrepôt (m)	анбор	[anbor]
galerie (f) d'art	нигористон	[nigoriston]
glace (f)	яхмос	[jaχmos]
hôtel (m)	меҳмонхона	[mehmonχona]

immobilier (m)	мулки ғайриманкул	[mulki ʁajrimankul]
imprimerie (f)	чопхона	[ʧopχona]
industrie (f)	саноат	[sanoat]
Internet (m)	интернет	[internet]
investissements (m pl)	маблағгузорй	[mablaʁtuzori:]

journal (m)	рӯзнома	[rœznoma]
librairie (f)	мағозаи китоб	[maʁozai kitob]
industrie (f) légère	саноати сабук	[sanoati sabuk]

magasin (m)	магазин	[magazin]
maison (f) d'édition	нашриёт	[naʃrijɔt]
médecine (f)	тиб	[tib]
meubles (m pl)	мебел	[mebel]
musée (m)	осорхона	[osorχona]

pétrole (m)	нефт	[neft]
pharmacie (f)	дорухона	[doruχona]
industrie (f) pharmaceutique	дорусозй	[dorusozi:]
piscine (f)	ҳавз	[havz]
pressing (m)	козургарии химиявй	[kozurgari:i χimijavi:]
produits (m pl) alimentaires	озуқаворй	[ozuqavori:]
publicité (f), pub (f)	реклама	[reklama]

radio (f)	радио	[radio]
récupération (f) des déchets	баровардани партов	[barovardani partov]
restaurant (m)	тарабхона	[tarabχona]
revue (f)	маҷалла	[madʒalla]

salon (m) de beauté	кошонаи хусн	[koʃonai husn]
service (m) financier	хизмати молиявй	[χizmati molijavi:]
service (m) juridique	ёрии ҳуқуқй	[jori:i huquqi:]
services (m pl) comptables	хизмати муҳосиб	[χizmati muhosib]
services (m pl) d'audition	хизмати аудиторй	[χizmati auditori:]
sport (m)	варзиш	[varziʃ]
supermarché (m)	супермаркет	[supermarket]

télévision (f)	телевизион	[televizion]
théâtre (m)	театр	[teatr]
tourisme (m)	туризм, саёхат	[turizm], [sajoχat]
sociétés de transport	кашондан	[kaʃondan]

vente (f) par catalogue	савдо аз рӯи рӯйхат	[savdo az rœi rœjχat]
vêtement (m)	либос	[libos]
vétérinaire (m)	духтури ҳайвонот	[duχturi hajvonot]

Le travail. Les affaires. Partie 2

118. Les foires et les salons

salon (m)	намоишгох	[namoiʃgoh]
salon (m) commercial	намоишгохи тичоратӣ	[namoiʃgohi tidʒorati:]
participation (f)	иштирок	[iʃtirok]
participer à ...	иштирок кардан	[iʃtirok kardan]
participant (m)	иштирокчӣ	[iʃtiroktʃi:]
directeur (m)	директор, мудир	[direktor], [mudir]
direction (f)	кумитаи ташкилкунанда	[kumitai taʃkilkunanda]
organisateur (m)	ташкилотчӣ	[taʃkilottʃi:]
organiser (vt)	ташкил кардан	[taʃkil kardan]
demande (f) de participation	ариза барои иштирок	[ariza baroi iʃtirok]
remplir (vt)	пур кардан	[pur kardan]
détails (m pl)	чузъиёт	[dʒuz'ijot]
information (f)	ахборот	[axborot]
prix (m)	нарх	[narx]
y compris	дохил карда	[doxil karda]
inclure (~ les taxes)	дохил кардан	[doxil kardan]
payer (régler)	пул додан	[pul dodan]
droits (m pl) d'inscription	пардохти бакайдгирӣ	[pardoxti baqajdgiri:]
entrée (f)	даромад	[daromad]
pavillon (m)	намоишгох	[namoiʃgoh]
enregistrer (vt)	кайд кардан	[qajd kardan]
badge (m)	бэч	[bɛdʒ]
stand (m)	лавхаи намоиш	[lavhai namoiʃi:]
réserver (vt)	нигох доштан	[nigoh doʃtan]
vitrine (f)	витрина	[vitrina]
lampe (f)	чароғ	[tʃaroʁ]
design (m)	дизайн, зебосозӣ	[dizajn], [zebosozi:]
mettre (placer)	чойгир кардан	[dʒojgir kardan]
être placé	чойгир шудан	[dʒojgir ʃudan]
distributeur (m)	дистрибютор	[distribjutor]
fournisseur (m)	таъминкунанда	[ta'minkunanda]
fournir (vt)	таъмин кардан	[ta'min kardan]
pays (m)	кишвар	[kiʃvar]
étranger (adj)	хоричӣ	[xoridʒi:]
produit (m)	мол, махсул	[mol], [mahsul]
association (f)	ассотсиатсия	[assotsiatsija]
salle (f) de conférences	мачлисгох	[madʒlisgoh]

| congrès (m) | конгресс, анчуман | [kongress], [andʒuman] |
| concours (m) | конкурс | [konkurs] |

visiteur (m)	тамошобин	[tamoʃobin]
visiter (vt)	ба меҳмонӣ рафтан	[ba mehmoni: raftan]
client (m)	супоришдиҳанда	[suporiʃdihanda]

119. Les médias de masse

journal (m)	рӯзнома	[rœznoma]
revue (f)	мачалла	[madʒalla]
presse (f)	матбуот	[matbuot]
radio (f)	радио	[radio]
station (f) de radio	радиошунавой	[radioʃunavoi:]
télévision (f)	телевизион	[televizion]

animateur (m)	баранда, роҳбалад	[baranda], [rohbalad]
présentateur (m) de journaux télévisés	диктор	[diktor]
commentateur (m)	шореҳ	[ʃoreh]

journaliste (m)	рӯзноманигор	[rœznomanigor]
correspondant (m)	мухбир	[muχbir]
reporter photographe (m)	фотомухбир	[fotomuχbir]
reporter (m)	хабарнигор	[χabarnigor]

| rédacteur (m) | муҳаррир | [muharrir] |
| rédacteur (m) en chef | сармуҳаррир | [sarmuharrir] |

s'abonner (vp)	обуна шудан	[obuna ʃudan]
abonnement (m)	обуна	[obuna]
abonné (m)	обуначй	[obunatʃi:]
lire (vi, vt)	хондан	[χondan]
lecteur (m)	хонанда	[χonanda]

tirage (m)	тираж	[tiraʒ]
mensuel (adj)	ҳармоҳа	[harmoha]
hebdomadaire (adj)	ҳафтаина	[haftaina]
numéro (m)	шумора	[ʃumora]
nouveau (~ numéro)	нав	[nav]

titre (m)	сарлавҳа	[sarlavha]
entrefilet (m)	хабар	[χabar]
rubrique (f)	сарлавҳа	[sarlavha]
article (m)	макола	[makola]
page (f)	саҳифа	[sahifa]

reportage (m)	хабарнигорй	[χabarnigori:]
événement (m)	воқеа, ҳодиса	[voqea], [hodisa]
sensation (f)	ҳангома	[hangoma]
scandale (m)	чанчол	[dʒandʒol]
scandaleux	чанчолй	[dʒandʒoli:]
grand (~ scandale)	овозадор	[ovozador]
émission (f)	намоиш	[namoiʃ]

interview (f)	мусоҳиба	[musohiba]
émission (f) en direct	намоиши мустақим	[namoiʃi mustaqim]
chaîne (f) (~ payante)	канал	[kanal]

120. L'agriculture

agriculture (f)	хоҷагии қишлоқ	[χodʒagi:i qiʃloq]
paysan (m)	деҳқон	[dehqon]
paysanne (f)	деҳқонзан	[dehqonzan]
fermier (m)	фермер	[fermer]

| tracteur (m) | трактор | [traktor] |
| moissonneuse-batteuse (f) | комбайн | [kombajn] |

charrue (f)	сипор	[sipor]
labourer (vt)	шудгор кардан	[ʃudgor kardan]
champ (m) labouré	шудгор	[ʃudgor]
sillon (m)	огард, чӯяк	[ogard], [dʒœjak]

semer (vt)	коштан, коридан	[koʃtan], [koridan]
semeuse (f)	сеялка	[sejalka]
semailles (f pl)	кишт	[kiʃt]

| faux (f) | пойдос | [pojdos] |
| faucher (vt) | даравидан | [daravidan] |

| pelle (f) | бел | [bel] |
| bêcher (vt) | каланд кардан | [kaland kardan] |

couperet (m)	каландча	[kalandtʃa]
sarcler (vt)	хишова кардан	[χiʃova kardan]
mauvaise herbe (f)	алафи бегона	[alafi begona]

arrosoir (m)	даҳанак	[dahanak]
arroser (plantes)	об мондан	[ob mondan]
arrosage (m)	обмонӣ	[obmoni:]

| fourche (f) | панҷшоха, чоршоха | [pandʒʃoχa], [tʃorʃoχa] |
| râteau (m) | хаскашак | [χaskaʃak] |

engrais (m)	пору	[poru]
engraisser (vt)	пору андохтан	[poru andoχtan]
fumier (m)	пору	[poru]

champ (m)	сахро	[sahro]
pré (m)	марғзор	[marʁzor]
potager (m)	обчакорӣ	[obtʃakori:]
jardin (m)	боғ	[boʁ]

faire paître	чарондан	[tʃarondan]
berger (m)	подабон	[podabon]
pâturage (m)	чарогоҳ	[tʃarogoh]
élevage (m)	чорводорӣ	[tʃorvodori:]
élevage (m) de moutons	гӯсфандпарварӣ	[gœsfandparvari:]

plantation (f)	киштзор	[kiʃtzor]
plate-bande (f)	чӯя, пушта	[dʒœja], [puʃta]
serre (f)	гармхона	[garmχona]
sécheresse (f)	хушксолӣ, хушкӣ	[χuʃksoli:], [χuʃki:]
sec (l'été ~)	хушк	[χuʃk]
grains (m pl)	ғалла, ғалладона	[ʁalla], [ʁalladona]
céréales (f pl)	ғалла, ғалладона	[ʁalla], [ʁalladona]
récolter (vt)	ғундоштан	[ʁundoʃtan]
meunier (m)	осиёбон	[osijɔbon]
moulin (m)	осиё	[osijɔ]
moudre (vt)	орд кардан	[ord kardan]
farine (f)	орд	[ord]
paille (f)	кох	[koh]

121. Le BTP et la construction

chantier (m)	бинокорӣ	[binokori:]
construire (vt)	бино кардан	[bino kardan]
ouvrier (m) du bâtiment	бинокор	[binokor]
projet (m)	лоиха	[loiha]
architecte (m)	меъмор	[me'mor]
ouvrier (m)	коргар	[korgar]
fondations (f pl)	тахкурсӣ	[taχkursi:]
toit (m)	бом	[bom]
pieu (m) de fondation	поя	[poja]
mur (m)	девор	[devor]
ferraillage (m)	арматура	[armatura]
échafaudage (m)	чӯбу тахтаи сохтумонӣ	[tʃœbu taχtai soχtumoni:]
béton (m)	бетон	[beton]
granit (m)	хоро	[χoro]
pierre (f)	санг	[sang]
brique (f)	хишт	[χiʃt]
sable (m)	рег	[reg]
ciment (m)	симон	[simon]
plâtre (m)	андова	[andova]
plâtrer (vt)	андова кардан	[andova kardan]
peinture (f)	ранг	[rang]
peindre (des murs)	ранг кардан	[rang kardan]
tonneau (m)	бочка, чалак	[botʃka], [tʃalak]
grue (f)	крани борбардор	[krani borbardor]
monter (vt)	бардоштан	[bardoʃtan]
abaisser (vt)	фуровардан	[furovardan]
bulldozer (m)	булдозер	[buldozer]
excavateur (m)	экскаватор	[ɛkskavator]

godet (m)	хокандоз	[χokandoz]
creuser (vt)	кандан	[kandan]
casque (m)	тоскулох	[toskuloh]

122. La recherche scientifique et les chercheurs

science (f)	фан, илм	[fan], [ilm]
scientifique (adj)	илмй, фаннй	[ilmi:], [fanni:]
savant (m)	олим	[olim]
théorie (f)	назария	[nazarija]

axiome (m)	аксиома	[aksioma]
analyse (f)	тахлил	[tahlil]
analyser (vt)	тахлил кардан	[tahlil kardan]
argument (m)	далел, бурхон	[dalel], [burhon]
substance (f) (matière)	модда	[modda]

hypothèse (f)	гипотеза, фарзия	[gipoteza], [farzija]
dilemme (m)	дилемма	[dilemma]
thèse (f)	рисола	[risola]
dogme (m)	догма	[dogma]

doctrine (f)	доктрина	[doktrina]
recherche (f)	тахкик	[tahqiq]
rechercher (vt)	тахкик кардан	[tahqiq kardan]
test (m)	назорат	[nazorat]
laboratoire (m)	лаборатория	[laboratorija]

méthode (f)	метод	[metod]
molécule (f)	молекула	[molekula]
monitoring (m)	мониторинг	[monitoring]
découverte (f)	кашф, ихтироъ	[kaʃf], [iχtiro']

postulat (m)	постулат	[postulat]
principe (m)	принсип	[prinsip]
prévision (f)	пешгӯй	[peʃgœi:]
prévoir (vt)	пешгӯй кардан	[peʃgœi: kardan]

synthèse (f)	синтез	[sintez]
tendance (f)	майл	[majl]
théorème (m)	теорема	[teorema]

| enseignements (m pl) | таълимот | [ta'limot] |
| fait (m) | факт | [fakt] |

| expédition (f) | экспедитсия | [ɛkspeditsija] |
| expérience (f) | тачриба, санчиш | [tadʒriba], [sandʒiʃ] |

académicien (m)	академик	[akademik]
bachelier (m)	бакалавр	[bakalavr]
docteur (m)	духтур, табиб	[duχtur], [tabib]
chargé (m) de cours	дотсент	[dotsent]
magistère (m)	магистр	[magistr]
professeur (m)	профессор	[professor]

Les professions. Les métiers

123. La recherche d'emploi. Le licenciement

travail (m)	кор	[kor]
employés (pl)	кадрхо	[kadrho]
personnel (m)	хайат	[hajat]
carrière (f)	пешравй дар мансаб	[peʃravi: dar mansab]
perspective (f)	дурнамо	[durnamo]
maîtrise (f)	хунар	[hunar]
sélection (f)	интихоб	[intiχob]
agence (f) de recrutement	шӯъбаи кадрхо	[ʃœ'bai kadrho]
C.V. (m)	резюме, сивй	[rezjume], [sivi:]
entretien (m)	сӯхбат	[sœhbat]
emploi (m) vacant	вазифаи холй	[vazifai χoli:]
salaire (m)	музди мехнат	[muzdi mehnat]
salaire (m) fixe	мохона	[mohona]
rémunération (f)	хакдихӣ	[haqdihi:]
poste (m) (~ évolutif)	вазифа	[vazifa]
fonction (f)	вазифа	[vazifa]
liste (f) des fonctions	худуди вазифа	[hududi vazifa]
occupé (adj)	серкор	[serkor]
licencier (vt)	озод кардан	[ozod kardan]
licenciement (m)	аз кор холй шудан	[az kor χoli: ʃudan]
chômage (m)	бекорй	[bekori:]
chômeur (m)	бекор	[bekor]
retraite (f)	нафака	[nafaqa]
prendre sa retraite	ба нафака баромадан	[ba nafaqa baromadan]

124. Les hommes d'affaires

directeur (m)	директор, мудир	[direktor], [mudir]
gérant (m)	идоракунанда	[idorakunanda]
patron (m)	рохбар, сардор	[rohbar], [sardor]
supérieur (m)	сардор	[sardor]
supérieurs (m pl)	сардорон	[sardoron]
président (m)	президент	[prezident]
président (m) (d'entreprise)	раис	[rais]
adjoint (m)	чонишин	[dʒoniʃin]
assistant (m)	ёвар	[jɔvar]

| secrétaire (m, f) | котиб | [kotib] |
| secrétaire (m, f) personnel | котиби шахсӣ | [kotibi ʃaχsi:] |

homme (m) d'affaires	корчаллон	[kortʃallon]
entrepreneur (m)	соҳибкор	[sohibkor]
fondateur (m)	таъсис	[ta'sis]
fonder (vt)	таъсис кардан	[ta'sis kardan]

fondateur (m)	муассис	[muassis]
partenaire (m)	шарик	[ʃarik]
actionnaire (m)	саҳмиядор	[sahmijador]

millionnaire (m)	миллионер	[millioner]
milliardaire (m)	миллиардер	[milliarder]
propriétaire (m)	соҳиб	[sohib]
propriétaire (m) foncier	заминдор	[zamindor]

client (m)	мизоҷ, муштарй	[mizodʒ], [muʃtari:]
client (m) régulier	мизоҷи доимй	[mizodʒi doimi:]
acheteur (m)	харидор, муштарй	[χaridor], [muʃtari:]
visiteur (m)	тамошобин	[tamoʃobin]

professionnel (m)	усто, устод	[usto], [ustod]
expert (m)	мумайиз	[mumajiz]
spécialiste (m)	мутахассис	[mutaχassis]

| banquier (m) | соҳиби банк | [sohibi bank] |
| courtier (m) | брокер | [broker] |

caissier (m)	кассир	[kassir]
comptable (m)	бухгалтер	[buχʁalter]
agent (m) de sécurité	посбон	[posbon]

investisseur (m)	маблағгузоранда	[mablaʁguzoranda]
débiteur (m)	қарздор	[qarzdor]
créancier (m)	қарздиҳанда	[qarzdihanda]
emprunteur (m)	вомгир	[vomgir]

| importateur (m) | воридгари мол | [voridgari mol] |
| exportateur (m) | содиргар | [sodirgar] |

producteur (m)	истеҳолкунанда	[isteholkunanda]
distributeur (m)	дистрибютор	[distribjutor]
intermédiaire (m)	даллол	[dallol]

conseiller (m)	мушовир	[muʃovir]
représentant (m)	намоянда	[namojanda]
agent (m)	агент	[agent]
agent (m) d'assurances	идораи суғурта	[idorai suʁurta]

125. Les métiers des services

| cuisinier (m) | ошпаз | [oʃpaz] |
| cuisinier (m) en chef | сарошпаз | [saroʃpaz] |

boulanger (m)	нонвой	[nonvoj]
barman (m)	бармен	[barmen]
serveur (m)	пешхизмат	[peʃχizmat]
serveuse (f)	пешхизмат	[peʃχizmat]

avocat (m)	адвокат, ҳимоягар	[advokat], [himojagar]
juriste (m)	ҳуқуқшинос	[huquqʃinos]
notaire (m)	нотариус	[notarius]

électricien (m)	барқчй	[barqtʃi:]
plombier (m)	сантехник	[santeχnik]
charpentier (m)	дуредгар	[duredgar]

masseur (m)	масҳгар	[mashgar]
masseuse (f)	маҳсгарзан	[mahsgarzan]
médecin (m)	духтур	[duχtur]

chauffeur (m) de taxi	таксичй	[taksitʃi:]
chauffeur (m)	ронанда	[ronanda]
livreur (m)	хаткашон	[χatkaʃon]

femme (f) de chambre	пешхизмат	[peʃχizmat]
agent (m) de sécurité	посбон	[posbon]
hôtesse (f) de l'air	стюардесса	[stjuardessa]

professeur (m)	муаллим	[muallim]
bibliothécaire (m)	китобдор	[kitobdor]
traducteur (m)	тарчумон	[tardʒumon]
interprète (m)	тарчумон	[tardʒumon]
guide (m)	роҳбалад	[rohbalad]

coiffeur (m)	сартарош	[sartaroʃ]
facteur (m)	хаткашон	[χatkaʃon]
vendeur (m)	фурӯш	[furœʃ]

jardinier (m)	боғбон	[boʁbon]
serviteur (m)	хизматгор	[χizmatgor]
servante (f)	хизматгорзан	[χizmatgorzan]
femme (f) de ménage	фаррошзан	[farroʃzan]

126. Les professions militaires et leurs grades

soldat (m) (grade)	аскари қаторй	[askari qatori:]
sergent (m)	сержант	[serʒant]
lieutenant (m)	лейтенант	[lejtenant]
capitaine (m)	капитан	[kapitan]

commandant (m)	майор	[major]
colonel (m)	полковник	[polkovnik]
général (m)	генерал	[general]
maréchal (m)	маршал	[marʃal]
amiral (m)	адмирал	[admiral]
militaire (m)	ҳарбй, чангй	[harbi:], [tʃangi:]
soldat (m)	аскар	[askar]

| officier (m) | афсар | [afsar] |
| commandant (m) | командир | [komandir] |

garde-frontière (m)	сарҳадбон	[sarhadbon]
opérateur (m) radio	радиочӣ	[radiotʃi:]
éclaireur (m)	разведкачӣ	[razvedkatʃi:]
démineur (m)	сапёр	[sapjɔr]
tireur (m)	тирандоз	[tirandoz]
navigateur (m)	штурман	[ʃturman]

127. Les fonctionnaires. Les prêtres

| roi (m) | шоҳ | [ʃoh] |
| reine (f) | малика | [malika] |

| prince (m) | шоҳзода | [ʃohzoda] |
| princesse (f) | шоҳдухтар | [ʃohduχtar] |

| tsar (m) | шоҳ | [ʃoh] |
| tsarine (f) | шоҳзан | [ʃohzan] |

président (m)	президент	[prezident]
ministre (m)	вазир	[vazir]
premier ministre (m)	сарвазир	[sarvazir]
sénateur (m)	сенатор	[senator]

diplomate (m)	дипломат	[diplomat]
consul (m)	консул	[konsul]
ambassadeur (m)	сафир	[safir]
conseiller (m)	мушовир	[muʃovir]

fonctionnaire (m)	амалдор	[amaldor]
préfet (m)	префект	[prefekt]
maire (m)	мир	[mir]

| juge (m) | довар | [dovar] |
| procureur (m) | прокурор, додситон | [prokuror], [dodsiton] |

missionnaire (m)	миссионер, мубаллиғ	[missioner], [muballiʁ]
moine (m)	роҳиб	[rohib]
abbé (m)	аббат	[abbat]
rabbin (m)	раббӣ	[rabbi:]

vizir (m)	вазир	[vazir]
shah (m)	шоҳ	[ʃoh]
cheik (m)	шайх	[ʃajχ]

128. Les professions agricoles

apiculteur (m)	занбӯрпарвар	[zanbœrparvar]
berger (m)	подабон	[podabon]
agronome (m)	агроном	[agronom]

| éleveur (m) | чорводор | [tʃorvodor] |
| vétérinaire (m) | духтури ҳайвонот | [duχturi hajvonot] |

fermier (m)	фермер	[fermer]
vinificateur (m)	шаробсоз	[ʃarobsoz]
zoologiste (m)	зоолог	[zoolog]
cow-boy (m)	ковбой	[kovboj]

129. Les professions artistiques

| acteur (m) | ҳунарманд | [hunarmand] |
| actrice (f) | ҳунарманд | [hunarmand] |

| chanteur (m) | сурудхон, ҳофиз | [surudχon], [hofiz] |
| cantatrice (f) | сароянда | [sarojanda] |

| danseur (m) | раққос | [raqqos] |
| danseuse (f) | раққоса | [raqqosa] |

| artiste (m) | ҳунарманд | [hunarmand] |
| artiste (f) | ҳунарманд | [hunarmand] |

musicien (m)	мусиқачӣ	[musiqatʃi:]
pianiste (m)	пианинонавоз	[pianinonavoz]
guitariste (m)	гиторчӣ	[gitortʃi:]

chef (m) d'orchestre	дирижёр	[diriʒjor]
compositeur (m)	композитор, бастакор	[kompozitor], [bastakor]
imprésario (m)	импрессарио	[impressario]

metteur (m) en scène	коргардон	[korgardon]
producteur (m)	продюсер	[prodjuser]
scénariste (m)	муаллифи сенарий	[muallifi senarij]
critique (m)	мунаққид	[munaqqid]

écrivain (m)	нависанда	[navisanda]
poète (m)	шоир	[ʃoir]
sculpteur (m)	ҳайкалтарош	[hajkaltaroʃ]
peintre (m)	рассом	[rassom]

jongleur (m)	жонглёр	[ʒongljor]
clown (m)	масхарабоз	[masχaraboz]
acrobate (m)	дорбоз, акробат	[dorboz], [akrobat]
magicien (m)	найрангбоз	[najrangboz]

130. Les différents métiers

médecin (m)	духтур	[duχtur]
infirmière (f)	ҳамшираи тиббӣ	[hamʃirai tibbi:]
psychiatre (m)	равонпизишк	[ravonpiziʃk]
stomatologue (m)	дандонпизишк	[dandonpiziʃk]
chirurgien (m)	ҷаррох	[dʒarroh]

astronaute (m)	кайхоннавард	[kajhonnavard]
astronome (m)	ситорашинос	[sitoraʃinos]
pilote (m)	лётчик	[ljottʃik]

chauffeur (m)	ррнанда	[ronanda]
conducteur (m) de train	мошинист	[moʃinist]
mécanicien (m)	механик	[meχanik]

mineur (m)	конкан	[konkan]
ouvrier (m)	коргар	[korgar]
serrurier (m)	челонгар	[tʃelongar]
menuisier (m)	дуредгар, наҷҷор	[duredgar], [nadʒdʒor]
tourneur (m)	харрот	[χarrot]
ouvrier (m) du bâtiment	бинокор	[binokor]
soudeur (m)	кафшергар	[kafʃergar]

professeur (m) (titre)	профессор	[professor]
architecte (m)	меъмор	[me'mor]
historien (m)	таърихдон	[ta'riχdon]
savant (m)	олим	[olim]
physicien (m)	физик	[fizik]
chimiste (m)	химик	[χimik]

archéologue (m)	археолог	[arχeolog]
géologue (m)	геолог	[geolog]
chercheur (m)	таҳқикотчӣ	[tahqikottʃi:]

| baby-sitter (m, f) | бачабардор | [batʃabardor] |
| pédagogue (m, f) | муаллим | [muallim] |

rédacteur (m)	муҳаррир	[muharrir]
rédacteur (m) en chef	сармуҳаррир	[sarmuharrir]
correspondant (m)	мухбир	[muχbir]
dactylographe (f)	мошинистка	[moʃinistka]

designer (m)	дизайнгар, зебосоз	[dizajngar], [zebosoz]
informaticien (m)	устои компютер	[ustoi kompjuter]
programmeur (m)	барномасоз	[barnomasoz]
ingénieur (m)	инженер	[inʒener]

marin (m)	баҳрчӣ	[bahrtʃi:]
matelot (m)	баҳрчӣ, маллоҳ	[bahrtʃi:], [malloh]
secouriste (m)	наҷотдиҳанда	[nadʒotdihanda]

pompier (m)	сӯхторхомӯшкун	[sœχtorχomœʃkun]
policier (m)	полис	[polis]
veilleur (m) de nuit	посбон	[posbon]
détective (m)	ҷустуҷӯкунанда	[dʒustudʒœkunanda]

douanier (m)	гумрукчӣ	[gumruktʃi:]
garde (m) du corps	муҳофиз	[muhofiz]
gardien (m) de prison	назоратчии ҳабсхона	[nazorattʃi:i habsχona]
inspecteur (m)	назоратчӣ	[nazorattʃi:]

| sportif (m) | варзишгар | [varziʃgar] |
| entraîneur (m) | тренер | [trener] |

boucher (m)	қассоб, гӯштфурӯш	[qassob], [gœ∫furœ∫]
cordonnier (m)	мӯзадӯз	[mœzadœz]
commerçant (m)	савдогар, тоҷир	[savdogar], [todʒir]
chargeur (m)	борбардор	[borbardor]
couturier (m)	тарҳсоз	[tarhsoz]
modèle (f)	модел	[model]

131. Les occupations. Le statut social

écolier (m)	мактабхон	[maktabχon]
étudiant (m)	донишҷӯ	[doni∫dʒœ]
philosophe (m)	файласуф	[fajlasuf]
économiste (m)	иқтисодчӣ	[iqtisodt∫i:]
inventeur (m)	ихтироъкор	[iχtiro'kor]
chômeur (m)	бекор	[bekor]
retraité (m)	нафақахӯр	[nafaqaχœr]
espion (m)	ҷосус	[dʒosus]
prisonnier (m)	маҳбус	[mahbus]
gréviste (m)	корпарто	[korparto]
bureaucrate (m)	бюрократ	[bjurokrat]
voyageur (m)	сайёх	[sajjɔχ]
homosexuel (m)	гомосексуалист	[gomoseksualist]
hacker (m)	хакер	[χaker]
hippie (m, f)	хиппи	[χippi]
bandit (m)	роҳзан	[rohzan]
tueur (m) à gages	қотили зарҳарид	[qotili zarχarid]
drogué (m)	нашъаманд	[na∫'amand]
trafiquant (m) de drogue	нашъаҷаллоб	[na∫'adʒallob]
prostituée (f)	фоҳиша	[fohi∫a]
souteneur (m)	занҷаллоб	[zandʒallob]
sorcier (m)	ҷодугар	[dʒodugar]
sorcière (f)	занаки ҷодугар	[zanaki dʒodugar]
pirate (m)	роҳзани баҳрӣ	[rohzani bahri:]
esclave (m)	ғулом	[ʁulom]
samouraï (m)	самурай	[samuraj]
sauvage (m)	одами ваҳшӣ	[odami vah∫i:]

Le sport

132. Les types de sports. Les sportifs

sportif (m)	варзишгар	[varziʃgar]
type (m) de sport	намуди варзиш	[namudi varziʃ]
basket-ball (m)	баскетбол	[basketbol]
basketteur (m)	баскетболбоз	[basketbolboz]
base-ball (m)	бейсбол	[bejsbol]
joueur (m) de base-ball	бейсболчй	[bejsboltʃi:]
football (m)	футбол	[futbol]
joueur (m) de football	футболбоз	[futbolboz]
gardien (m) de but	дарвозабон	[darvozabon]
hockey (m)	хоккей	[xokkej]
hockeyeur (m)	хоккейбоз	[xokkejboz]
volley-ball (m)	волейбол	[volejbol]
joueur (m) de volley-ball	волейболбоз	[volejbolboz]
boxe (f)	бокс	[boks]
boxeur (m)	боксёр	[boksjɔr]
lutte (f)	гӯштин	[gœʃtin]
lutteur (m)	гӯштингир	[gœʃtingir]
karaté (m)	карате	[karate]
karatéka (m)	каратечй	[karatetʃi:]
judo (m)	дзюдо	[dzjudo]
judoka (m)	дзюдочй	[dzjudotʃi:]
tennis (m)	теннис	[tennis]
joueur (m) de tennis	теннисбоз	[tennisboz]
natation (f)	шиноварй	[ʃinovari:]
nageur (m)	шиновар	[ʃinovar]
escrime (f)	шамшербозй	[ʃamʃerbozi:]
escrimeur (m)	шамшербоз	[ʃamʃerboz]
échecs (m pl)	шохмот	[ʃohmot]
joueur (m) d'échecs	шохмотбоз	[ʃohmotboz]
alpinisme (m)	кӯхнавардй	[kœhnavardi:]
alpiniste (m)	кӯхнавард	[kœhnavard]
course (f)	давидани	[davidani]

coureur (m)	даванда	[davanda]
athlétisme (m)	атлетикаи сабук	[atletikai sabuk]
athlète (m)	варзишгар	[varziʃgar]

| équitation (f) | варзиши аспй | [varziʃi aspi:] |
| cavalier (m) | човандоз | [tʃovandoz] |

patinage (m) artistique	рақси рӯи ях	[raqsi rœi jaχ]
patineur (m)	раққоси рӯи ях	[raqqosi rœi jaχ]
patineuse (f)	раққосаи рӯи ях	[raqqosai rœi jaχ]

| haltérophilie (f) | варзиши вазнин | [varziʃi vaznin] |
| haltérophile (m) | вазнабардор | [vaznabardor] |

| course (f) automobile | пойгаи мошинхо | [pojgai moʃinho] |
| pilote (m) | пойгачи | [pojgatʃi] |

| cyclisme (m) | спорти велосипедронй | [sporti velosipedroni:] |
| cycliste (m) | велосипедрон | [velosipedron] |

sauts (m pl) en longueur	чахиш ба дарозй	[dʒahiʃ ba darozi:]
sauts (m pl) à la perche	чахиш бо хода	[dʒahiʃ bo χoda]
sauteur (m)	чаханда	[dʒahanda]

133. Les types de sports. Divers

football (m) américain	футболи америкой	[futboli amerikoi:]
badminton (m)	бадминтон	[badminton]
biathlon (m)	биатлон	[biatlon]
billard (m)	билярдбозй	[biljardbozi:]

bobsleigh (m)	бобслей	[bobslej]
bodybuilding (m)	бодибилдинг	[bodibilding]
water-polo (m)	тӯббозй дар об	[tœbbozj dar ob]
handball (m)	гандбол	[gandbol]
golf (m)	голф	[golf]

aviron (m)	қаиқронй	[qaiqroni:]
plongée (f)	дайвинг	[dajving]
course (f) à skis	пойгаи лижаронхо	[pojgai liʒaronho]
tennis (m) de table	теннси рӯимизй	[tennisi rœimizi:]

voile (f)	варзиши парусй	[varziʃi parusi:]
rallye (m)	ралли	[ralli]
rugby (m)	регби	[regbi]
snowboard (m)	сноуборд	[snoubord]
tir (m) à l'arc	камонварй	[kamonvari:]

134. La salle de sport

| barre (f) à disques | вазна | [vazna] |
| haltères (m pl) | гантел | [gantel] |

appareil (m) d'entraînement	дастгоҳи варзишй	[dastgohi varziʃi:]
vélo (m) d'exercice	велотренажёр	[velotrenaʒjor]
tapis (m) roulant	роҳи пойга	[rohi pojga]

barre (f) fixe	турник	[turnik]
barres (pl) parallèles	брус	[brus]
cheval (m) d'Arçons	асп	[asp]
tapis (m) gymnastique	гилеми варзишй	[gilemi varziʃi:]

corde (f) à sauter	частак	[dʒastak]
aérobic (m)	аэробика	[aɛrobika]
yoga (m)	йога	[jɔga]

135. Le hockey sur glace

hockey (m)	хоккей	[χokkej]
hockeyeur (m)	хоккейбоз	[χokkejboz]
jouer au hockey	хоккейбозй кардан	[χokkejbozi: kardan]
glace (f)	ях	[jaχ]

palet (m)	шайба	[ʃajba]
crosse (f)	чавгон	[ʧavgon]
patins (m pl)	конки	[konki]

| rebord (m) | девора | [devora] |
| tir (m) | партофт | [partoft] |

gardien (m) de but	дарвозабон	[darvozabon]
but (m)	гол, хол	[gol], [χol]
marquer un but	гол задан	[gol zadan]

période (f)	қисм	[qism]
deuxième période (f)	қисми дуюм	[qismi dujum]
banc (m) des remplaçants	нишастгоҳи бозингарони эҳтиётй	[niʃastgohi bozingaroni ɛhtijoti:]

136. Le football

football (m)	футбол	[futbol]
joueur (m) de football	футболбоз	[futbolboz]
jouer au football	футболбозй кардан	[futbolbozi: kardan]

ligue (f) supérieure	лигаи олй	[ligai oli:]
club (m) de football	клуби футбол	[klubi futbol]
entraîneur (m)	тренер	[trener]
propriétaire (m)	соҳиб	[sohib]

équipe (f)	команда	[komanda]
capitaine (m) de l'équipe	капитани даста	[kapitani dasta]
joueur (m)	бозингар	[bozingar]
remplaçant (m)	бозигари эҳтиётй	[bozigari ɛhtijoti:]
attaquant (m)	хучумкунанда	[hudʒumkunanda]

avant-centre (m)	хучумкунандаи марказӣ	[hudʒumkunandai markazi:]
butteur (m)	нишонзан	[niʃonzan]
arrière (m)	ҳимоятгар	[himojatgar]
demi (m)	ниммуҳофиз	[nimmuhofiz]
match (m)	вохӯрӣ	[voχœri:]
se rencontrer (vp)	мулоқот кардан	[muloqot kardan]
finale (f)	финал	[final]
demi-finale (f)	нимфинал	[nimfinal]
championnat (m)	чемпионат	[ʧempionat]
mi-temps (f)	тайм	[tajm]
première mi-temps (f)	қисми якум	[qismi jakum]
mi-temps (f) (pause)	танаффус	[tanaffus]
but (m)	дарвоза	[darvoza]
gardien (m) de but	дарвозабон	[darvozabon]
poteau (m)	паҳлучӯб	[pahlutʃœb]
barre (f)	болочӯби дарвоза	[bolotʃœbi darvoza]
filet (m)	тӯр	[tœr]
encaisser un but	гол сар додан	[gol sar dodan]
ballon (m)	тӯб	[tœb]
passe (f)	тӯбро додан	[tœbro dodan]
coup (m)	зарб, зарба	[zarb], [zarba]
porter un coup	зарба задан	[zarba zadan]
coup (m) franc	тӯби чаримавӣ	[tœbi dʒarimavi:]
corner (m)	тӯби кунчӣ	[tœbi kundʒi:]
attaque (f)	хучум, ҳамла	[hudʒum], [hamla]
contre-attaque (f)	ҳамлаи чавобӣ	[hamlai dʒavobi:]
combinaison (f)	комбинатсия	[kombinatsija]
arbitre (m)	довар	[dovar]
siffler (vi)	ҳуштак кашидан	[huʃtak kaʃidan]
sifflet (m)	ҳуштак	[huʃtak]
faute (f)	вайронкунии қоидаи бозӣ	[vajronkuni:i qoidai bozi:]
commettre un foul	вайрон кардани қоидаи бозӣ	[vajron kardani qoidai bozi:]
expulser du terrain	берун кардан аз майдон	[berun kardan az majdon]
carton (m) jaune	корти зард	[korti zard]
carton (m) rouge	корти сурх	[korti surχ]
disqualification (f)	маҳрум	[mahrum]
disqualifier (vt)	маҳрум кардан	[mahrum kardan]
penalty (m)	чаримаи ёздаҳметра	[dʒarimai jozdahmetra]
mur (m)	девор	[devor]
marquer (vt)	гол задан	[gol zadan]
but (m)	гол, хол	[gol], [χol]
marquer un but	гол задан	[gol zadan]
remplacement (m)	иваз	[ivaz]
remplacer (vt)	иваз кардан	[ivaz kardan]
règles (f pl)	қоидаҳо	[qoidaho]
tactique (f)	тактика	[taktika]

stade (m)	варзишгоҳ	[varziʃgoh]
tribune (f)	нишастгоҳ	[niʃastgoh]
supporteur (m)	мухлис	[muχlis]
crier (vi)	дод задан	[dod zadan]

| tableau (m) | намолавҳа | [namolavha] |
| score (m) | ҳисоб | [hisob] |

défaite (f)	бохт	[boχt]
perdre (vi)	бохтан	[boχtan]
match (m) nul	дуранг	[durang]
faire match nul	бозиро дуранг кардан	[boziro durang kardan]

victoire (f)	ғалаба	[ʁalaba]
gagner (vi, vt)	ғалаба кардан	[ʁalaba kardan]
champion (m)	чемпион	[tʃempion]
meilleur (adj)	беҳтарин	[behtarin]
féliciter (vt)	муборакбод гуфтан	[muborakbod guftan]

commentateur (m)	шореҳ	[ʃoreh]
commenter (vt)	шарҳ додан	[ʃarh dodan]
retransmission (f)	намоиш	[namoiʃ]

137. Le ski alpin

skis (m pl)	лижа	[liʒa]
faire du ski	лижаронӣ	[liʒaroni:]
station (f) de ski	истироҳатгоҳи лижаронӣ	[istirohatgohi liʒaroni:]
remontée (f) mécanique	болобардор	[bolobardor]

bâtons (m pl)	ходаҳо	[χodaho]
pente (f)	нишебӣ	[niʃebi:]
slalom (m)	слалом	[slalom]

138. Le tennis. Le golf

golf (m)	голф	[golf]
club (m) de golf	клуби голф	[klubi golf]
joueur (m) au golf	бозингари голф	[bozingari golf]

trou (m)	чуқурча, марра	[tʃuqurtʃa], [marra]
club (m)	чавгон	[tʃavgon]
chariot (m) de golf	ароба чавгонкашӣ	[aroba tʃavgonkaʃi:]

| tennis (m) | теннис | [tennis] |
| court (m) de tennis | корт | [kort] |

service (m)	задан	[zadan]
servir (vi)	задан	[zadan]
raquette (f)	ракетка	[raketka]
filet (m)	тӯр	[tœr]
balle (f)	тӯб	[tœb]

139. Les échecs

échecs (m pl)	шоҳмотбозй	[ʃohmotbozi:]
pièces (f pl)	мӯхрахо	[mœhraho]
joueur (m) d'échecs	шоҳмотбоз	[ʃohmotboz]
échiquier (m)	тахтаи шоҳмот	[taχtai ʃohmot]
pièce (f)	мӯхра	[mœhra]
blancs (m pl)	мӯхрахои сафед	[mœhrahoi safed]
noirs (m pl)	сиёҳҳо	[sijohho]
pion (m)	пиёда	[pijɔda]
fou (m)	фил	[fil]
cavalier (m)	асп	[asp]
tour (f)	рух	[ruχ]
reine (f)	фарзин	[farzin]
roi (m)	шоҳ	[ʃoh]
coup (m)	гашт	[gaʃt]
jouer (déplacer une pièce)	гаштан	[gaʃtan]
sacrifier (vt)	нисор кардан	[nisor kardan]
roque (m)	қалъабандй	[qal'abandi:]
échec (m)	кишт	[kiʃt]
tapis (m)	мот	[mot]
tournoi (m) d'échecs	мусобиқаи шоҳмотбозй	[musobiqai ʃohmotbozi:]
grand maître (m)	гроссмейстер	[grossmejster]
combinaison (f)	комбинатсия	[kombinatsija]
partie (f)	як бор бозй	[jak bor bozi:]
dames (f pl)	дамкабозй	[damkabozi:]

140. La boxe

boxe (f)	бокс	[boks]
combat (m)	чанг	[dʒang]
match (m)	чанги тан ба тан	[dʒangi tan ba tan]
round (m)	давр	[davr]
ring (m)	ринг	[ring]
gong (m)	гонг	[gong]
coup (m)	зарб, зарба	[zarb], [zarba]
knock-down (m)	нокдаун	[nokdaun]
knock-out (m)	нокаут	[nokaut]
mettre KO	нокаут кардан	[nokaut kardan]
gant (m) de boxe	дастпӯшаки боксёр	[dastpœʃaki boksjɔr]
arbitre (m)	ҳакам	[hakam]
poids (m) léger	вазни сабук	[vazni sabuk]
poids (m) moyen	вазни миёна	[vazni mijɔna]
poids (m) lourd	вазни калон	[vazni kalon]

141. Le sport. Divers

Jeux (m pl) olympiques	Бозиҳои олимпӣ	[bozihoi olimpi:]
gagnant (m)	ғолиб	[ʁolib]
remporter (vt)	ғалаба кардан	[ʁalaba kardan]
gagner (vi)	бурдан	[burdan]
leader (m)	пешсаф	[peʃsaf]
prendre la tête	пешсаф будан	[peʃsaf budan]
première place (f)	ҷойи аввал	[dʒoji avval]
deuxième place (f)	ҷойи дуюм	[dʒoji dujum]
troisième place (f)	ҷойи сеюм	[dʒoji sejum]
médaille (f)	медал	[medal]
trophée (m)	ғанимат	[ʁanimat]
coupe (f) (trophée)	кубок	[kubok]
prix (m)	мукофот	[mukofot]
prix (m) principal	мукофоти асосӣ	[mukofoti asosi:]
record (m)	рекорд	[rekord]
établir un record	рекорд нишон додан	[rekord niʃon dodan]
finale (f)	финал	[final]
final (adj)	финалӣ	[finali:]
champion (m)	чемпион	[tʃempion]
championnat (m)	чемпионат	[tʃempionat]
stade (m)	варзишгоҳ	[varziʃgoh]
tribune (f)	нишастгоҳ	[niʃastgoh]
supporteur (m)	мухлис	[muxlis]
adversaire (m)	рақиб	[raqib]
départ (m)	пилла	[pilla]
ligne (f) d'arrivée	марра	[marra]
défaite (f)	бохт	[boxt]
perdre (vi)	бохтан	[boxtan]
arbitre (m)	довар	[dovar]
jury (m)	ҳакамон	[hakamon]
score (m)	ҳисоб	[hisob]
match (m) nul	дуранг	[durang]
faire match nul	бозиро дуранг кардан	[boziro durang kardan]
point (m)	хол	[xol]
résultat (m)	натиҷа	[natidʒa]
période (f)	қисм	[qism]
mi-temps (f) (pause)	танаффус	[tanaffus]
dopage (m)	допинг	[doping]
pénaliser (vt)	ҷарима андохтан	[dʒarima andoxtan]
disqualifier (vt)	маҳрум кардан	[mahrum kardan]
agrès (m)	асбобу олати варзиш	[asbobu olati varziʃ]

124

lance (f)	найза	[najza]
poids (m) (boule de métal)	гулӯла	[gulœla]
bille (f) (de billard, etc.)	сакқо	[sakqo]
but (cible)	ҳадаф	[hadaf]
cible (~ en papier)	ҳадаф, нишон	[hadaf], [niʃon]
tirer (vi)	тир задан	[tir zadan]
précis (un tir ~)	аниқ	[aniq]
entraîneur (m)	тренер	[trener]
entraîner (vt)	машқ додан	[maʃq dodan]
s'entraîner (vp)	машқ кардан	[maʃq kardan]
entraînement (m)	машқ	[maʃq]
salle (f) de gym	толори варзишӣ	[tolori varziʃiː]
exercice (m)	машқ	[maʃq]
échauffement (m)	гарм кардани бадан	[garm kardani badan]

L'éducation

142. L'éducation

école (f)	мактаб	[maktab]
directeur (m) d'école	директори мактаб	[direktori maktab]
élève (m)	талаба	[talaba]
élève (f)	толиба	[toliba]
écolier (m)	мактабхон	[maktabχon]
écolière (f)	духтари мактабхон	[duχtari maktabχon]
enseigner (vt)	меомӯзонад	[meomœzonad]
apprendre (~ l'arabe)	омӯхтан	[omœχtan]
apprendre par cœur	аз ёд кардан	[az jod kardan]
apprendre (à faire qch)	омӯхтан	[omœχtan]
être étudiant, -e	дар мактаб хондан	[dar maktab χondan]
aller à l'école	ба мактаб рафтан	[ba maktab raftan]
alphabet (m)	алифбо	[alifbo]
matière (f)	фан	[fan]
salle (f) de classe	синф, дарсхона	[sinf], [darsχona]
leçon (f)	дарс	[dars]
récréation (f)	танаффус	[tanaffus]
sonnerie (f)	занг	[zang]
pupitre (m)	парта	[parta]
tableau (m) noir	тахтаи синф	[taχtai sinf]
note (f)	баҳо	[baho]
bonne note (f)	баҳои хуб	[bahoi χub]
mauvaise note (f)	баҳои бад	[bahoi bad]
donner une note	баҳо гузоштан	[baho guzoʃtan]
faute (f)	хато	[χato]
faire des fautes	хато кардан	[χato kardan]
corriger (une erreur)	ислоҳ кардан	[isloh kardan]
antisèche (f)	шпаргалка	[ʃpargalka]
devoir (m)	вазифаи хонагӣ	[vazifai χonagi:]
exercice (m)	машқ	[maʃq]
être présent	иштирок доштан	[iʃtirok doʃtan]
être absent	набудан	[nabudan]
manquer l'école	ба дарс нарафтан	[ba dars naraftan]
punir (vt)	ҷазо додан	[dʒazo dodan]
punition (f)	ҷазо	[dʒazo]
conduite (f)	рафтор	[raftor]

126

carnet (m) de notes	рӯзнома	[rœznoma]
crayon (m)	қалам	[qalam]
gomme (f)	ластик	[lastik]
craie (f)	бӯр	[bœr]
plumier (m)	қаламдон	[qalamdon]

cartable (m)	чузвкаш	[dʒuzvkaʃ]
stylo (m)	ручка	[rutʃka]
cahier (m)	дафтар	[daftar]
manuel (m)	китоби дарсӣ	[kitobi darsi:]
compas (m)	паргор	[pargor]

| dessiner (~ un plan) | нақша кашидан | [naqʃa kaʃidan] |
| dessin (m) technique | нақша, тарх | [naqʃa], [tarh] |

poésie (f)	шеър	[ʃe'r]
par cœur (adv)	аз ёд	[az jod]
apprendre par cœur	аз ёд кардан	[az jod kardan]

vacances (f pl)	таътил	[ta'til]
être en vacances	дар таътил будан	[dar ta'til budan]
passer les vacances	таътилро гузаронидан	[ta'tilro guzaronidan]

interrogation (f) écrite	кори санчишӣ	[kori sandʒiʃi:]
composition (f)	иншо	[inʃo]
dictée (f)	диктант, имло	[diktant], [imlo]
examen (m)	имтихон	[imtihon]
passer les examens	имтихон супоридан	[imtihon suporidan]
expérience (f) (~ de chimie)	тачриба, санчиш	[tadʒriba], [sandʒiʃ]

143. L'enseignement supérieur

académie (f)	академия	[akademija]
université (f)	университет	[universitet]
faculté (f)	факулта	[fakulta]

étudiant (m)	донишчӯ	[doniʃdʒœ]
étudiante (f)	донишчӯ	[doniʃdʒœ]
enseignant (m)	устод	[ustod]

| salle (f) | синф | [sinf] |
| licencié (m) | хатмкунанда | [χatmkunanda] |

| diplôme (m) | диплом | [diplom] |
| thèse (f) | рисола | [risola] |

| étude (f) | тадқиқот | [tadqiqot] |
| laboratoire (m) | лаборатория | [laboratorija] |

| cours (m) | лексия | [lekcija] |
| camarade (m) de cours | хамкурс | [hamkurs] |

| bourse (f) | стипендия | [stipendija] |
| grade (m) universitaire | унвони илмӣ | [unvoni ilmi:] |

144. Les disciplines scientifiques

mathématiques (f pl)	математика	[matematika]
algèbre (f)	алгебра, алчабр	[algebra], [aldʒabr]
géométrie (f)	геометрия	[geometrija]
astronomie (f)	ситорашиносӣ	[sitoraʃinosi:]
biologie (f)	биология, илми ҳаёт	[biologija], [ilmi hajɔt]
géographie (f)	география	[geografija]
géologie (f)	геология	[geologija]
histoire (f)	таърих	[ta'riχ]
médecine (f)	тиб	[tib]
pédagogie (f)	омӯзгорӣ	[omœzgori:]
droit (m)	ҳуқуқ	[huquq]
physique (f)	физика	[fizika]
chimie (f)	химия	[χimija]
philosophie (f)	фалсафа	[falsafa]
psychologie (f)	равоншиносӣ	[ravonʃinosi:]

145. Le système d'écriture et l'orthographe

grammaire (f)	грамматика	[grammatika]
vocabulaire (m)	лексика	[leksika]
phonétique (f)	савтиёт	[savtijɔt]
nom (m)	исм	[ism]
adjectif (m)	сифат	[sifat]
verbe (m)	феъл	[fe'l]
adverbe (m)	зарф	[zarf]
pronom (m)	ҷонишин	[dʒoniʃin]
interjection (f)	нидо	[nido]
préposition (f)	пешоянд	[peʃojand]
racine (f)	решаи калима	[reʃai kalima]
terminaison (f)	бандак	[bandak]
préfixe (m)	префикс	[prefiks]
syllabe (f)	ҳиҷо	[hidʒo]
suffixe (m)	суффикс	[suffiks]
accent (m) tonique	зада	[zada]
apostrophe (f)	апостроф	[apostrof]
point (m)	нуқта	[nuqta]
virgule (f)	вергул	[vergul]
point (m) virgule	нуқтаву вергул	[nuqtavu vergul]
deux-points (m)	ду нуқта	[du nuqta]
points (m pl) de suspension	бисёрнуқта	[bisjɔrnuqta]
point (m) d'interrogation	аломати савол	[alomati savol]
point (m) d'exclamation	аломати хитоб	[alomati χitob]

guillemets (m pl)	нохунак	[noxunak]
entre guillemets	дар нохунак	[dar noxunak]
parenthèses (f pl)	қавсхо	[qavsho]
entre parenthèses	дар қавс	[dar qavs]

trait (m) d'union	нимтире	[nimtire]
tiret (m)	тире	[tire]
blanc (m)	масофа	[masofa]

| lettre (f) | ҳарф | [harf] |
| majuscule (f) | ҳарфи калон | [harfi kalon] |

| voyelle (f) | садонок | [sadonok] |
| consonne (f) | овози ҳамсадо | [ovozi hamsado] |

proposition (f)	ҷумла	[dʒumla]
sujet (m)	мубтадо	[mubtado]
prédicat (m)	хабар	[xabar]

ligne (f)	сатр, хат	[satr], [xat]
à la ligne	аз хати нав	[az xati nav]
paragraphe (m)	сарсатр	[sarsatr]

mot (m)	калима	[kalima]
groupe (m) de mots	ибора	[ibora]
expression (f)	ибора	[ibora]
synonyme (m)	муродиф	[murodif]
antonyme (m)	антоним	[antonim]

règle (f)	қоида	[qoida]
exception (f)	истисно	[istisno]
correct (adj)	дуруст	[durust]

conjugaison (f)	тасриф	[tasrif]
déclinaison (f)	тасриф	[tasrif]
cas (m)	ҳолат	[holat]
question (f)	савол	[savol]
souligner (vt)	хат кашидан	[xat kaʃidan]
pointillé (m)	қаторнуқта	[qatornuqta]

146. Les langues étrangères

langue (f)	забон	[zabon]
étranger (adj)	хориҷӣ	[xoridʒi:]
langue (f) étrangère	забони хориҷӣ	[zaboni xoridʒi:]
étudier (vt)	омӯхтан	[omœxtan]
apprendre (~ l'arabe)	омӯхтан	[omœxtan]

lire (vi, vt)	хондан	[xondan]
parler (vi, vt)	гап задан	[gap zadan]
comprendre (vt)	фаҳмидан	[fahmidan]
écrire (vt)	навиштан	[naviʃtan]
vite (adv)	босуръат	[bosur'at]
lentement (adv)	оҳиста	[ohista]

couramment (adv)	озодона	[ozodona]
règles (f pl)	қоидаҳо	[qoidaho]
grammaire (f)	грамматика	[grammatika]
vocabulaire (m)	лексика	[leksika]
phonétique (f)	савтиёт	[savtijɔt]

manuel (m)	китоби дарсӣ	[kitobi darsi:]
dictionnaire (m)	луғат	[luʁat]
manuel (m) autodidacte	худомӯз	[χudomœz]
guide (m) de conversation	сӯхбатнома	[sœhbatnoma]

cassette (f)	кассета	[kasseta]
cassette (f) vidéo	видеокассета	[videokasseta]
CD (m)	CD, диски компактӣ	[ɔɛ], [diski kompakti:]
DVD (m)	DVD-диск	[ɛøɛ-disk]

alphabet (m)	алифбо	[alifbo]
épeler (vt)	ҳарфакӣ гап задан	[harfaki: gap zadan]
prononciation (f)	талаффуз	[talaffuz]

accent (m)	зада, аксент	[zada], [aksent]
avec un accent	бо аксент	[bo aksent]
sans accent	бе аксент	[be aksent]

| mot (m) | калима | [kalima] |
| sens (m) | маънӣ, маъно | [ma'ni:], [ma'no] |

cours (m pl)	курсҳо, дарсҳо	[kursho], [darsho]
s'inscrire (vp)	дохил шудан	[doχil ʃudan]
professeur (m) (~ d'anglais)	муаллим	[muallim]

traduction (f) (action)	тарчума	[tardʒuma]
traduction (f) (texte)	тарчума	[tardʒuma]
traducteur (m)	тарчумон	[tardʒumon]
interprète (m)	тарчумон	[tardʒumon]

| polyglotte (m) | забондон | [zabondon] |
| mémoire (f) | ҳофиза | [hofiza] |

147. Les personnages de contes de fées

Père Noël (m)	Бобои барфӣ	[boboi barfi:]
Cendrillon (f)	Золушка	[zoluʃka]
sirène (f)	парии обӣ	[pari:i obi:]
Neptune (m)	Нептун	[neptun]

magicien (m)	сеҳркунанда	[sehrkunanda]
fée (f)	зани сеҳркунанда	[zani sehrkunanda]
magique (adj)	... и сеҳрнок	[i sehrnok]
baguette (f) magique	чӯбчаи сеҳрнок	[ʧœbʧai sehrnok]

conte (m) de fées	афсона	[afsona]
miracle (m)	мӯъчиза	[mœ'dʒiza]
gnome (m)	гном	[gnom]

se transformer en …	табдил ёфтан	[tabdil jɔftan]
esprit (m) (revenant)	шабаҳ	[ʃabah]
fantôme (m)	шабаҳ	[ʃabah]
monstre (m)	дев, аждар	[dev], [aʒdar]
dragon (m)	аждар, аждаҳо	[aʒdar], [aʒdaho]
géant (m)	азимчусса	[azimʤussa]

148. Les signes du zodiaque

Bélier (m)	Ҳамал	[hamal]
Taureau (m)	Савр	[savr]
Gémeaux (m pl)	Дугоник	[dugonik]
Cancer (m)	Саратон	[saraton]
Lion (m)	Асад	[asad]
Vierge (f)	Чавзо	[ʤavzo]

Balance (f)	Мизон	[mizon]
Scorpion (m)	Ақраб	[aqrab]
Sagittaire (m)	қавс	[qavs]
Capricorne (m)	Чадй	[ʤadi:]
Verseau (m)	Далв	[dalv]
Poissons (m pl)	Ҳут	[hut]

caractère (m)	феъл, табиат	[fe'l], [tabiat]
traits (m pl) du caractère	нишонаҳои хислат	[niʃonahoi χislat]
conduite (f)	хулқ	[χulq]
dire la bonne aventure	фол дидан	[fol didan]
diseuse (f) de bonne aventure	фолбин, фолбинзан	[folbin], [folbinzan]
horoscope (m)	фолнома	[folnoma]

L'art

149. Le théâtre

théâtre (m)	театр	[teatr]
opéra (m)	опера	[opera]
opérette (f)	оперетта	[operetta]
ballet (m)	балет	[balet]
affiche (f)	эълоннома	[ɛ'lonnoma]
troupe (f) de théâtre	ҳайат	[hajat]
tournée (f)	сафари ҳунарӣ	[safari hunari:]
être en tournée	сафари ҳунарӣ кардан	[safari hunari: kardan]
répéter (vt)	машқ кардан	[maʃq kardan]
répétition (f)	машқ	[maʃq]
répertoire (m)	репертуар	[repertuar]
représentation (f)	намоиш, тамошо	[namoiʃ], [tamoʃo]
spectacle (m)	тамошо	[tamoʃo]
pièce (f) de théâtre	намоишнома	[namoiʃnoma]
billet (m)	билет	[bilet]
billetterie (f pl)	кассаи чиптафурӯшӣ	[kassai tʃiptafurœʃi:]
hall (m)	толор	[tolor]
vestiaire (m)	чевони либос	[dʒevoni libos]
jeton (m) de vestiaire	нумура	[numura]
jumelles (f pl)	дурбин	[durbin]
placeur (m)	нозир	[nozir]
parterre (m)	партер	[parter]
balcon (m)	балкон	[balkon]
premier (m) balcon	белэтаж	[belɛtaʒ]
loge (f)	ложа, нишем	[loʒa], [niʃem]
rang (m)	қатор	[qator]
place (f)	чой	[dʒoj]
public (m)	тамошобинон	[tamoʃobinon]
spectateur (m)	тамошобин	[tamoʃobin]
applaudir (vi)	чапакзанӣ кардан	[tʃapakzani: kardan]
applaudissements (m pl)	чапакзанӣ	[tʃapakzani:]
ovation (f)	чапакзани пурғулғула	[tʃapakzani purʁulʁula]
scène (f) (monter sur ~)	саҳна	[sahna]
rideau (m)	парда	[parda]
décor (m)	орриши саҳна	[oroiʃi sahna]
coulisses (f pl)	пушти саҳна	[puʃti sahna]
scène (f) (la dernière ~)	намоиш	[namoiʃ]
acte (m)	парда	[parda]
entracte (m)	антракт	[antrakt]

150. Le cinéma

acteur (m)	ҳунарманд	[hunarmand]
actrice (f)	ҳунарманд	[hunarmand]
cinéma (m) (industrie)	кино, синамо	[kino], [sinamo]
film (m)	филм	[film]
épisode (m)	серия	[serija]
film (m) policier	детектив	[detektiv]
film (m) d'action	ҷангӣ	[dʒangi:]
film (m) d'aventures	филми пурмоҷаро	[filmi purmodʒaro]
film (m) de science-fiction	филми фантастикӣ	[filmi fantastiki:]
film (m) d'horreur	филми даҳшатнок	[filmi dahʃatnok]
comédie (f)	филми ҳаҷвӣ	[filmi hadʒvi:]
mélodrame (m)	мелодрама	[melodrama]
drame (m)	драма	[drama]
film (m) de fiction	филми ҳунарӣ	[filmi hunari:]
documentaire (m)	филми ҳуҷҷатӣ	[filmi hudʒdʒati:]
dessin (m) animé	мултфилм	[multfilm]
cinéma (m) muet	кинои беовоз	[kinoi beovoz]
rôle (m)	нақш	[naqʃ]
rôle (m) principal	нақши асосӣ	[naqʃi asosi:]
jouer (vt)	бозидан	[bozidan]
vedette (f)	ситораи санъати кино	[sitorai san'ati kino]
connu (adj)	маъруф	[ma'ruf]
célèbre (adj)	машҳур	[maʃhur]
populaire (adj)	маъруф	[ma'ruf]
scénario (m)	филмнома	[filmnoma]
scénariste (m)	муаллифи сенарий	[muallifi senarij]
metteur (m) en scène	коргардон	[korgardon]
producteur (m)	продюсер	[prodjuser]
assistant (m)	ассистент	[assistent]
opérateur (m)	филмбардор	[filmbardor]
cascadeur (m)	каскадёр	[kaskadjɔr]
doublure (f)	дублёр	[dubljɔr]
tourner un film	филм гирифтан	[film giriftan]
audition (f)	санҷиш	[sandʒiʃ]
tournage (m)	суратгирӣ	[suratgiri:]
équipe (f) de tournage	гурӯҳи наворбардорон	[gurœhi navorbardoron]
plateau (m) de tournage	саҳнаи наворбардорӣ	[sahnai navorbardori:]
caméra (f)	камераи киногирӣ	[kamerai kinogiri:]
cinéma (m)	кинотеатр	[kinoteatr]
écran (m)	экран	[ɛkran]
donner un film	филм намоиш додан	[film namoiʃ dodan]
piste (f) sonore	мавҷи садо	[mavdʒi sado]
effets (m pl) spéciaux	эффектҳои махсус	[ɛffekthoi maχsus]

sous-titres (m pl)	субтитрҳо	[subtitrho]
générique (m)	титрҳо	[titrho]
traduction (f)	тарчума	[tardʒuma]

151. La peinture

art (m)	санъат	[san'at]
beaux-arts (m pl)	саноеи нафиса	[sanoei nafisa]
galerie (f) d'art	нигористон	[nigoriston]
exposition (f) d'art	намоишгоҳи расмҳо	[namoiʃgohi rasmho]

peinture (f)	рассомй	[rassomi:]
graphique (f)	графика	[grafika]
art (m) abstrait	абстрактсионизм	[abstraktsionizm]
impressionnisme (m)	импрессионизм	[impressionizm]

tableau (m)	расм	[rasm]
dessin (m)	расм	[rasm]
poster (m)	плакат	[plakat]

illustration (f)	расм, сурат	[rasm], [surat]
miniature (f)	миниатюра	[miniatjura]
copie (f)	нусха	[nusχa]
reproduction (f)	нусхаи чопии сурат	[nusχai tʃopi:i surat]

mosaïque (f)	кошинкорй	[koʃinkori:]
vitrail (m)	витраж	[vitraʒ]
fresque (f)	фреска	[freska]
gravure (f)	расми кандакорй	[rasmi kandakori:]

buste (m)	бюст	[bjust]
sculpture (f)	ҳайкал	[hajkal]
statue (f)	ҳайкал	[hajkal]
plâtre (m)	гач	[gatʃ]
en plâtre	аз гач	[az gatʃ]

portrait (m)	портрет	[portret]
autoportrait (m)	автопортрет	[avtoportret]
paysage (m)	манзара	[manzara]
nature (f) morte	натюрморт	[natjurmort]
caricature (f)	карикатура	[karikatura]
croquis (m)	қайдҳои хомакй	[qajdhoi χomaki:]

peinture (f)	ранг	[rang]
aquarelle (f)	акварел	[akvarel]
huile (f)	равган	[ravɡan]
crayon (m)	қалам	[qalam]
encre (f) de Chine	туш	[tuʃ]
fusain (m)	сиёҳқалам	[sijɔhqalam]

dessiner (vi, vt)	расм кашидан	[rasm kaʃidan]
peindre (vi, vt)	расм кашидан	[rasm kaʃidan]
poser (vi)	ба таври махсус истодан	[ba tavri maχsus istodan]
modèle (m)	марди модел	[mardi model]

modèle (f)	зани модел	[zani model]
peintre (m)	рассом	[rassom]
œuvre (f) d'art	асар	[asar]
chef (m) d'œuvre	шоҳасар	[ʃohasar]
atelier (m) d'artiste	коргоҳи рассом	[korgohi rassom]

toile (f)	холст	[χolst]
chevalet (m)	сепояи рассомӣ	[sepojai rassomi:]
palette (f)	лавҳачаи рассомӣ	[lavhatʃai rassomi:]

encadrement (m)	чорчӯба	[tʃortʃœba]
restauration (f)	таъмир	[ta'mir]
restaurer (vt)	таъмир кардан	[ta'mir kardan]

152. La littérature et la poésie

littérature (f)	адабиёт	[adabijot]
auteur (m) (écrivain)	муаллиф	[muallif]
pseudonyme (m)	тахаллус	[taχallus]

livre (m)	китоб	[kitob]
volume (m)	ҷилд	[dʒild]
table (f) des matières	мундариҷа	[mundaridʒa]
page (f)	саҳифа	[sahifa]
protagoniste (m)	қаҳрамони асосӣ	[qahramoni asosi:]
autographe (m)	автограф	[avtograf]

récit (m)	ҳикоя, ҳикоят	[hikoja], [hikojat]
nouvelle (f)	нақл	[naql]
roman (m)	роман	[roman]
œuvre (f) littéraire	асар	[asar]
fable (f)	масал, матал	[masal], [matal]
roman (m) policier	детектив	[detektiv]

vers (m)	шеър	[ʃe'r]
poésie (f)	назм	[nazm]
poème (m)	достон	[doston]
poète (m)	шоир	[ʃoir]

belles-lettres (f pl)	адабиёти мансур	[adabijoti mansur]
science-fiction (f)	фантастикаи илмӣ	[fantastikai ilmi:]
aventures (f pl)	саргузаштҳо	[sarguzaʃtho]
littérature (f) didactique	адабиёти таълимӣ	[adabijoti ta'limi:]
littérature (f) pour enfants	адабиёти кӯдакона	[adabijoti kœdakona]

153. Le cirque

cirque (m)	сирк	[sirk]
chapiteau (m)	сирки шапито	[sirki ʃapito]
programme (m)	барнома	[barnoma]
représentation (f)	намоиш, тамошо	[namoiʃ], [tamoʃo]
numéro (m)	баромад	[baromad]

arène (f)	саҳнаи сирк	[sahnai sirk]
pantomime (f)	пантомима	[pantomima]
clown (m)	масхарабоз	[masχaraboz]

acrobate (m)	дорбоз, акробат	[dorboz], [akrobat]
acrobatie (f)	дорбоза, акробатика	[dorboza], [akrobatika]
gymnaste (m)	гимнаст	[gimnast]
gymnastique (f)	гимнастика	[gimnastika]
salto (m)	салто	[salto]

hercule (m)	паҳлавон	[pahlavon]
dompteur (m)	ромкунанда, дастомӯз кунанда	[romkunanda], [dastomœz kunanda]
écuyer (m)	човандоз	[tʃovandoz]
assistant (m)	ассистент	[assistent]

truc (m)	найранг, ҳила	[najrang], [hila]
tour (m) de passe-passe	найрангбозӣ	[najrangbozi:]
magicien (m)	найрангбоз	[najrangboz]

jongleur (m)	жонглёр	[ʒongljɔr]
jongler (vi)	жонглёрй кардан	[ʒongljɔrj kardan]
dresseur (m)	ромкунанда	[romkunanda]
dressage (m)	ром кардан	[rom kardan]
dresser (vt)	ром кардан	[rom kardan]

154. La musique

musique (f)	мусиқӣ	[musiqi:]
musicien (m)	мусиқачӣ	[musiqatʃi:]
instrument (m) de musique	асбоби мусиқӣ	[asbobi musiqi:]
jouer de ...	навохтан	[navoχtan]

guitare (f)	гитара	[gitara]
violon (m)	скрипка	[skripka]
violoncelle (m)	виолончел	[violontʃel]
contrebasse (f)	контрабас	[kontrabas]
harpe (f)	уд	[ud]

piano (m)	пианино	[pianino]
piano (m) à queue	роял	[rojal]
orgue (m)	арғунун	[arʁunun]

hautbois (m)	гобой, сурнай	[goboj], [surnaj]
saxophone (m)	саксофон	[saksofon]
clarinette (f)	кларнет, сурнай	[klarnet], [surnaj]
flûte (f)	най	[naj]
trompette (f)	карнай	[karnaj]

| accordéon (m) | аккордеон | [akkordeon] |
| tambour (m) | накора, табл | [nakora], [tabl] |

| trio (m) | трио | [trio] |
| quartette (m) | квартет | [kvartet] |

| chœur (m) | хор | [χor] |
| orchestre (m) | оркестр | [orkestr] |

musique (f) pop	поп-мусиқӣ	[pop-musiqi:]
musique (f) rock	рок-мусиқӣ	[rok-musiqi:]
groupe (m) de rock	рок-даста	[rok-dasta]
jazz (m)	чаз	[dʒaz]

| idole (f) | бут, санам | [but], [sanam] |
| admirateur (m) | мухлис | [muχlis] |

concert (m)	консерт	[konsert]
symphonie (f)	симфония	[simfonija]
œuvre (f) musicale	тасниф	[tasnif]
composer (vt)	навиштан	[naviʃtan]

chant (m) (~ d'oiseau)	овозхонӣ	[ovozχoni:]
chanson (f)	суруд	[surud]
mélodie (f)	оҳанг	[ohang]
rythme (m)	вазн, усул	[vazn], [usul]
blues (m)	блюз	[bljuz]

notes (f pl)	нотаҳо	[notaho]
baguette (f)	чӯбчаи дирижёрӣ	[tʃœbtʃai diriʒjori:]
archet (m)	камонча	[kamontʃa]
corde (f)	тор	[tor]
étui (m)	ғилоф	[ʁilof]

Les loisirs. Les voyages

155. Les voyages. Les excursions

tourisme (m)	туризм, саёхат	[turizm], [sajɔχat]
touriste (m)	саёхатчй	[sajɔhatʧiː]
voyage (m) (à l'étranger)	саёхат	[sajɔhat]
aventure (f)	саргузашт	[sarguzaʃt]
voyage (m)	сафар	[safar]
vacances (f pl)	рухсатй	[ruχsatiː]
être en vacances	дар рухсатй будан	[dar ruχsati: budan]
repos (m) (jours de ~)	истирохат	[istirohat]
train (m)	поезд, қатор	[poezd], [qator]
en train	бо қатора	[bo qatora]
avion (m)	ҳавопаймо	[havopajmo]
en avion	бо ҳавопаймо	[bo havopajmo]
en voiture	бо мошин	[bo moʃin]
en bateau	бо киштй	[bo kiʃtiː]
bagage (m)	бағоч, бор	[baʁɔdʒ], [bor]
malle (f)	чомадон	[dʒomadon]
chariot (m)	аробаи боғочкашй	[arobai boʁɔʧkaʃiː]
passeport (m)	шиносиома	[ʃinosnoma]
visa (m)	виза	[viza]
ticket (m)	билет	[bilet]
billet (m) d'avion	чиптаи ҳавопаймо	[ʧiptai havopajmo]
guide (m) (livre)	роҳнома	[rohnoma]
carte (f)	харита	[χarita]
région (f) (~ rurale)	чой, маҳал	[dʒɔj], [mahal]
endroit (m)	чой	[dʒɔj]
exotisme (m)	ғароибот	[ʁaroibot]
exotique (adj)	… и ғароиб	[i ʁaroib]
étonnant (adj)	ҳайратангез	[hajratangez]
groupe (m)	гурӯҳ	[gurœh]
excursion (f)	экскурсия, саёхат	[ɛkskursija], [sajɔhat]
guide (m) (personne)	роҳбари экскурсия	[rohbari ɛkskursija]

156. L'hôtel

hôtel (m)	меҳмонхона	[mehmonχona]
motel (m)	меҳмонхона	[mehmonχona]
3 étoiles	се ситорадор	[se sitorador]

| 5 étoiles | панҷ ситорадор | [pandʒ sitorador] |
| descendre (à l'hôtel) | фуромадан | [furomadan] |

chambre (f)	ҳуҷра	[hudʒra]
chambre (f) simple	ҳуҷраи якнафара	[hudʒrai jaknafara]
chambre (f) double	ҳуҷраи дунафара	[hudʒrai dunafara]
réserver une chambre	банд кардани ҳуҷра	[band kardani hudʒra]

| demi-pension (f) | бо нимтаъминот | [bo nimta'minot] |
| pension (f) complète | бо таъминоти пурра | [bo ta'minoti purra] |

avec une salle de bain	ваннадор	[vannador]
avec une douche	душдор	[duʃdor]
télévision (f) par satellite	телевизиони спутникӣ	[televizioni sputniki:]
climatiseur (m)	кондитсионер	[konditsioner]
serviette (f)	сачоқ	[satʃoq]
clé (f)	калид	[kalid]

administrateur (m)	маъмур, мудир	[ma'mur], [mudir]
femme (f) de chambre	пешхизмат	[peʃxizmat]
porteur (m)	ҳаммол	[hammol]
portier (m)	дарбони меҳмонхона	[darboni mehmonxona]

restaurant (m)	тарабхона	[tarabxona]
bar (m)	бар	[bar]
petit déjeuner (m)	ношишта	[noniʃta]
dîner (m)	шом	[ʃom]
buffet (m)	мизи шведӣ	[mizi ʃvedi:]

| hall (m) | миёнсарой | [mijɔnsaroj] |
| ascenseur (m) | лифт | [lift] |

| PRIÈRE DE NE PAS DÉRANGER | ХАЛАЛ НАРАСОНЕД | [xalal narasoned] |
| DÉFENSE DE FUMER | ТАМОКУ НАКАШЕД! | [tamoku nakaʃed] |

157. Le livre. La lecture

livre (m)	китоб	[kitob]
auteur (m)	муаллиф	[muallif]
écrivain (m)	нависанда	[navisanda]
écrire (~ un livre)	навиштан	[naviʃtan]

lecteur (m)	хонанда	[xonanda]
lire (vi, vt)	хондан	[xondan]
lecture (f)	хониш	[xoniʃ]

| à part soi | ба дили худ | [ba dili xud] |
| à haute voix | бо овози баланд | [bo ovozi baland] |

éditer (vt)	нашр кардан	[naʃr kardan]
édition (f) (~ des livres)	нашр	[naʃr]
éditeur (m)	ношир	[noʃir]
maison (f) d'édition	нашриёт	[naʃrijɔt]

paraître (livre)	нашр шудан	[naʃr ʃudan]
sortie (f) (~ d'un livre)	аз чоп баромадани	[az ʧop baromadani]
tirage (m)	адади нашр	[adadi naʃr]
librairie (f)	мағозаи китоб	[maʁozai kitob]
bibliothèque (f)	китобхона	[kitobχona]
nouvelle (f)	нақл	[naql]
récit (m)	ҳикоя, ҳикоят	[hikoja], [hikojat]
roman (m)	роман	[roman]
roman (m) policier	детектив	[detektiv]
mémoires (m pl)	хотираҳо	[χotiraho]
légende (f)	афсона	[afsona]
mythe (m)	асотир, қисса	[asotir], [qissa]
vers (m pl)	шеърҳо	[ʃe'rho]
autobiographie (f)	тарҷумаи ҳоли худ, автобиография	[tarʤumai holi χud], [avtobiografija]
les œuvres choisies	асарҳои мунтахаб	[asarhoi muntaχab]
science-fiction (f)	фантастика	[fantastika]
titre (m)	ном	[nom]
introduction (f)	муқаддима	[muqaddima]
page (f) de titre	варақаи унвон	[varaqai unvon]
chapitre (m)	ҷузъи китоб	[ʤuz'i kitob]
extrait (m)	порча	[porʧa]
épisode (m)	лавҳа	[lavha]
sujet (m)	сюжет	[sjuʒet]
sommaire (m)	мундариҷа	[mundariʤa]
table (f) des matières	мундариҷа	[mundariʤa]
protagoniste (m)	қаҳрамони асосӣ	[qahramoni asosi:]
volume (m)	ҷилд	[ʤild]
couverture (f)	мукова	[mukova]
reliure (f)	муқова	[muqova]
marque-page (m)	хатчӯб, чӯбалиф	[χatʧœb], [ʧœbalif]
page (f)	саҳифа	[sahifa]
feuilleter (vt)	варак задан	[varak zadan]
marges (f pl)	ҳошия	[hoʃija]
annotation (f)	нишона	[niʃona]
note (f) de bas de page	поварақ	[povaraq]
texte (m)	матн	[matn]
police (f)	ҳуруф	[huruf]
faute (f) d'impression	саҳв, ғалат	[sahv], [ʁalat]
traduction (f)	тарҷума	[tarʤuma]
traduire (vt)	тарҷума кардан	[tarʤuma kardan]
original (m)	матни асл	[matni asl]
célèbre (adj)	машҳур	[maʃhur]
inconnu (adj)	номаъруф	[noma'ruf]

| intéressant (adj) | шавқовар | [ʃavqovar] |
| best-seller (m) | бестселлер | [bestseller] |

dictionnaire (m)	луғат	[luʁat]
manuel (m)	китоби дарсӣ	[kitobi darsi:]
encyclopédie (f)	энсиклопедия	[ɛnsiklopedija]

158. La chasse. La pêche

chasse (f)	шикор, сайд	[ʃikor], [sajd]
chasser (vi, vt)	шикор кардан	[ʃikor kardan]
chasseur (m)	шикорчӣ	[ʃikortʃi:]

tirer (vi)	тир задан	[tir zadan]
fusil (m)	милтиқ	[miltiq]
cartouche (f)	тир	[tir]
grains (m pl) de plomb	сочма	[sotʃma]

piège (m) à mâchoires	қапқон	[qapqon]
piège (m)	дом	[dom]
être pris dans un piège	ба қапқон афтодан	[ba qapqon aftodan]
mettre un piège	қапқон мондан	[qapqon mondan]

braconnier (m)	кӯруқшикан	[qœruqʃikan]
gibier (m)	сайд	[sajd]
chien (m) de chasse	саги шикорӣ	[sagi ʃikori:]
safari (m)	сафари	[safari]
animal (m) empaillé	хӯса	[xœsa]

pêcheur (m)	моҳигир	[mohigir]
pêche (f)	моҳигирӣ	[mohigiri:]
pêcher (vi)	моҳӣ гирифтан	[mohi: giriftan]

canne (f) à pêche	шаст	[ʃast]
ligne (f) de pêche	ресмони шаст	[resmoni ʃast]
hameçon (m)	қалмок	[qalmok]
flotteur (m)	ғаммозак	[ʁammozak]
amorce (f)	хӯрхӯрак	[xœrxœrak]

lancer la ligne	шаст партофтан	[ʃast partoftan]
mordre (vt)	нул задан	[nul zadan]
pêche (f) (poisson capturé)	сайди моҳӣ	[sajdi mohi:]
trou (m) dans la glace	яхбурча	[jaxburtʃa]

filet (m)	тӯр	[tœr]
barque (f)	қаиқ	[qaiq]
pêcher au filet	бо тӯр доштан	[bo tœr doʃtan]
jeter un filet	тӯр партофтан	[tœr partoftan]
retirer le filet	тӯр кашидан	[tœr kaʃidan]
tomber dans le filet	ба тӯр афтодан	[ba tœr aftodan]

baleinier (m)	шикори китҳо	[ʃikori kitho]
baleinière (f)	киштии шикори китҳо	[kiʃti:i ʃikori kitho]
harpon (m)	соскан	[soskan]

159. Les jeux. Le billard

billard (m)	билярдбозӣ	[biljardbozi:]
salle (f) de billard	толори саққобозӣ	[tolori saqqobozi:]
bille (f) de billard	саққо	[saqqo]
empocher une bille	дароварани саққо	[darovardani saqqo]
queue (f)	кий	[kij]
poche (f)	тӯрхалтаи билярд	[tœrχaltai biljard]

160. Les jeux de cartes

carreau (m)	қартаҳои хишт	[qartahoi χiʃt]
pique (m)	қарамашшоқ	[qaramaʃʃoq]
cœur (m)	дил	[dil]
trèfle (m)	қартаҳои чилликхол	[qartahoi tʃillikχol]
as (m)	зот	[zot]
roi (m)	шоҳ	[ʃoh]
dame (f)	модка	[modka]
valet (m)	валет	[valet]
carte (f)	картаи бозӣ	[kartai bozi:]
jeu (m) de cartes	қарта	[qarta]
atout (m)	кузур	[kuzur]
paquet (m) de cartes	дастаи қарта	[dastai qarta]
point (m)	хол	[χol]
distribuer (les cartes)	кашидан	[kaʃidan]
battre les cartes	тагу рӯ кардан	[tagu rœ kardan]
tour (m) de jouer	гашт	[gaʃt]
tricheur (m)	қаллоб, ғиром	[qallob], [ʁirom]

161. Le casino. La roulette

casino (m)	казино	[kazino]
roulette (f)	қиморбозӣ	[qimorbozi:]
mise (f)	пулмонӣ дар қимор	[pulmoni: dar qimor]
miser (vt)	пул мондан	[pul mondan]
rouge (m)	сурх	[surχ]
noir (m)	сиёҳ	[sijoh]
miser sur le rouge	ба сурх мондан	[ba surχ mondan]
miser sur le noir	ба сиёҳ мондан	[ba sijoh mondan]
croupier (m)	чӯталгир	[tʃœtalgir]
faire tourner la roue	давр занондани барабан	[davr zanondani baraban]
règles (f pl) du jeu	қоидаи бозӣ	[qoidai bozi:]
fiche (f)	мӯҳрача	[mœhratʃa]
gagner (vi, vt)	бурдан	[burdan]
gain (m)	бурд	[burd]

perdre (vi)	бохтан	[boxtan]
perte (f)	бой додан	[boj dodan]

joueur (m)	бозингар	[bozingar]
black-jack (m)	блек чек	[blek dʒek]
jeu (m) de dés	мӯхрабозӣ кардан	[mœhrabozi: kardan]
dés (m pl)	мухра	[muhra]
machine (f) à sous	автомати бозӣ	[avtomati bozi:]

162. Les loisirs. Les jeux

se promener (vp)	сайр кардан	[sajr kardan]
promenade (f)	гардиш, гашт	[gardiʃ], [gaʃt]
promenade (f) (en voiture)	сайрон	[sajron]
aventure (f)	саргузашт	[sarguzaʃt]
pique-nique (m)	пикник	[piknik]

jeu (m)	бозӣ	[bozi:]
joueur (m)	бозингар	[bozingar]
partie (f) (~ de cartes, etc.)	як бор бозӣ	[jak bor bozi:]

collectionneur (m)	коллексионер	[kolleksioner]
collectionner (vt)	коллексия кардан	[kolleksija kardan]
collection (f)	коллексия	[kolleksija]

mots (m pl) croisés	кроссворд	[krossvord]
hippodrome (m)	ипподром	[ippodrom]
discothèque (f)	дискотека	[diskoteka]

sauna (m)	сауна, ҳаммом	[sauna], [hammom]
loterie (f)	лотерея	[lotereja]

trekking (m)	роҳпаймой	[rohpajmoi:]
camp (m)	лагер	[lager]
tente (f)	хаймаи сайёҳон	[xajmai sajjohon]
boussole (f)	компас, қутбнамо	[kompas], [qutbnamo]
campeur (m)	сайёҳ, турист	[sajjoh], [turist]

regarder (la télé)	нигоҳ кардан	[nigoh kardan]
téléspectateur (m)	бинанда	[binanda]
émission (f) de télé	теленамоиш	[telenamoiʃ]

163. La photographie

appareil (m) photo	фотоаппарат	[fotoapparat]
photo (f)	акс, сурат	[aks], [surat]

photographe (m)	суратгир	[suratgir]
studio (m) de photo	фотостудия	[fotostudija]
album (m) de photos	албоми сурат	[albomi surat]
objectif (m)	объектив	[ob'ektiv]
téléobjectif (m)	телеобъектив	[teleob'ektiv]

| filtre (m) | филтр | [filtr] |
| lentille (f) | линза | [linza] |

optique (f)	оптика	[optika]
diaphragme (m)	диафрагма	[diafragma]
temps (m) de pose	дошт	[doʃt]
viseur (m)	манзарачӯ	[manzaradʒœ]

appareil (m) photo numérique	суратгираки рақамӣ	[suratgiraki raqami:]
trépied (m)	поя	[poja]
flash (m)	чароғак	[tʃaroʁak]

photographier (vt)	сурат гирифтан	[surat giriftan]
prendre en photo	сурат гирифтан	[surat giriftan]
se faire prendre en photo	сурати худро гирондан	[surati χudro girondan]

mise (f) au point	фокус	[fokus]
mettre au point	ба рангхои баланд мондан	[ba ranghoi baland mondan]
net (adj)	баланд	[baland]
netteté (f)	баланди ранг	[balandi rang]

| contraste (m) | акс | [aks] |
| contrasté (adj) | возех | [vozeh] |

épreuve (f)	сурат	[surat]
négatif (m)	негатив	[negativ]
pellicule (f)	фотонавор	[fotonavor]
image (f)	кадр	[kadr]
tirer (des photos)	чоп кардан	[tʃop kardan]

164. La plage. La baignade

plage (f)	пляж	[pljaʒ]
sable (m)	рег	[reg]
désert (plage ~e)	хилват	[χilvat]

bronzage (m)	офтобхӯрӣ	[oftobχœri:]
se bronzer (vp)	гандумгун шудан	[gandumgun ʃudan]
bronzé (adj)	гандумгун	[gandumgun]
crème (f) solaire	креми офтобхӯрӣ	[kremi oftobχœri:]

bikini (m)	бикини	[bikini]
maillot (m) de bain	либоси оббозӣ	[libosi obbozi:]
slip (m) de bain	плавка	[plavka]

piscine (f)	хавз	[havz]
nager (vi)	шино кардан	[ʃino kardan]
se changer (vp)	либоси дигар пӯшидан	[libosi digar pœʃidan]
serviette (f)	сачоқ	[satʃoq]

barque (f)	қаиқ	[qaiq]
canot (m) à moteur	катер	[kater]
ski (m) nautique	лижахои обӣ	[liʒahoi obi:]

pédalo (m)	велосипеди обй	[velosipedi obi:]
surf (m)	серфинг	[serfing]
surfeur (m)	серфингчй	[serfingʧi:]

scaphandre (m) autonome	акваланг	[akvalang]
palmes (f pl)	ластхо	[lastho]
masque (m)	никоб	[niqob]
plongeur (m)	ғӯтазан	[ʁœtazan]
plonger (vi)	ғӯта задан	[ʁœta zadan]
sous l'eau (adv)	таги об	[tagi ob]

parasol (m)	чатр	[ʧatr]
chaise (f) longue	шезлонг	[ʃezlong]
lunettes (f pl) de soleil	айнаки сиёх	[ajnaki sijɔh]
matelas (m) pneumatique	матраси оббозй	[matrasi obbozi:]

| jouer (s'amuser) | бозй кардан | [bozi: kardan] |
| se baigner (vp) | оббозй кардан | [obbozi: kardan] |

ballon (m) de plage	тӯб	[tœb]
gonfler (vt)	дам кардан	[dam kardan]
gonflable (adj)	дамшаванда	[damʃavanda]

vague (f)	мавҷ	[mavdʒ]
bouée (f)	шиноварак	[ʃinovarak]
se noyer (vp)	ғарк шудан	[ʁark ʃudan]

sauver (vt)	начот додан	[nadʒot dodan]
gilet (m) de sauvetage	камзӯли начотдихҳанда	[kamzœli nadʒotdihanda]
observer (vt)	назорат кардан	[nazorat kardan]
maître nageur (m)	начотдихҳанда	[nadʒotdihanda]

LE MATÉRIEL TECHNIQUE. LES TRANSPORTS

Le matériel technique

165. L'informatique

ordinateur (m)	компютер	[kompjuter]
PC (m) portable	ноутбук	[noutbuk]
allumer (vt)	даргирондан	[dargirondan]
éteindre (vt)	куштан	[kuʃtan]
clavier (m)	клавиатура	[klaviatura]
touche (f)	тугмача	[tugmatʃa]
souris (f)	муш	[muʃ]
tapis (m) de souris	гилемчаи муш	[gilemtʃai muʃ]
bouton (m)	тугмача	[tugmatʃa]
curseur (m)	курсор	[kursor]
moniteur (m)	монитор	[monitor]
écran (m)	экран	[ɛkran]
disque (m) dur	диски сахт	[diski saχt]
capacité (f) du disque dur	хаҷми диски сахт	[hadʒmi diski saχt]
mémoire (f)	хофиза	[hofiza]
mémoire (f) vive	хотираи фаврӣ	[χotirai favri:]
fichier (m)	файл	[fajl]
dossier (m)	папка	[papka]
ouvrir (vt)	кушодан	[kuʃodan]
fermer (vt)	пӯшидан, бастан	[pœʃidan], [bastan]
sauvegarder (vt)	нигоҳ доштан	[nigoh doʃtan]
supprimer (vt)	нобуд кардан	[nobud kardan]
copier (vt)	нусха бардоштан	[nusχa bardoʃtan]
trier (vt)	ба хелҳо чудо кардан	[ba χelho dʒudo kardan]
copier (vt)	аз нав навиштан	[az nav naviʃtan]
programme (m)	барнома	[barnoma]
logiciel (m)	барномаи таъминотӣ	[barnomai ta'minoti:]
programmeur (m)	барномасоз	[barnomasoz]
programmer (vt)	барномасозӣ кардан	[barnomasozi: kardan]
hacker (m)	хакер	[χaker]
mot (m) de passe	рамз	[ramz]
virus (m)	вирус	[virus]
découvrir (détecter)	кашф кардан	[kaʃf kardan]
bit (m)	байт	[bajt]

mégabit (m)	мегабайт	[megabajt]
données (f pl)	маълумот	[ma'lumot]
base (f) de données	манбаи маълумот	[manbai ma'lumot]

câble (m)	кабел	[kabel]
déconnecter (vt)	чудо кардан	[dʒudo kardan]
connecter (vt)	васл кардан	[vasl kardan]

166. L'Internet. Le courrier électronique

Internet (m)	интернет	[internet]
navigateur (m)	браузер	[brauzer]
moteur (m) de recherche	манбаи чустучӯкунанда	[manbai dʒustudʒœkunanda]
fournisseur (m) d'accès	провайдер	[provajder]

administrateur (m) de site	веб-мастер	[veb-master]
site (m) web	веб-сомона	[veb-somona]
page (f) web	веб-сахифа	[veb-sahifa]

| adresse (f) | адрес, унвон | [adres], [unvon] |
| carnet (m) d'adresses | дафтари адресхо | [daftari adresho] |

boîte (f) de réception	куттии почта	[qutti:i potʃta]
courrier (m)	почта	[potʃta]
pleine (adj)	пур	[pur]

message (m)	хабар	[xabar]
messages (pl) entrants	хабари дароянда	[xabari darojanda]
messages (pl) sortants	хабари бароянда	[xabari barojanda]

expéditeur (m)	ирсолкунанда	[irsolkunanda]
envoyer (vt)	ирсол кардан	[irsol kardan]
envoi (m)	ирсол	[irsol]

| destinataire (m) | гиранда | [giranda] |
| recevoir (vt) | гирифтан | [giriftan] |

| correspondance (f) | мукотиба | [mukotiba] |
| être en correspondance | мукотиба доштан | [mukotiba doʃtan] |

fichier (m)	файл	[fajl]
télécharger (vt)	нусха бардоштан	[nusxa bardoʃtan]
créer (vt)	сохтан	[soxtan]
supprimer (vt)	нобуд кардан	[nobud kardan]
supprimé (adj)	нобудшуда	[nobudʃuda]

connexion (f) (ADSL, etc.)	алока	[aloqa]
vitesse (f)	суръат	[sur'at]
modem (m)	модем	[modem]
accès (m)	даромадан	[daromadan]
port (m)	порт	[port]

| connexion (f) (établir la ~) | пайвастан | [pajvastan] |
| se connecter à … | пайваст шудан | [pajvast ʃudan] |

| sélectionner (vt) | интихоб кардан | [intiχob kardan] |
| rechercher (vt) | ҷустан | [ʤustan] |

167. L'électricité

électricité (f)	барқ	[barq]
électrique (adj)	барқӣ	[barqi:]
centrale (f) électrique	стансияи барқӣ	[stansijai barqi:]
énergie (f)	қувва, қувват	[quvva], [quvvat]
énergie (f) électrique	қувваи электрикӣ	[kuvvai ɛlektriki:]

ampoule (f)	лампача, чароғча	[lampatʃa], [tʃaroʁtʃa]
torche (f)	фонуси дастӣ	[fonusi dasti:]
réverbère (m)	фонуси кӯчагӣ	[fonusi kœtʃagi:]

lumière (f)	чароғ	[tʃaroʁ]
allumer (vt)	даргирондан	[dargirondan]
éteindre (vt)	куштан	[kuʃtan]
éteindre la lumière	чароғро куштан	[tʃaroʁro kuʃtan]

être grillé	сухтан	[suχtan]
court-circuit (m)	расиши кӯтох	[rasiʃi kœtoh]
rupture (f)	канда шуданӣ	[kanda ʃudani:]
contact (m)	васл	[vasl]

interrupteur (m)	калидак	[kalidak]
prise (f)	розетка	[rozetka]
fiche (f)	вилка	[vilka]
rallonge (f)	удлинител	[udlinitel]

fusible (m)	пешгирикунанда	[peʃgirikunanda]
fil (m)	сим	[sim]
installation (f) électrique	сими барқ	[simi barq]

ampère (m)	ампер	[amper]
intensité (f) du courant	қувваи барқ	[quvvai barq]
volt (m)	волт	[volt]
tension (f)	шиддат	[ʃiddat]

| appareil (m) électrique | асбоби барқӣ | [asbobi barqi:] |
| indicateur (m) | индикатор | [indikator] |

électricien (m)	барқчӣ	[barqtʃi:]
souder (vt)	лаҳим кардан	[lahim kardan]
fer (m) à souder	лаҳимкаш	[lahimkaʃ]
courant (m)	барқ	[barq]

168. Les outils

outil (m)	абзор	[abzor]
outils (m pl)	асбобу анҷом	[asbobu anʤom]
équipement (m)	таҷхизот	[taʤhizot]

marteau (m)	болғача	[bolʁatʃa]
tournevis (m)	мурваттоб	[murvattob]
hache (f)	табар	[tabar]
scie (f)	арра	[arra]
scier (vt)	арра кардан	[arra kardan]
rabot (m)	ранда	[randa]
raboter (vt)	ранда кардан	[randa kardan]
fer (m) à souder	лаҳимкаш	[lahimkaʃ]
souder (vt)	лаҳим кардан	[lahim kardan]
lime (f)	сӯхон	[sœhon]
tenailles (f pl)	анбӯр	[anbœr]
pince (f) plate	анбур	[anbur]
ciseau (m)	искана	[iskana]
foret (m)	парма	[parma]
perceuse (f)	парма	[parma]
percer (vt)	парма кардан	[parma kardan]
couteau (m)	корд	[kord]
canif (m)	корди катшаванда	[kordi katʃavanda]
pliant (adj)	катшаванда	[katʃavanda]
lame (f)	теғ, дам	[teʁ], [dam]
bien affilé (adj)	тез	[tez]
émoussé (adj)	кунд	[kund]
s'émousser (vp)	кунд шудан	[kund ʃudan]
affiler (vt)	тез кардан	[tez kardan]
boulon (m)	болт	[bolt]
écrou (m)	гайка	[gajka]
filetage (m)	рахапеч	[raχapetʃ]
vis (f) à bois	мехи печдор	[meχi petʃdor]
clou (m)	мех	[meχ]
tête (f) de clou	сари мех	[sari meχ]
règle (f)	чадвал	[dʒadval]
mètre (m) à ruban	чентаноб	[tʃentanob]
niveau (m) à bulle	уровен	[uroven]
loupe (f)	лупа, пурбин	[lupa], [purbin]
appareil (m) de mesure	асбоби ченкунӣ	[asbobi tʃenkuni:]
mesurer (vt)	чен кардан	[tʃen kardan]
échelle (f) (~ métrique)	чадвал	[dʒadval]
relevé (m)	нишондод	[niʃondod]
compresseur (m)	компрессор	[kompressor]
microscope (m)	микроскоп, заррабин	[mikroskop], [zarrabin]
pompe (f)	насос, обдуздак	[nasos], [obduzdak]
robot (m)	робот	[robot]
laser (m)	лазер	[lazer]
clé (f) de serrage	калиди гайка	[kalidi gajka]
ruban (m) adhésif	скоч	[skotʃ]

colle (f)	елим, шилм	[elim], [ʃilm]
papier (m) d'émeri	коғази сунбода	[koʁazi sunboda]
ressort (m)	пружин	[pruʒin]
aimant (m)	магнит, оҳанрабо	[magnit], [ohanrabo]
gants (m pl)	дастпӯшак	[dastpœʃak]

corde (f)	арғамчин, таноб	[arʁamtʃin], [tanob]
cordon (m)	ресмон	[resmon]
fil (m) (~ électrique)	сим	[sim]
câble (m)	кабел	[kabel]

masse (f)	босқон	[bosqon]
pic (m)	мисрон	[misron]
escabeau (m)	зина, зинапоя	[zina], [zinapoja]
échelle (f) double	нардбонча	[nardbontʃa]

visser (vt)	тофтан, тоб додан	[toftan], [tob dodan]
dévisser (vt)	тоб дода кушодан	[tob doda kuʃodan]
serrer (vt)	фишурдан	[fiʃurdan]
coller (vt)	часпонидан	[tʃasponidan]
couper (vt)	буридан	[buridan]

défaut (m)	нодурустӣ, носозӣ	[nodurusti:], [nosozi:]
réparation (f)	таъмир	[ta'mir]
réparer (vt)	таъмир кардан	[ta'mir kardan]
régler (vt)	танзим кардан	[tanzim kardan]

vérifier (vt)	тафтиш кардан	[taftiʃ kardan]
vérification (f)	тафтиш	[taftiʃ]
relevé (m)	нишондод	[niʃondod]

| fiable (machine ~) | боэътимод | [boɛ'timod] |
| complexe (adj) | мураккаб | [murakkab] |

rouiller (vi)	занг задан	[zang zadan]
rouillé (adj)	зангзада	[zangzada]
rouille (f)	занг	[zang]

Les transports

169. L'avion

avion (m)	ҳавопаймо	[havopajmo]
billet (m) d'avion	чиптаи ҳавопаймо	[tʃiptai havopajmo]
compagnie (f) aérienne	ширкати ҳавопаймой	[ʃirkati havopajmoi:]
aéroport (m)	аэропорт	[aɛroport]
supersonique (adj)	фавқуссадо	[favqussado]

commandant (m) de bord	фармондеҳи киштй	[farmondehi kiʃti:]
équipage (m)	экипаж	[ɛkipaʒ]
pilote (m)	сарнишин	[sarniʃin]
hôtesse (f) de l'air	стюардесса	[stjuardessa]
navigateur (m)	штурман	[ʃturman]

ailes (f pl)	қанот	[qanot]
queue (f)	дум	[dum]
cabine (f)	кабина	[kabina]
moteur (m)	муҳаррик	[muharrik]
train (m) d'atterrissage	шассй	[ʃassi:]
turbine (f)	турбина	[turbina]

hélice (f)	пропеллер	[propeller]
boîte (f) noire	қуттии сиёҳ	[qutti:i sijɔh]
gouvernail (m)	суккон	[sukkon]
carburant (m)	сӯзишворй	[sœziʃvori:]

consigne (f) de sécurité	дастурамали бехатарй	[dasturamali beχatari:]
masque (m) à oxygène	ниқоби ҳавои тоза	[niqobi havoi toza]
uniforme (m)	либоси расмй	[libosi rasmi:]

gilet (m) de sauvetage	камзӯли наҷотдиҳанда	[kamzœli nadʒotdihanda]
parachute (m)	парашют	[paraʃjut]

décollage (m)	парвоз	[parvoz]
décoller (vi)	парвоз кардан	[parvoz kardan]
piste (f) de décollage	хати парвоз	[χati parvoz]

visibilité (f)	софии ҳаво	[sofi:i havo]
vol (m) (~ d'oiseau)	парвоз	[parvoz]

altitude (f)	баландй	[balandi:]
trou (m) d'air	чоҳи ҳаво	[tʃohi havo]

place (f)	чой	[dʒoj]
écouteurs (m pl)	гӯшак, гӯшпӯшак	[gœʃak], [gœʃpœʃak]
tablette (f)	мизчаи вошаванда	[miztʃai voʃavanda]
hublot (m)	иллюминатор	[illjuminator]
couloir (m)	гузаргоҳ	[guzargoh]

170. Le train

train (m)	поезд, қатор	[poezd], [qator]
train (m) de banlieue	қатораи барқӣ	[qatorai barqi:]
TGV (m)	қатораи тезгард	[qatorai tezgard]
locomotive (f) diesel	тепловоз	[teplovoz]
locomotive (f) à vapeur	паровоз	[parovoz]
wagon (m)	вагон	[vagon]
wagon-restaurant (m)	вагон-ресторан	[vagon-restoran]
rails (m pl)	релсхо	[relsho]
chemin (m) de fer	роҳи оҳан	[rohi ohan]
traverse (f)	шпала	[ʃpala]
quai (m)	платформа	[platforma]
voie (f)	роҳ	[roh]
sémaphore (m)	семафор	[semafor]
station (f)	истгоҳ	[istgoh]
conducteur (m) de train	мошинист	[moʃinist]
porteur (m)	ҳаммол	[hammol]
steward (m)	роҳбалад	[rohbalad]
passager (m)	мусофир	[musofir]
contrôleur (m) de billets	нозир	[nozir]
couloir (m)	коридор	[koridor]
frein (m) d'urgence	стоп-кран	[stop-kran]
compartiment (m)	купе	[kupe]
couchette (f)	кат	[kat]
couchette (f) d'en haut	кати боло	[kati bolo]
couchette (f) d'en bas	кати поён	[kati pojɔn]
linge (m) de lit	чилдҳои болишту бистар	[dʒildhoi boliʃtu bistar]
ticket (m)	билет	[bilet]
horaire (m)	чадвал	[dʒadval]
tableau (m) d'informations	чадвал	[dʒadval]
partir (vi)	дур шудан	[dur ʃudan]
départ (m) (du train)	равон кардан	[ravon kardan]
arriver (le train)	омадан	[omadan]
arrivée (f)	омадан	[omadan]
arriver en train	бо қатора омадан	[bo qatora omadan]
prendre le train	ба қатора нишастан	[ba qatora niʃastan]
descendre du train	фаромадан	[faromadan]
accident (m) ferroviaire	садама	[sadama]
dérailler (vi)	аз релс баромадан	[az rels baromadan]
locomotive (f) à vapeur	паровоз	[parovoz]
chauffeur (m)	алавмон	[alavmon]
chauffe (f)	оташдон	[otaʃdon]
charbon (m)	ангишт	[angiʃt]

171. Le bateau

bateau (m)	кишти	[kiʃtiː]
navire (m)	кишти	[kiʃtiː]
bateau (m) à vapeur	пароход	[paroχod]
paquebot (m)	теплоход	[teploχod]
bateau (m) de croisière	лайнер	[lajner]
croiseur (m)	крейсер	[krejser]
yacht (m)	яхта	[jaχta]
remorqueur (m)	таноби ядак	[tanobi jadak]
péniche (f)	баржа	[barʒa]
ferry (m)	паром	[parom]
voilier (m)	киштии бодбондор	[kiʃtiːi bodbondor]
brigantin (m)	бригантина	[brigantina]
brise-glace (m)	киштии яхшикан	[kiʃtiːi jaχʃikan]
sous-marin (m)	киштии зериобй	[kiʃtiːi zeriobiː]
canot (m) à rames	қаиқ	[qaiq]
dinghy (m)	қаиқ	[qaiq]
canot (m) de sauvetage	заврақи начот	[zavraqi nadʒot]
canot (m) à moteur	катер	[kater]
capitaine (m)	капитан	[kapitan]
matelot (m)	баҳрчй, маллоҳ	[bahrtʃiː], [malloh]
marin (m)	баҳрчй	[bahrtʃiː]
équipage (m)	экипаж	[ɛkipaʒ]
maître (m) d'équipage	ботсман	[botsman]
mousse (m)	маллоҳбача	[mallohbatʃa]
cuisinier (m) du bord	кок, ошпази кишти	[kok], [oʃpazi kiʃtiː]
médecin (m) de bord	духтури кишти	[duχturi kiʃtiː]
pont (m)	саҳни кишти	[sahni kiʃtiː]
mât (m)	сутуни кишти	[sutuni kiʃtiː]
voile (f)	бодбон	[bodbon]
cale (f)	таҳхонаи кишти	[tahχonai kiʃtiː]
proue (f)	сари кишти	[sari kiʃti]
poupe (f)	думи кишти	[dumi kiʃtiː]
rame (f)	бели заврақ	[beli zavraq]
hélice (f)	винт	[vint]
cabine (f)	каюта	[kajuta]
carré (m) des officiers	кают-компания	[kajut-kompanija]
salle (f) des machines	шӯъбаи мошинҳо	[ʃœ'bai moʃinho]
passerelle (f)	арша	[arʃa]
cabine (f) de T.S.F.	радиохона	[radioχona]
onde (f)	мавч	[mavdʒ]
journal (m) de bord	журнали кишти	[ʒurnali kiʃtiː]
longue-vue (f)	дурбин	[durbin]
cloche (f)	ноқус, зангӯла	[noqus], [zangœla]

pavillon (m)	байрак	[bajrak]
grosse corde (f) tressée	арғамчини ғафс	[arʁamtʃini ʁafs]
nœud (m) marin	гирех	[gireh]

rampe (f)	даста барои қапидан	[dasta baroi qapidan]
passerelle (f)	зинапоя	[zinapoja]

ancre (f)	лангар	[langar]
lever l'ancre	лангар бардоштан	[langar bardoʃtan]
jeter l'ancre	лангар андохтан	[langar andoxtan]
chaîne (f) d'ancrage	занчири лангар	[zandʒiri langar]

port (m)	бандар	[bandar]
embarcadère (m)	чои киштибандӣ	[dʒoi kiʃtibandi:]
accoster (vi)	ба соҳил овардан	[ba sohil ovardan]
larguer les amarres	ҳаракат кардан	[harakat kardan]

voyage (m) (à l'étranger)	саёхат	[sajɔhat]
croisière (f)	круиз	[kruiz]
cap (m) (suivre un ~)	самт	[samt]
itinéraire (m)	маршрут	[marʃrut]

chenal (m)	маъбар	[ma'bar]
bas-fond (m)	тунукоба	[tunukoba]
échouer sur un bas-fond	ба тунукоба шиштан	[ba tunukoba ʃiʃtan]

tempête (f)	тӯфон, бӯрои	[tœfon], [bœroi]
signal (m)	бонг, ишорат	[bong], [iʃorat]
sombrer (vi)	ғарк шудан	[ʁark ʃudan]
Un homme à la mer!	Одам дар об!	[odam dar ob]
SOS (m)	SOS	[sos]
bouée (f) de sauvetage	чамбари начот	[tʃambari nadʒot]

172. L'aéroport

aéroport (m)	аэропорт	[aɛroport]
avion (m)	ҳавопаймо	[havopajmo]
compagnie (f) aérienne	ширкати ҳавопаймой	[ʃirkati havopajmoi:]
contrôleur (m) aérien	диспечер	[dispetʃer]

départ (m)	парвоз	[parvoz]
arrivée (f)	парида омадан	[parida omadan]
arriver (par avion)	парида омадан	[parida omadan]

temps (m) de départ	вақти паридан	[vaqti paridan]
temps (m) d'arrivée	вақти шиштан	[vaqti ʃiʃtan]

être retardé	боздоштан	[bozdoʃtan]
retard (m) de l'avion	боздоштани парвоз	[bozdoʃtani parvoz]

tableau (m) d'informations	тахтаи ахборот	[taxtai axborot]
information (f)	ахборот	[axborot]
annoncer (vt)	эълон кардан	[ɛ'lon kardan]
vol (m)	сафар, рейс	[safar], [rejs]

douane (f)	гумрукхона	[gumrukχona]
douanier (m)	гумрукчӣ	[gumruktʃi:]
déclaration (f) de douane	декларатсияи гумрукӣ	[deklaratsijai gumruki:]
remplir (vt)	пур кардан	[pur kardan]
remplir la déclaration	пур кардани декларатсия	[pur kardani deklaratsija]
contrôle (m) de passeport	назорати шиноснома	[nazorati ʃinosnoma]
bagage (m)	бағоч, бор	[baʁoʤ], [bor]
bagage (m) à main	бори дастӣ	[bori dasti:]
chariot (m)	аробаи бағочкашӣ	[arobai baʁotʃkaʃi:]
atterrissage (m)	фуруд	[furud]
piste (f) d'atterrissage	хати нишаст	[χati niʃast]
atterrir (vi)	нишастан	[niʃastan]
escalier (m) d'avion	зинапояи киштӣ	[zinapojai kiʃti:]
enregistrement (m)	бақайдгирӣ	[baqajdgiri:]
comptoir (m) d'enregistrement	қатори бақайдгирӣ	[qatori baqajdgiri:]
s'enregistrer (vp)	қайд кунондан	[qajd kunondan]
carte (f) d'embarquement	талони саворшавӣ	[taloni savorʃavi:]
porte (f) d'embarquement	баромадан	[baromadan]
transit (m)	транзит	[tranzit]
attendre (vt)	поидан	[poidan]
salle (f) d'attente	толори интизорӣ	[tolori intizori:]
raccompagner (à l'aéroport, etc.)	гусел кардан	[gusel kardan]
dire au revoir	падруд гуфтан	[padrud guftan]

173. Le vélo. La moto

vélo (m)	велосипед	[velosiped]
scooter (m)	мотороллер	[motoroller]
moto (f)	мотосикл	[motosikl]
faire du vélo	бо велосипед рафтан	[bo velosiped raftan]
guidon (m)	рул	[rul]
pédale (f)	педал	[pedal]
freins (m pl)	тормозхо	[tormozho]
selle (f)	зин	[zin]
pompe (f)	насос	[nasos]
porte-bagages (m)	бағочмонак	[baʁoʤmonak]
phare (m)	фонус	[fonus]
casque (m)	хӯд	[χœd]
roue (f)	чарх	[tʃarχ]
garde-boue (m)	чархпӯш	[tʃarχpœʃ]
jante (f)	чанбар	[tʃanbar]
rayon (m)	парра	[parra]

La voiture

174. Les différents types de voiture

automobile (f)	автомобил	[avtomobil]
voiture (f) de sport	мошини варзишй	[moʃini varziʃi:]
limousine (f)	лимузин	[limuzin]
tout-terrain (m)	харчогард, чип	[hardʒogard], [dʒip]
cabriolet (m)	кабриолет	[kabriolet]
minibus (m)	микроавтобус	[mikroavtobus]
ambulance (f)	ёрии таъчилй	[jori:i ta'dʒili:]
chasse-neige (m)	мошини барфрӯб	[moʃini barfrœb]
camion (m)	мошини боркаш	[moʃini borkaʃ]
camion-citerne (m)	бензинкаш	[benzinkaʃ]
fourgon (m)	автомобили боркаш	[avtomobili borkaʃ]
tracteur (m) routier	ядакмошин	[jadakmoʃin]
remorque (f)	шатак	[ʃatak]
confortable (adj)	барохат	[barohat]
d'occasion (adj)	нимдошт	[nimdoʃt]

175. La voiture. La carrosserie

capot (m)	капот	[kapot]
aile (f)	чарпхпӯш	[tʃarχpœʃ]
toit (m)	бом	[bom]
pare-brise (m)	оинаи шамолпанох	[oinai ʃamolpanoh]
rétroviseur (m)	оинаи манзараи акиб	[oinai manzarai aqib]
lave-glace (m)	шӯянда	[ʃœjanda]
essuie-glace (m)	чӯткахои оинатозакунак	[tʃœtkahoi oinatozakunak]
fenêtre (f) latéral	пахлӯоина	[pahlœoina]
lève-glace (m)	оинабардор	[oinabardor]
antenne (f)	антенна	[antenna]
toit (m) ouvrant	люк	[ljuk]
pare-chocs (m)	бампер	[bamper]
coffre (m)	багочмонак	[baʁodʒmonak]
galerie (f) de toit	бормонак	[bormonak]
portière (f)	дарича	[daritʃa]
poignée (f)	дастак	[dastak]
serrure (f)	кулф	[qulf]
plaque (f) d'immatriculation	рақам	[raqam]
silencieux (m)	садонишонак	[sadoniʃonak]

| réservoir (m) d'essence | баки бензин | [baki benzin] |
| pot (m) d'échappement | лӯлаи дудбаро | [lœlai dudbaro] |

accélérateur (m)	газ	[gaz]
pédale (f)	педал	[pedal]
pédale (f) d'accélérateur	педали газ	[pedali gaz]

frein (m)	тормоз	[tormoz]
pédale (f) de frein	педали тормоз	[pedali tormoz]
freiner (vi)	тормоз додан	[tormoz dodan]
frein (m) à main	тормози дастӣ	[tormozi dasti:]

embrayage (m)	муфт	[muft]
pédale (f) d'embrayage	педали муфт	[pedali muft]
disque (m) d'embrayage	чархмолаи пайвасткунӣ	[tʃarχmolai pajvastkuni:]
amortisseur (m)	амортизатор	[amortizator]

roue (f)	чарх	[tʃarχ]
roue (f) de rechange	чархи эхтиётӣ	[tʃarχi ɛhtijɔti:]
pneu (m)	покришка	[pokriʃka]
enjoliveur (m)	колпак	[kolpak]

roues (f pl) motrices	чарххои баранда	[tʃarχhoi baranda]
à traction avant	бо чархони пеш харакаткунанда	[bo tʃarχoni peʃ harakatkunanda]
à traction arrière	бо чархони ақиб амалкунанда	[bo tʃarχoni aqib amalkunanda]
à traction intégrale	бо чор чарх харакаткунанда	[bo tʃor tʃarχ harakatkunanda]

boîte (f) de vitesses	суръаткуттӣ	[sur'atqutti:]
automatique (adj)	автоматӣ	[avtomati:]
mécanique (adj)	механикӣ	[meχaniki:]
levier (m) de vitesse	фишанги суръаткуттӣ	[fiʃangi sur'atqutti:]

| phare (m) | чароғ | [tʃaroʁ] |
| feux (m pl) | чароғхо | [tʃaroʁho] |

feux (m pl) de croisement	чароғи наздик	[tʃaroʁi nazdik]
feux (m pl) de route	чароғи дур	[tʃaroʁi dur]
feux (m pl) stop	стоп-сигнал	[stop-signal]

feux (m pl) de position	чароғаки габаритӣ	[tʃaroʁaki gabariti:]
feux (m pl) de détresse	чароғаки садамавӣ	[tʃaroʁaki sadamavi:]
feux (m pl) de brouillard	чароғаки зидди туман	[tʃaroʁaki ziddi tuman]
clignotant (m)	нишондиҳандаи гардиш	[niʃondihandai gardiʃ]
feux (m pl) de recul	чароғаки ақибравӣ	[tʃaroʁaki aqibravi:]

176. La voiture. L'habitacle

habitacle (m)	салони мошин	[saloni moʃin]
en cuir (adj)	… и чармин	[i tʃarmin]
en velours (adj)	велюрӣ	[veljuri:]
revêtement (m)	рӯйкаш	[rœjkaʃ]

instrument (m)	асбоб	[asbob]
tableau (m) de bord	лавҳаи асбобхо	[lavhai asbobho]
indicateur (m) de vitesse	суръатсанҷ	[sur'atsandʒ]
aiguille (f)	акрабак	[akrabak]

compteur (m) de kilomètres	ҳисобкунаки масофа	[hisobkunaki masofa]
indicateur (m)	хабардиҳанда	[χabardihanda]
niveau (m)	сатҳ	[sath]
témoin (m)	чароғак	[ʧaroʁak]

volant (m)	рул	[rul]
klaxon (m)	сигнал	[signal]
bouton (m)	тугмача	[tugmaʧa]
interrupteur (m)	калид	[kalid]

siège (m)	курсӣ	[kursi:]
dossier (m)	пуштаки курсӣ	[puʃtaki kursi:]
appui-tête (m)	сармонаки курсӣ	[sarmonaki kursi:]
ceinture (f) de sécurité	тасмаи бехатарӣ	[tasmai beχatari:]
mettre la ceinture	тасма гузарондан	[tasma guzarondan]
réglage (m)	танзим	[tanzim]

airbag (m)	кисаи ҳаво	[kisai havo]
climatiseur (m)	кондитсионер	[konditsioner]

radio (f)	радио	[radio]
lecteur (m) de CD	CD-монак	[ɔɛ-monak]
allumer (vt)	даргирондан	[dargirondan]
antenne (f)	антенна	[antenna]
boîte (f) à gants	ҷойи дастпӯшакхо	[dʒoji dastpœʃakho]
cendrier (m)	хокистардон	[χokistardon]

177. La voiture. Le moteur

moteur (m)	муҳаррик	[muharrik]
moteur (m)	мотор	[motor]
diesel (adj)	дизелӣ	[dizeli:]
à essence (adj)	бо бензин коркунанда	[bo benzin korkunanda]

capacité (f) du moteur	ҳаҷми муҳаррик	[hadʒmi muharrik]
puissance (f)	иқтидор	[iqtidor]
cheval-vapeur (m)	қувваи асп	[quvvai asp]
piston (m)	поршен	[porʃen]
cylindre (m)	силиндр	[silindr]
soupape (f)	клапан	[klapan]

injecteur (m)	инжектор	[inʒektor]
générateur (m)	генератор	[generator]
carburateur (m)	карбюратор	[karbjurator]
huile (f) moteur	равғани муҳаррик	[ravʁani muharrik]

radiateur (m)	радиатор	[radiator]
liquide (m) de refroidissement	моеи хунуккунанда	[moei χunukkunanda]
ventilateur (m)	бодкаш	[bodkaʃ]

batterie (f)	аккумулятор	[akkumuljator]
starter (m)	корандози муҳаррик	[korandozi muharrik]
allumage (m)	даргиронӣ	[dargironi:]
bougie (f) d'allumage	свечаи мошин	[svetʃai moʃin]

borne (f)	пайвандак	[pajvandak]
borne (f) positive	ҷамъ	[dʒam']
borne (f) négative	тарх	[tarh]
fusible (m)	пешгирикунанда	[peʃgirikunanda]

filtre (m) à air	филтри ҳаво	[filtri havo]
filtre (m) à huile	филтри равган	[filtri ravʁan]
filtre (m) à essence	филтри сӯзишворӣ	[filtri sœziʃvori:]

178. La voiture. La réparation

accident (m) de voiture	садама	[sadama]
accident (m) de route	садамаи наклиётӣ	[sadamai naqlijoti:]
percuter contre …	бархӯрдан	[barxœrdan]
s'écraser (vp)	мачрӯх шудан	[madʒrœh ʃudan]
dégât (m)	осеб	[oseb]
intact (adj)	саломат	[salomat]

panne (f)	садама	[sadama]
tomber en panne	шикастан	[ʃikastan]
corde (f) de remorquage	трос	[tros]

crevaison (f)	кафидааст	[kafidaast]
crever (vi) (pneu)	холӣ шудан	[xoli: ʃudan]
gonfler (vt)	дам кардан	[dam kardan]
pression (f)	фишор	[fiʃor]
vérifier (vt)	тафтиш кардан	[taftiʃ kardan]

réparation (f)	таъмир	[ta'mir]
garage (m) (atelier)	автосервис	[avtoservis]
pièce (f) détachée	қисми эҳтиётӣ	[qismi ɛhtijoti:]
pièce (f)	қисм	[qism]

boulon (m)	болт	[bolt]
vis (f)	винт	[vint]
écrou (m)	гайка	[gajka]
rondelle (f)	шайба	[ʃajba]
palier (m)	подшипник	[podʃipnik]

tuyau (m)	найча	[najtʃa]
joint (m)	магзӣ	[maʁzi:]
fil (m)	сим	[sim]

cric (m)	домкрат	[domkrat]
clé (f) de serrage	калиди гайка	[kalidi gajka]
marteau (m)	болгача	[bolʁatʃa]
pompe (f)	насос	[nasos]
tournevis (m)	мурваттоб	[murvattob]
extincteur (m)	оташнишон	[otaʃniʃon]

triangle (m) de signalisation	секунчаи садамавӣ	[sekundʒai sadamavi:]
caler (vi)	аз кор мондан	[az kor mondan]
calage (m)	хомӯш кардан	[χomœʃ kardan]
être en panne	шикастан	[ʃikastan]
surchauffer (vi)	тафсидан	[tafsidan]
se boucher (vp)	аз чирк маҳкам шудан	[az tʃirk mahkam ʃudan]
geler (vi)	ях бастан	[jaχ bastan]
éclater (tuyau, etc.)	кафидан	[kafidan]
pression (f)	фишор	[fiʃor]
niveau (m)	сатҳ	[sath]
lâche (courroie ~)	суст шудааст	[sust ʃudaast]
fosse (f)	пачақ	[patʃaq]
bruit (m) anormal	овоз, садо	[ovoz], [sado]
fissure (f)	тарқиш	[tarqiʃ]
égratignure (f)	харош	[χaroʃ]

179. La voiture. La route

route (f)	роҳ, раҳ	[roh], [rah]
grande route (autoroute)	автомагистрал	[avtomagistral]
autoroute (f)	шоссе	[ʃosse]
direction (f)	самт	[samt]
distance (f)	масофат	[masofat]
pont (m)	пул, кӯпрук	[pul], [kœpruk]
parking (m)	чойи мошинмонӣ	[dʒoji moʃinmoni:]
place (f)	майдон	[majdon]
échangeur (m)	чорсӯ	[tʃorsœ]
tunnel (m)	туннел	[tunnel]
station-service (f)	колонкаи бензингири	[kolonkai benzingiri]
parking (m)	истгоҳи мошинҳо	[istgohi moʃinho]
poste (m) d'essence	бензокалонка	[benzokalonka]
garage (m) (atelier)	автосервис	[avtoservis]
se ravitailler (vp)	пур кардан	[pur kardan]
carburant (m)	сӯзишворӣ	[sœziʃvori:]
jerrycan (m)	канистра	[kanistra]
asphalte (m)	асфалт	[asfalt]
marquage (m)	нишонагузорӣ	[niʃonaguzori:]
bordure (f)	ҳошия, канора	[hoʃija], [kanora]
barrière (f) de sécurité	деворак	[devorak]
fossé (m)	чӯйбор	[dʒœjbor]
bas-côté (m)	канори роҳ	[kanori roh]
réverbère (m)	сутун	[sutun]
conduire (une voiture)	рондан	[rondan]
tourner (~ à gauche)	гардонидан	[gardonidan]
faire un demi-tour	тоб хӯрдан	[tob χœrdan]
marche (f) arrière	ақиб рафтан	[aqib raftan]
klaxonner (vi)	сигнал додан	[signal dodan]

coup (m) de klaxon	бонг	[bong]
s'embourber (vp)	дармондан	[darmondan]
déraper (vi)	андармон шудан	[andarmon ʃudan]
couper (le moteur)	хомӯш кардан	[χomœʃ kardan]

vitesse (f)	суръат	[sur'at]
dépasser la vitesse	суръат баланд кардан	[sur'at baland kardan]
mettre une amende	ҷарима андохтан	[dʒarima andoχtan]
feux (m pl) de circulation	чароғи раҳнамо	[tʃaroʁi rahnamo]
permis (m) de conduire	ҳуҷҷати ронандагӣ	[hudʒdʒati ronandagi:]

passage (m) à niveau	гузаргоҳ	[guzargoh]
carrefour (m)	чорраҳа	[tʃorraha]
passage (m) piéton	гузаргоҳи пиёдагардон	[guzargohi pijɔdagardon]
virage (m)	гардиш	[gardiʃ]
zone (f) piétonne	роҳи пиёдагард	[rohi pijɔdagard]

180. Les panneaux de signalisation

code (m) de la route	қоидаи ҳаракати роҳ	[qoidai harakati roh]
signe (m)	нишонаи роҳ	[niʃonai roh]
dépassement (m)	пешкунӣ	[peʃkuni:]
virage (m)	гардиш	[gardiʃ]
demi-tour (m)	ҳамгашт	[hamgaʃt]
sens (m) giratoire	ҳаракати гирдобагирд	[harakati girdobagird]

sens interdit	даромадан манъ аст	[daromadan man' ast]
circulation interdite	ҳаракат манъ аст	[harakat man' ast]
interdiction de dépasser	пешкунӣ манъ аст	[peʃkuni: man' ast]
stationnement interdit	таваққуф манъ аст	[tavaqquf man' ast]
arrêt interdit	истодан манъ аст	[istodan man' ast]

virage dangereux	хамгашти сахт	[χamgaʃti saχt]
descente dangereuse	нишеби рост	[niʃebi rost]
sens unique	ҳаракати якҷониба	[harakati jakdʒoniba]
passage (m) piéton	гузаргоҳи пиёдагардон	[guzargohi pijɔdagardon]
chaussée glissante	роҳи лағжон	[rohi laʁʒon]
cédez le passage	роҳ додан	[roh dodan]

LES GENS. LES ÉVÉNEMENTS

Les grands événements de la vie

181. Les fêtes et les événements

fête (f)	ид, чашн	[id], [dʒaʃn]
fête (f) nationale	иди миллӣ	[idi milli:]
jour (m) férié	рӯзи ид	[rœzi id]
fêter (vt)	ид кардан	[id kardan]
événement (m) (~ du jour)	воқеа, ҳодиса	[voqea], [hodisa]
événement (m) (soirée, etc.)	чорабинӣ	[ʧorabini:]
banquet (m)	зиёфати бошукӯҳ	[zijɔfati bɔʃukœh]
réception (f)	қабул, зиёфат	[qabul], [zijɔfat]
festin (m)	базм	[bazm]
anniversaire (m)	солгард, солагӣ	[solgard], [solagi:]
jubilé (m)	чашн	[dʒaʃn]
célébrer (vt)	чашн гирифтан	[dʒaʃn giriftan]
Nouvel An (m)	Соли Нав	[soli nav]
Bonne année!	Соли нав муборак!	[soli nav muborak]
Père Noël (m)	Бобои барфӣ	[boboi barfi:]
Noël (m)	Мавлуди Исо	[mavludi iso]
Joyeux Noël!	Иди мавлуд муборак!	[idi mavlud muborak]
arbre (m) de Noël	арчаи солинавӣ	[arʧai solinavi:]
feux (m pl) d'artifice	салют	[saljut]
mariage (m)	тӯй, тӯйи арӯсӣ	[tœj], [tœji arœsi:]
fiancé (m)	домод, домодшаванда	[domod], [domodʃavanda]
fiancée (f)	арӯс	[arœs]
inviter (vt)	даъват кардан	[da'vat kardan]
lettre (f) d'invitation	даъватнома	[da'vatnoma]
invité (m)	меҳмон	[mehmon]
visiter (~ les amis)	ба меҳмонӣ рафтан	[ba mehmoni: raftan]
accueillir les invités	қабули меҳмонҳо	[qabuli mehmonho]
cadeau (m)	тӯҳфа	[tœhfa]
offrir (un cadeau)	бахшидан	[baχʃidan]
recevoir des cadeaux	тухфа гирифтан	[tuhfa giriftan]
bouquet (m)	дастаи гул	[dastai gul]
félicitations (f pl)	муборакбод	[muborakbod]
féliciter (vt)	муборакбод гуфтан	[muborakbod guftan]
carte (f) de veux	аткриткаи табрикӣ	[atkritkai tabriki:]

| envoyer une carte | фиристодани аткритка | [firistodani atkritka] |
| recevoir une carte | аткритка гирифтан | [atkritka giriftan] |

toast (m)	нӯшбод	[nœʃbod]
offrir (un verre, etc.)	зиёфат кардан	[zijɔfat kardan]
champagne (m)	шампан	[ʃampan]

s'amuser (vp)	хурсандӣ кардан	[xursandi: kardan]
gaieté (f)	шодӣ, хурсандӣ	[ʃodi:], [xursandi:]
joie (f) (émotion)	шодӣ	[ʃodi:]

| danse (f) | ракс | [raks] |
| danser (vi, vt) | рақсидан | [raqsidan] |

| valse (f) | валс | [vals] |
| tango (m) | танго | [tango] |

182. L'enterrement. Le deuil

cimetière (m)	гӯристон, қабристон	[gœriston], [qabriston]
tombe (f)	гӯр, кабр	[gœr], [kabr]
croix (f)	салиб	[salib]
pierre (f) tombale	санги қабр	[sangi qabr]
clôture (f)	панҷара	[pandʒara]
chapelle (f)	калисои хурд	[kalisoi xurd]

mort (f)	марг	[marg]
mourir (vi)	мурдан	[murdan]
défunt (m)	раҳматӣ	[rahmati:]
deuil (m)	мотам	[motam]

enterrer (vt)	гӯр кардан	[gœr kardan]
maison (f) funéraire	бюрои дафнкунӣ	[bjuroi dafnkuni:]
enterrement (m)	дафн, ҷаноза	[dafn], [dʒanoza]
couronne (f)	гулчанбар	[gultʃanbar]
cercueil (m)	тобут	[tobut]
corbillard (m)	аробаи тобуткашӣ	[arobai tobutkaʃʃ]
linceul (m)	кафан	[kafan]

| cortège (m) funèbre | чараёни дафнкунӣ | [dʒarajoni dafnkuni:] |
| urne (f) funéraire | зарфи хокистари мурдаи сӯзондашуда | [zarfi xokistari murdai sœzondaʃuda] |

| crématoire (m) | хонаи мурдасӯзӣ | [xonai murdasœzi:] |

nécrologue (m)	таъзиянома	[ta'zijanoma]
pleurer (vi)	гиря кардан	[girja kardan]
sangloter (vi)	нолидан	[nolidan]

183. La guerre. Les soldats

| section (f) | взвод | [vzvod] |
| compagnie (f) | рота | [rota] |

régiment (m)	полк	[polk]
armée (f)	армия, қӯшун	[armija], [qœʃun]
division (f)	дивизия	[divizija]

| détachement (m) | даста | [dasta] |
| armée (f) (Moyen Âge) | қӯшун | [qœʃun] |

| soldat (m) (un militaire) | аскар | [askar] |
| officier (m) | афсар | [afsar] |

soldat (m) (grade)	аскари қаторӣ	[askari qatori:]
sergent (m)	сержант	[serʒant]
lieutenant (m)	лейтенант	[lejtenant]

capitaine (m)	капитан	[kapitan]
commandant (m)	майор	[major]
colonel (m)	полковник	[polkovnik]
général (m)	генерал	[general]

marin (m)	баҳрчӣ	[bahrʧi:]
capitaine (m)	капитан	[kapitan]
maître (m) d'équipage	ботсман	[botsman]

artilleur (m)	артиллерися	[artillerisja]
parachutiste (m)	десантчӣ	[desantʧi:]
pilote (m)	лётчик	[ljotʧik]
navigateur (m)	штурман	[ʃturman]
mécanicien (m)	механик	[meχanik]

démineur (m)	сапёр	[sapjor]
parachutiste (m)	парашютчӣ	[paraʃjutʧi:]
éclaireur (m)	разведкачӣ	[razvedkaʧi:]
tireur (m) d'élite	мерган	[mergan]

patrouille (f)	посбон	[posbon]
patrouiller (vi)	посбонӣ кардан	[posboni: kardan]
sentinelle (f)	посбон	[posbon]

guerrier (m)	ҷанговар, аскар	[dʒangovar], [askar]
héros (m)	қаҳрамон	[qahramon]
héroïne (f)	қаҳрамонзан	[qahramonzan]
patriote (m)	ватандӯст	[vatandœst]

| traître (m) | хоин, хиёнаткор | [χoin], [χijɔnatkor] |
| trahir (vt) | хиёнат кардан | [χijɔnat kardan] |

| déserteur (m) | гуреза, фирорӣ | [gureza], [firori:] |
| déserter (vt) | фирор кардан | [firor kardan] |

mercenaire (m)	зархарид	[zarχarid]
recrue (f)	аскари нав	[askari nav]
volontaire (m)	довталаб	[dovtalab]

mort (m)	кушташуда	[kuʃtaʃuda]
blessé (m)	захмдор	[zaχmdor]
prisonnier (m) de guerre	асир	[asir]

184. La guerre. Partie 1

guerre (f)	чанг	[ʤang]
faire la guerre	чангидан	[ʤangidan]
guerre (f) civile	чанги граждани̊	[ʤangi graʒdani:]
perfidement (adv)	ахдшиканона	[ahdʃikanona]
déclaration (f) de guerre	эълони чанг	[ɛ'loni ʤang]
déclarer (la guerre)	эълон кардан	[ɛ'lon kardan]
agression (f)	тачовуз, агрессия	[taʤovuz], [agressija]
attaquer (~ un pays)	хучум кардан	[huʤum kardan]
envahir (vt)	забт кардан	[zabt kardan]
envahisseur (m)	забткунанда	[zabtkunanda]
conquérant (m)	забткунанда	[zabtkunanda]
défense (f)	мудофиа	[mudofia]
défendre (vt)	мудофиа кардан	[mudofia kardan]
se défendre (vp)	худро мудофиа кардан	[χudro mudofia kardan]
ennemi (m)	душман	[duʃman]
adversaire (m)	рақиб	[raqib]
ennemi (adj) (territoire ~)	... и душман	[i duʃman]
stratégie (f)	стратегия	[strategija]
tactique (f)	тактика	[taktika]
ordre (m)	фармон	[farmon]
commande (f)	фармон	[farmon]
ordonner (vt)	фармон додан	[farmon dodan]
mission (f)	супориш	[suporiʃ]
secret (adj)	пинхони̊	[pinhoni:]
bataille (f)	чанг	[ʤang]
combat (m)	мухориба	[muhoriba]
attaque (f)	хамла	[hamla]
assaut (m)	хучум	[huʤum]
prendre d'assaut	хучуми қатъи̊ кардан	[huʤumi qat'i: kardan]
siège (m)	мухосира	[muhosira]
offensive (f)	хучум	[huʤum]
passer à l'offensive	хучум кардан	[huʤum kardan]
retraite (f)	ақибнишини̊	[aqibniʃini:]
faire retraite	ақиб гаштан	[aqib gaʃtan]
encerclement (m)	мухосира, ихота	[muhosira], [ihota]
encercler (vt)	мухосира кардан	[muhosira kardan]
bombardement (m)	бомбаандози̊	[bombaandozi:]
lancer une bombe	бомба партофтан	[bomba partoftan]
bombarder (vt)	бомбаборон кардан	[bombaboron kardan]
explosion (f)	таркиш, таркидан	[tarkiʃ], [tarkidan]
coup (m) de feu	тир, тирпаррони̊	[tir], [tirparroni:]

tirer un coup de feu	тир паррондан	[tir parrondan]
fusillade (f)	тирпарронӣ	[tirparroni:]
viser ... (cible)	нишон гирифтан	[niʃon giriftan]
pointer (sur ...)	рост кардан	[rost kardan]
atteindre (cible)	задан	[zadan]
faire sombrer	ғарқ кардан	[ʁarq kardan]
trou (m) (dans un bateau)	сӯрох	[sœroχ]
sombrer (navire)	ғарқ шудан	[ʁarq ʃudan]
front (m)	фронт, ҷабха	[front], [dʒabχa]
évacuation (f)	тахлия	[taχlija]
évacuer (vt)	тахлия кардан	[taχlija kardan]
tranchée (f)	хандақ	[χandaq]
barbelés (m pl)	симхор	[simχor]
barrage (m) (~ antichar)	садд	[sadd]
tour (f) de guet	бурчи дидбонӣ	[burtʃi didboni:]
hôpital (m)	беморхонаи ҳарбӣ	[bemorχonai harbi:]
blesser (vt)	захмдор кардан	[zaχmdor kardan]
blessure (f)	захм, реш	[zaχm], [reʃ]
blessé (m)	захмдор	[zaχmdor]
être blessé	захм бардоштан	[zaχm bardoʃtan]
grave (blessure)	вазнин	[vaznin]

185. La guerre. Partie 2

captivité (f)	асирӣ	[asiri:]
captiver (vt)	асир гирифтан	[asir giriftan]
être prisonnier	дар асирӣ будан	[dar asiri; budan]
être fait prisonnier	асир афтидан	[asir aftidan]
camp (m) de concentration	лагери консентратсионӣ	[lageri konsentratsioni:]
prisonnier (m) de guerre	асир	[asir]
s'enfuir (vp)	гурехтан	[gureχtan]
trahir (vt)	хиёнат кардан	[χijɔnat kardan]
traître (m)	хоин, хиёнаткор	[χoin], [χijɔnatkor]
trahison (f)	хиёнат, хоинӣ	[χijɔnat], [χoini:]
fusiller (vt)	тирборон кардан	[tirboron kardan]
fusillade (f) (exécution)	тирборон	[tirboron]
équipement (m) (uniforme, etc.)	либоси ҳарбӣ	[libosi harbi:]
épaulette (f)	пагон	[pagon]
masque (m) à gaz	ниқоби зидди газ	[niqobi ziddi gaz]
émetteur (m) radio	ратсия	[ratsija]
chiffre (m) (code)	рамз	[ramz]
conspiration (f)	пинҳонкунӣ	[pinhonkuni:]
mot (m) de passe	рамз	[ramz]

mine (f) terrestre	мина	[mina]
miner (poser des mines)	мина гузоштан	[mina guzoʃtan]
champ (m) de mines	майдони минадор	[majdoni minador]

alerte (f) aérienne	бонги хатари ҳавой	[bongi χatari havoi:]
signal (m) d'alarme	бонги хатар	[bongi χatar]
signal (m)	бонг, ишорат	[bong], [iʃorat]
fusée signal (f)	ракетаи хабардиҳанда	[raketai χabardihanda]

état-major (m)	штаб	[ʃtab]
reconnaissance (f)	разведкачиён	[razvedkatʃijon]
situation (f)	вазъият	[vaz'ijat]
rapport (m)	гузориш, рапорт	[guzoriʃ], [raport]
embuscade (f)	камин	[kamin]
renfort (m)	мадади ҳарбӣ	[madadi harbi:]

cible (f)	ҳадаф, нишон	[hadaf], [niʃon]
polygone (m)	майдони тирандозӣ	[majdoni tirandozi:]
manœuvres (f pl)	манёвр	[manjovr]

panique (f)	воҳима	[vohima]
dévastation (f)	хародӣ	[χarodi:]
destructions (f pl) (ruines)	харобазор	[χarobazor]
détruire (vt)	харод кардан	[χarod kardan]

survivre (vi)	зинда мондан	[zinda mondan]
désarmer (vt)	беярок кардан	[bejarok kardan]
manier (une arme)	кор фармудан	[kor farmudan]

| Garde-à-vous! Fixe! | Ором! | [orom] |
| Repos! | Озод! | [ozod] |

exploit (m)	корнома	[kornoma]
serment (m)	қасам	[qasam]
jurer (de faire qch)	қасам хурдан	[qasam χurdan]

décoration (f)	мукофот	[mukofot]
décorer (de la médaille)	мукофот додан	[mukofot dodan]
médaille (f)	медал	[medal]
ordre (m) (~ du Mérite)	орден, нишон	[orden], [niʃon]

victoire (f)	ғалаба	[ʁalaba]
défaite (f)	шикаст хӯрдан	[ʃikast χœrdan]
armistice (m)	сулҳи муваққати	[sulhi muvakqati]

drapeau (m)	байрақ	[bajraq]
gloire (f)	шараф, шӯҳрат	[ʃaraf], [ʃœhrat]
défilé (m)	расмигузашт	[rasmiguzaʃt]
marcher (défiler)	қадамзании низомӣ	[qadamzani:i nizomi:]

186. Les armes

| arme (f) | яроқ, силоҳ | [jaroq], [siloh] |
| armes (f pl) à feu | аслиҳаи оташфишон | [aslihai otaʃfiʃon] |

armes (f pl) blanches	яроқи беоташ	[jaroqi beotaʃ]
arme (f) chimique	силоҳи химиявӣ	[silohi ҳimijavi:]
nucléaire (adj)	… и ядро, ядрой	[i jadro], [jadroi:]
arme (f) nucléaire	аслиҳаи ядрой	[aslihai jadroi:]
bombe (f)	бомба	[bomba]
bombe (f) atomique	бомбаи атомӣ	[bombai atomi:]
pistolet (m)	тапонча	[tapontʃa]
fusil (m)	милтиқ	[miltiq]
mitraillette (f)	автомат	[avtomat]
mitrailleuse (f)	пулемёт	[pulemjot]
bouche (f)	даҳони мил	[dahoni mil]
canon (m)	мил	[mil]
calibre (m)	калибр	[kalibr]
gâchette (f)	куланги силоҳи оташфишон	[kulangi silohi otaʃfiʃon]
mire (f)	нишон	[niʃon]
magasin (m)	тирдон	[tirdon]
crosse (f)	қундоқ	[qundoq]
grenade (f) à main	гранатаи дастӣ	[granatai dasti:]
explosif (m)	моддаи тарканда	[moddai tarkanda]
balle (f)	тир	[tir]
cartouche (f)	тир	[tir]
charge (f)	заряд	[zarjad]
munitions (f pl)	лавозимоти ҷангӣ	[lavozimoti dʒangi:]
bombardier (m)	самолёти бомбаандоз	[samoljoti bombaandoz]
avion (m) de chasse	қиркунанда	[qirkunanda]
hélicoptère (m)	вертолёт	[vertoljot]
pièce (f) de D.C.A.	тӯпи зенитӣ	[tœpi zeniti:]
char (m)	танк	[tank]
canon (m) d'un char	тӯп	[tœp]
artillerie (f)	артиллерия	[artillerija]
canon (m)	тӯп	[tœp]
pointer (~ l'arme)	рост кардан	[rost kardan]
obus (m)	тир, тири тӯп	[tir], [tiri tœp]
obus (m) de mortier	минаи миномёт	[minai minomjot]
mortier (m)	миномёт	[minomjot]
éclat (m) d'obus	тикка	[tikka]
sous-marin (m)	киштии зериобӣ	[kiʃti:i zeriobi:]
torpille (f)	торпеда	[torpeda]
missile (m)	ракета	[raketa]
charger (arme)	тир пур кардан	[tir pur kardan]
tirer (vi)	тир задан	[tir zadan]
viser … (cible)	нишон гирифтан	[niʃon giriftan]
baïonnette (f)	найза	[najza]

épée (f)	шамшер	[ʃamʃer]
sabre (m)	шамшер, шоф	[ʃamʃer], [ʃof]
lance (f)	найза	[najza]
arc (m)	камон	[kamon]
flèche (f)	тир	[tir]
mousquet (m)	туфанг	[tufang]
arbalète (f)	камон, камонғӯлак	[kamon], [kamonʁœlak]

187. Les hommes préhistoriques

primitif (adj)	ибтидой	[ibtidoi:]
préhistorique (adj)	пеш аз таърих	[peʃ az ta'riχ]
ancien (adj)	қадим	[qadim]

Âge (m) de pierre	Асри сангин	[asri sangin]
Âge (m) de bronze	Давраи биринҷӣ	[davrai birindʒi:]
période (f) glaciaire	Давраи яхбандӣ	[davrai jaχbandi:]

tribu (f)	қабила	[qabila]
cannibale (m)	одамхӯр	[odamχœr]
chasseur (m)	шикорчӣ	[ʃikortʃi:]
chasser (vi, vt)	шикор кардан	[ʃikor kardan]
mammouth (m)	мамонт	[mamont]

caverne (f)	ғор	[ʁor]
feu (m)	оташ	[otaʃ]
feu (m) de bois	гулхан	[gulχan]
dessin (m) rupestre	нақшхои рӯйи санг	[naqʃhoi rœji sang]

outil (m)	олати меҳнат	[olati mehnat]
lance (f)	найза	[najza]
hache (f) en pierre	табари сангин	[tabari sangin]
faire la guerre	ҷангидан	[dʒangidan]
domestiquer (vt)	дастомӯз кардан	[dastomœz kardan]

idole (f)	бут, санам	[but], [sanam]
adorer, vénérer (vt)	парастидан	[parastidan]
superstition (f)	хурофот	[χurofot]
rite (m)	расм, маросим	[rasm], [marosim]

| évolution (f) | таҳаввул | [tahavvul] |
| développement (m) | пешравӣ | [peʃravi:] |

| disparition (f) | нест шудан | [nest ʃudan] |
| s'adapter (vp) | мувофиқат кардан | [muvofiqat kardan] |

archéologie (f)	археология	[arχeologija]
archéologue (m)	археолог	[arχeolog]
archéologique (adj)	археологӣ	[arχeologi:]

site (m) d'excavation	ҳафриёт	[hafrijot]
fouilles (f pl)	ҳафриёт	[hafrijot]
trouvaille (f)	бозёфт	[bozjoft]
fragment (m)	порча	[portʃa]

188. Le Moyen Âge

peuple (m)	халқ	[χalq]
peuples (m pl)	халқхо	[χalqho]
tribu (f)	қабила	[qabila]
tribus (f pl)	қабилаҳо	[qabilaho]
Barbares (m pl)	барбарҳо	[barbarho]
Gaulois (m pl)	галлхо	[gallho]
Goths (m pl)	готҳо	[gotho]
Slaves (m pl)	сақлоб	[saqlob]
Vikings (m pl)	викингхо	[vikingho]
Romains (m pl)	румиҳо	[rumiho]
romain (adj)	... и Рим, римӣ	[i rim], [rimi:]
byzantins (m pl)	византиягихо	[vizantijagiho]
Byzance (f)	Византия	[vizantija]
byzantin (adj)	византиягӣ	[vizantijagi:]
empereur (m)	император	[imperator]
chef (m)	пешво, роҳбар	[peʃvo], [rohbar]
puissant (adj)	тавоно	[tavono]
roi (m)	шоҳ	[ʃoh]
gouverneur (m)	ҳукмдор	[hukmdor]
chevalier (m)	баҳодур	[bahodur]
féodal (m)	феодал	[feodal]
féodal (adj)	феодалӣ	[feodali:]
vassal (m)	вассал	[vassal]
duc (m)	гертсог	[gertsog]
comte (m)	граф	[graf]
baron (m)	барон	[baron]
évêque (m)	епископ	[episkop]
armure (f)	либосу аслиҳаи чангӣ	[libosu aslihai tʃangi:]
bouclier (m)	сипар	[sipar]
glaive (m)	шамшер	[ʃamʃer]
visière (f)	рӯйпӯши тоскулоҳ	[rœjpœʃi toskuloh]
cotte (f) de mailles	зиреҳ	[zireh]
croisade (f)	юриши салибдорон	[juriʃi salibdoron]
croisé (m)	салибдор	[salibdor]
territoire (m)	хок	[χok]
attaquer (~ un pays)	ҳучум кардан	[hudʒum kardan]
conquérir (vt)	забт кардан	[zabt kardan]
occuper (envahir)	ғасб кардан	[ʁasb kardan]
siège (m)	муҳосира	[muhosira]
assiégé (adj)	муҳосирашуда	[muhosiraʃuda]
assiéger (vt)	муҳосира кардан	[muhosira kardan]
inquisition (f)	инквизитсия	[inkvizitsija]
inquisiteur (m)	инквизитор	[inkvizitor]

torture (f)	шиканҷа	[ʃikandʒa]
cruel (adj)	бераҳм	[berahm]
hérétique (m)	бидъаткор	[bid'atkor]
hérésie (f)	бидъат	[bid'at]
navigation (f) en mer	баҳрнавардй	[bahrnavardi:]
pirate (m)	роҳзани баҳрй	[rohzani bahri:]
piraterie (f)	роҳзании баҳрй	[rohzani:i bahri:]
abordage (m)	абордаж	[abordaʒ]
butin (m)	сайд, ғанимат	[sajd], [ʁanimat]
trésor (m)	ганҷ	[gandʒ]
découverte (f)	кашф	[kaʃf]
découvrir (vt)	кашф кардан	[kaʃf kardan]
expédition (f)	экспедитсия	[ɛkspeditsija]
mousquetaire (m)	туфангдор	[tufangdor]
cardinal (m)	кардинал	[kardinal]
héraldique (f)	гербшиносй	[gerbʃinosi:]
héraldique (adj)	... и гербшиносй	[i gerbʃinosi:]

189. Les dirigeants. Les responsables. Les autorités

roi (m)	шоҳ	[ʃoh]
reine (f)	малика	[malika]
royal (adj)	шоҳй, ... и шоҳ	[ʃohi:], [i ʃoh]
royaume (m)	шоҳигарй	[ʃohigari:]
prince (m)	шоҳзода	[ʃohzoda]
princesse (f)	шоҳдухтар	[ʃohduҳtar]
président (m)	президент	[prezident]
vice-président (m)	ноиб-президент	[noib-prezident]
sénateur (m)	сенатор	[senator]
monarque (m)	монарх, подшоҳ	[monarχ], [podʃoh]
gouverneur (m)	ҳукмдор	[hukmdor]
dictateur (m)	ҳукмфармо	[hukmfarmo]
tyran (m)	мустабид	[mustabid]
magnat (m)	магнат	[magnat]
directeur (m)	директор, мудир	[direktor], [mudir]
chef (m)	сардор	[sardor]
gérant (m)	идоракунанда	[idorakunanda]
boss (m)	хӯҷаин, саркор	[χœdʒain], [sarkor]
patron (m)	соҳиб, хӯҷаин	[sohib], [χœdʒain]
leader (m)	сарвар, роҳбар	[sarvar], [rohbar]
chef (m) (~ d'une délégation)	сардор	[sardor]
autorités (f pl)	ҳукумат	[hukumat]
supérieurs (m pl)	сардорон	[sardoron]
gouverneur (m)	губернатор	[gubernator]
consul (m)	консул	[konsul]

diplomate (m)	дипломат	[diplomat]
maire (m)	мир	[mir]
shérif (m)	шериф	[ʃerif]

empereur (m)	император	[imperator]
tsar (m)	шоҳ	[ʃoh]
pharaon (m)	фиръавн	[fir'avn]
khan (m)	хон	[χon]

190. L'itinéraire. La direction. Le chemin

| route (f) | роҳ, раҳ | [roh], [rah] |
| voie (f) | роҳ | [roh] |

autoroute (f)	шоссе	[ʃosse]
grande route (autoroute)	автомагистрал	[avtomagistral]
route (f) nationale	роҳи миллӣ	[rohi milli:]

| route (f) principale | роҳи асосӣ | [rohi asosi:] |
| route (f) de campagne | роҳи деҳот | [rohi dehot] |

| chemin (m) (sentier) | пайраҳа | [pajraha] |
| sentier (m) | пайраҳа | [pajraha] |

Où?	Дар кучо?	[dar kudʒo]
Où? (~ vas-tu?)	Кучо?	[kudʒo]
D'où?	Аз кучо?	[az kudʒo]

| direction (f) | самт | [samt] |
| indiquer (le chemin) | нишон додан | [niʃon dodan] |

à gauche (tournez ~)	ба тарафи чап	[ba tarafi tʃap]
à droite (tournez ~)	ба тарафи рост	[ba tarafi rost]
tout droit (adv)	рост	[rost]
en arrière (adv)	ақиб	[aqib]

virage (m)	гардиш	[gardiʃ]
tourner (~ à gauche)	гардонидан	[gardonidan]
faire un demi-tour	тоб хӯрдан	[tob χœrdan]

| se dessiner (vp) | намоён будан | [namojon budan] |
| apparaître (vi) | намудор шудан | [namudor ʃudan] |

halte (f)	истгоҳ	[istgoh]
se reposer (vp)	истироҳат кардан	[istirohat kardan]
repos (m)	истироҳат	[istirohat]

s'égarer (vp)	роҳ гум кардан	[roh gum kardan]
mener à … (le chemin)	бурдан ба	[burdan ba]
arriver à …	баромадан ба …	[baromadan ba]
tronçon (m) (de chemin)	қисм, қитъа	[qism], [qit'a]

| asphalte (m) | асфалт | [asfalt] |
| bordure (f) | ҳошия, канора | [hoʃija], [kanora] |

fossé (m)	чӯй	[ʤœj]
bouche (f) d'égout	люк	[ljuk]
bas-côté (m)	канори роҳ	[kanori roh]
nid-de-poule (m)	чуқурй	[tʃuquri:]

| aller (à pied) | рафтан | [raftan] |
| dépasser (vt) | пеш карда гузаштан | [peʃ karda guzaʃtan] |

| pas (m) | кадам | [kadam] |
| à pied | пои пиёда | [poi pijɔda] |

barrer (vt)	банд кардан	[band kardan]
barrière (f)	ғав	[ʁav]
impasse (f)	кӯчаи бумбаста	[kœtʃai bumbasta]

191. Les crimes. Les criminels. Partie 1

bandit (m)	роҳзан	[rohzan]
crime (m)	ҷиноят	[ʤinojat]
criminel (m)	ҷинояткор	[ʤinojatkor]

voleur (m)	дузд	[duzd]
voler (qch à qn)	дуздидан	[duzdidan]
vol (m) (activité)	дуздй	[duzdi:]
vol (m) (~ à la tire)	ғорат	[ʁorat]

kidnapper (vt)	дуздидан	[duzdidan]
kidnapping (m)	одамдуздй	[odamduzdi:]
kidnappeur (m)	одамдузд	[odamduzd]

| rançon (f) | фидия | [fidija] |
| exiger une rançon | фидия талаб кардан | [fidija talab kardan] |

cambrioler (vt)	ғорат кардан	[ʁorat kardan]
cambriolage (m)	ғорат	[ʁorat]
cambrioleur (m)	ғоратгар	[ʁoratgar]

extorquer (vt)	тамаъ ҷустан	[tama' ʤustan]
extorqueur (m)	тамаъкор	[tama'kor]
extorsion (f)	тамаъҷӯй	[tama'ʤœi:]

tuer (vt)	куштан	[kuʃtan]
meurtre (m)	қатл, куштор	[qatl], [kuʃtor]
meurtrier (m)	кушанда	[kuʃanda]

coup (m) de feu	тир, тирпарронй	[tir], [tirparroni:]
tirer un coup de feu	тир паррондан	[tir parrondan]
abattre (par balle)	паррондан	[parrondan]
tirer (vi)	тир задан	[tir zadan]
coups (m pl) de feu	тирандозй	[tirandozi:]

incident (m)	ҳодиса	[hodisa]
bagarre (f)	занозанй	[zanozani:]
Au secours!	Ёри диҳед!	[jori dihed]

victime (f)	қурбонй, қурбон	[qurboni:], [qurbon]
endommager (vt)	осеб расонидан	[oseb rasonidan]
dommage (m)	зарар	[zarar]
cadavre (m)	ҷасад	[dʒasad]
grave (~ crime)	вазнин	[vaznin]

attaquer (vt)	ҳуҷум кардан	[hudʒum kardan]
battre (frapper)	задан	[zadan]
passer à tabac	лату кӯб кардан	[latu kœb kardan]
prendre (voler)	кашида гирифтан	[kaʃida giriftan]
poignarder (vt)	сар буридан	[sar buridan]
mutiler (vt)	маъюб кардан	[ma'jub kardan]
blesser (vt)	захмдор кардан	[zaχmdor kardan]

chantage (m)	таҳдид	[tahdid]
faire chanter	таҳдид кардан	[tahdid kardan]
maître (m) chanteur	таҳдидгар	[tahdidgar]

racket (m) de protection	рэкет	[rɛket]
racketteur (m)	рэкетчй	[rɛkettʃi:]
gangster (m)	роҳзан, ғоратгар	[rohzan], [ʁoratgar]
mafia (f)	мафия	[mafija]

pickpocket (m)	кисабур	[kisabur]
cambrioleur (m)	дузди қулфшикан	[duzdi qulfʃikan]
contrebande (f) (trafic)	қочоқчигй	[qotʃoqtʃigi:]
contrebandier (m)	қочоқчй	[qotʃoqtʃi:]

contrefaçon (f)	сохтакорй	[soχtakori:]
falsifier (vt)	сохтакорй кардан	[soχtakori: kardan]
faux (falsifié)	қалбақӣ	[qalbaqi:]

192. Les crimes. Les criminels. Partie 2

viol (m)	таҷовуз ба номус	[tadʒovuz ba nomus]
violer (vt)	ба номус таҷовуз кардан	[ba nomus tadʒovuz kardan]
violeur (m)	зӯрикунанда	[zœrikunanda]
maniaque (m)	васвосй, савдой	[vasvosi:], [savdoi:]

prostituée (f)	фоҳиша	[fohiʃa]
prostitution (f)	фоҳишагй	[fohiʃagi:]
souteneur (m)	занҷаллоб	[zandʒallob]

| drogué (m) | нашъаманд | [naʃ'amand] |
| trafiquant (m) de drogue | нашъаҷаллоб | [naʃ'adʒallob] |

faire exploser	таркондан	[tarkondan]
explosion (f)	таркиш, таркидан	[tarkiʃ], [tarkidan]
mettre feu	оташ задан	[otaʃ zadan]
incendiaire (m)	оташзананда	[otaʃzananda]

terrorisme (m)	терроризм	[terrorizm]
terroriste (m)	террорчй	[terrortʃi:]
otage (m)	шахси гаравй, гаравгон	[ʃaχsi garavi:], [garavgon]

escroquer (vt)	фиреб додан, фирефтан	[fireb dodan], [fireftan]
escroquerie (f)	фиреб	[fireb]
escroc (m)	фиребгар	[firebgar]

soudoyer (vt)	пора додан	[pora dodan]
corruption (f)	пора додан	[pora dodan]
pot-de-vin (m)	пора, ришва	[pora], [riʃva]

poison (m)	заҳр	[zahr]
empoisonner (vt)	заҳр додан	[zahr dodan]
s'empoisonner (vp)	заҳр хӯрдан	[zahr xœrdan]

| suicide (m) | худкушӣ | [χudkuʃi:] |
| suicidé (m) | худкуш | [χudkuʃ] |

menacer (vt)	дӯғ задан	[dœʁ zadan]
menace (f)	дӯғ, пӯписа	[dœʁ], [pœpisa]
attenter (vt)	суиқасд кардан	[suiqasd kardan]
attentat (m)	суиқасд	[suiqasd]

| voler (un auto) | дуздидан | [duzdidan] |
| détourner (un avion) | дуздидан | [duzdidan] |

| vengeance (f) | интиқом | [intiqom] |
| se venger (vp) | интиқом гирифтан | [intiqom giriftan] |

torturer (vt)	шиканҷа кардан	[ʃikandʒa kardan]
torture (f)	шиканҷа	[ʃikandʒa]
tourmenter (vt)	азоб додан	[azob dodan]

pirate (m)	роҳзани баҳрӣ	[rohzani bahri:]
voyou (m)	бадахлоқ	[badaχloq]
armé (adj)	мусаллаҳ	[musallah]
violence (f)	таҷовуз	[tadʒovuz]
illégal (adj)	ғайрилегалӣ	[ʁajrilegali:]

| espionnage (m) | ҷосусӣ | [dʒosusi:] |
| espionner (vt) | ҷосусӣ кардан | [dʒosusi: kardan] |

193. La police. La justice. Partie 1

| justice (f) | адлия | [adlija] |
| tribunal (m) | суд | [sud] |

juge (m)	довар	[dovar]
jury (m)	суди халқӣ	[sudi χalqi:]
cour (f) d'assises	суди касамиён	[sudi kasamijɔn]
juger (vt)	суд кардан	[sud kardan]

avocat (m)	адвокат, ҳимоягар	[advokat], [himojagar]
accusé (m)	айбдор	[ajbdor]
banc (m) des accusés	курсии судшаванда	[kursi:i sudʃavanda]
inculpation (f)	айбдоркунӣ	[ajbdorkuni:]
inculpé (m)	айбдоршаванда	[ajbdorʃavanda]

condamnation (f)	хукм, хукмнома	[hukm], [hukmnoma]
condamner (vt)	хукм кардан	[hukm kardan]
coupable (m)	гунаҳкор, айбдор	[gunahkor], [ajbdor]
punir (vt)	ҷазо додан	[dʒazo dodan]
punition (f)	ҷазо	[dʒazo]
amende (f)	ҷарима	[dʒarima]
détention (f) à vie	ҳабси якумрӣ	[habsi jakumri:]
peine (f) de mort	ҷазои қатл	[dʒazoi qatl]
chaise (f) électrique	курсии барқӣ	[kursi:i barqi:]
potence (f)	дор	[dor]
exécuter (vt)	қатл кардан	[qatl kardan]
exécution (f)	хукми куш	[hukmi kuʃ]
prison (f)	маҳбас	[mahbas]
cellule (f)	камера	[kamera]
escorte (f)	қаравулон	[qaravulon]
gardien (m) de prison	назоратчии ҳабсхона	[nazoratʧi:i habsχona]
prisonnier (m)	маҳбус	[mahbus]
menottes (f pl)	дастбанд	[dastband]
mettre les menottes	ба даст кишан андохтан	[ba dast kiʃan andoχtan]
évasion (f)	гурез	[gurez]
s'évader (vp)	гурехтан	[gureχtan]
disparaître (vi)	гум шудан	[gum ʃudan]
libérer (vt)	озод кардан	[ozod kardan]
amnistie (f)	амнистия, афви умумӣ	[amnistija], [afvi umumi:]
police (f)	полис	[polis]
policier (m)	полис	[polis]
commissariat (m) de police	милисахона	[milisaχona]
matraque (f)	чӯбдасти резинӣ	[ʧœbdasti rezini:]
haut parleur (m)	баландгӯяк	[balandgœjak]
voiture (f) de patrouille	мошини дидбонӣ	[moʃini didboni:]
sirène (f)	бурғу	[burʁu]
enclencher la sirène	даргиронидани сирена	[dargironidani sirena]
hurlement (m) de la sirène	хуввоси сирена	[huvvosi sirena]
lieu (m) du crime	ҷойи ҷиноят	[dʒoji dʒinojat]
témoin (m)	шоҳид	[ʃohid]
liberté (f)	озодӣ	[ozodi:]
complice (m)	шарик	[ʃarik]
s'enfuir (vp)	паноҳ шудан	[panoh ʃudan]
trace (f)	пай	[paj]

194. La police. La justice. Partie 2

recherche (f)	ҷустуҷӯ	[dʒustudʒœ]
rechercher (vt)	ҷустуҷӯ кардан	[dʒustudʒœ kardan]

suspicion (f)	шубха	[ʃubha]
suspect (adj)	шубханок	[ʃubhanok]
arrêter (dans la rue)	нигох доштан	[nigoh doʃtan]
détenir (vt)	дастгир кардан	[dastgir kardan]
affaire (f) (~ pénale)	кори чиноятӣ	[kori dʒinojati:]
enquête (f)	тафтиш	[taftiʃ]
détective (m)	муфаттиши махфӣ	[mufattiʃi maχfi:]
enquêteur (m)	муфаттиш	[mufattiʃ]
hypothèse (f)	версия	[versija]
motif (m)	ангеза	[angeza]
interrogatoire (m)	истинток кардан	[istintok kardan]
interroger (vt)	истинток	[istintok]
interroger (~ les voisins)	райпурсӣ кардан	[rajpursi: kardan]
inspection (f)	тафтиш	[taftiʃ]
rafle (f)	мухосира,ихота	[muhosira,ihota]
perquisition (f)	кофтуков	[koftukov]
poursuite (f)	таъқиб	[ta'qib]
poursuivre (vt)	таъқиб кардан	[ta'qib kardan]
dépister (vt)	поидан	[poidan]
arrestation (f)	хабс	[habs]
arrêter (vt)	хабс кардан	[habs kardan]
attraper (~ un criminel)	дастгир кардан	[dastgir kardan]
capture (f)	дастгир карданӣ	[dastgir kardani:]
document (m)	хуччат, санад	[hudʒdʒat], [sanad]
preuve (f)	исбот	[isbot]
prouver (vt)	исбот кардан	[isbot kardan]
empreinte (f) de pied	из, пай	[iz], [paj]
empreintes (f pl) digitales	нақши ангуштон	[naqʃi anguʃton]
élément (m) de preuve	далел	[dalel]
alibi (m)	алиби	[alibi]
innocent (non coupable)	бегунох, беайб	[begunoh], [beajb]
injustice (f)	беадолатӣ	[beadolati:]
injuste (adj)	беинсоф	[beinsof]
criminel (adj)	чиноятӣ	[dʒinojati:]
confisquer (vt)	мусодира кардан	[musodira kardan]
drogue (f)	маводи нашъадор	[mavodi naʃ'ador]
arme (f)	яроқ	[jaroq]
désarmer (vt)	беярок кардан	[bejarok kardan]
ordonner (vt)	фармон додан	[farmon dodan]
disparaître (vi)	гум шудан	[gum ʃudan]
loi (f)	қонун	[qonun]
légal (adj)	қонунӣ, ... и қонун	[konuni:], [i konun]
illégal (adj)	ғайриқонунӣ	[ʁajriqonuni:]
responsabilité (f)	чавобгарӣ	[dʒavobgari:]
responsable (adj)	чавобгар	[dʒavobgar]

LA NATURE

La Terre. Partie 1

195. L'espace cosmique

cosmos (m)	кайҳон	[kajhon]
cosmique (adj)	... и кайҳон	[i kajhon]
espace (m) cosmique	фазои кайҳон	[fazoi kajhon]
monde (m)	ҷаҳон	[dʒahon]
univers (m)	коинот	[koinot]
galaxie (f)	галактика	[galaktika]
étoile (f)	ситора	[sitora]
constellation (f)	бурҷ	[burdʒ]
planète (f)	сайёра	[sajjora]
satellite (m)	радиф	[radif]
météorite (m)	метеорит, шиҳобпора	[meteorit], [ʃihobpora]
comète (f)	ситораи думдор	[sitorai dumdor]
astéroïde (m)	астероид	[asteroid]
orbite (f)	мадор	[mador]
tourner (vi)	давр задан	[davr zadan]
atmosphère (f)	атмосфера	[atmosfera]
Soleil (m)	Офтоб	[oftob]
système (m) solaire	манзумаи шамсӣ	[manzumai ʃamsi:]
éclipse (f) de soleil	гирифтани офтоб	[giriftani oftob]
Terre (f)	Замин	[zamin]
Lune (f)	Моҳ	[moh]
Mars (m)	Миррих	[mirriχ]
Vénus (f)	Зӯҳра, Ноҳид	[zœhra], [nohid]
Jupiter (m)	Муштарӣ	[muʃtari:]
Saturne (m)	Кайвон	[kajvon]
Mercure (m)	Уторид	[utorid]
Uranus (m)	Уран	[uran]
Neptune	Нептун	[neptun]
Pluton (m)	Плутон	[pluton]
la Voie Lactée	Роҳи Каҳкашон	[rohi kahkaʃon]
la Grande Ours	Дубби Акбар	[dubbi akbar]
la Polaire	Ситораи қутбӣ	[sitorai qutbi:]
martien (m)	миррихӣ	[mirriχi:]
extraterrestre (m)	инопланетянҳо	[inoplanetjanho]

alien (m)	махлуқи кайҳонӣ	[maχluqi: kajhoni:]
soucoupe (f) volante	табақи парвозкунанда	[tabaqi parvozkunanda]
vaisseau (m) spatial	киштии кайҳонӣ	[kiʃti:i kajhoni:]
station (f) orbitale	стантсияи мадорӣ	[stantsijai madori:]
lancement (m)	оғоз	[oʁoz]
moteur (m)	муҳаррик	[muharrik]
tuyère (f)	сопло	[soplo]
carburant (m)	сӯзишворӣ	[sœziʃvori:]
cabine (f)	кабина	[kabina]
antenne (f)	антенна	[antenna]
hublot (m)	иллюминатор	[illjuminator]
batterie (f) solaire	батареи офтобӣ	[batarei oftobi:]
scaphandre (m)	скафандр	[skafandr]
apesanteur (f)	бевазнӣ	[bevazni:]
oxygène (m)	оксиген	[oksigen]
arrimage (m)	пайваст	[pajvast]
s'arrimer à ...	пайваст кардан	[pajvast kardan]
observatoire (m)	расадхона	[rasadχona]
télescope (m)	телескоп	[teleskop]
observer (vt)	мушоҳида кардан	[muʃohida kardan]
explorer (un cosmos)	таҳқиқ кардан	[tahqiq kardan]

196. La Terre

Terre (f)	Замин	[zamin]
globe (m) terrestre	кураи замин	[kurai zamin]
planète (f)	сайёра	[sajjora]
atmosphère (f)	атмосфера	[atmosfera]
géographie (f)	география	[geografija]
nature (f)	табиат	[tabiat]
globe (m) de table	глобус	[globus]
carte (f)	харита	[χarita]
atlas (m)	атлас	[atlas]
Asie (f)	Осиё	[osijo]
Afrique (f)	Африқо	[afriqo]
Australie (f)	Австралия	[avstralija]
Amérique (f)	Америка	[amerika]
Amérique (f) du Nord	Америкаи Шимолӣ	[amerikai ʃimoli:]
Amérique (f) du Sud	Америкаи Ҷанубӣ	[amerikai dʒanubi:]
l'Antarctique (m)	Антарктида	[antarktida]
l'Arctique (m)	Арктика	[arktika]

197. Les quatre parties du monde

nord (m)	шимол	[ʃimol]
vers le nord	ба шимол	[ba ʃimol]
au nord	дар шимол	[dar ʃimol]
du nord (adj)	шимолӣ, … и шимол	[ʃimoli:], [i ʃimol]
sud (m)	ҷануб	[dʒanub]
vers le sud	ба ҷануб	[ba dʒanub]
au sud	дар ҷануб	[dar dʒanub]
du sud (adj)	ҷанубӣ, … и ҷануб	[dʒanubi:], [i dʒanub]
ouest (m)	ғарб	[ʁarb]
vers l'occident	ба ғарб	[ba ʁarb]
à l'occident	дар ғарб	[dar ʁarb]
occidental (adj)	ғарбӣ, … и ғарб	[ʁarbi:], [i ʁarb]
est (m)	шарқ	[ʃarq]
vers l'orient	ба шарқ	[ba ʃarq]
à l'orient	дар шарқ	[dar ʃarq]
oriental (adj)	шарқӣ	[ʃarqi:]

198. Les océans et les mers

mer (f)	баҳр	[bahr]
océan (m)	уқёнус	[uqjɔnus]
golfe (m)	халич	[xalidʒ]
détroit (m)	гулӯгоҳ	[gulœgoh]
terre (f) ferme	хушкӣ, замин	[xuʃki:], [zamin]
continent (m)	материк, қитъа	[materik], [qit'a]
île (f)	ҷазира	[dʒazira]
presqu'île (f)	нимҷазира	[nimdʒazira]
archipel (m)	галаҷазира	[galadʒazira]
baie (f)	халич	[xalidʒ]
port (m)	бандар	[bandar]
lagune (f)	лагуна	[laguna]
cap (m)	димоға	[dimoʁa]
atoll (m)	атолл	[atoll]
récif (m)	харсанги зериобӣ	[xarsangi zeriobi:]
corail (m)	марҷон	[mardʒon]
récif (m) de corail	обсанги марҷонӣ	[obsangi mardʒoni:]
profond (adj)	чукур	[tʃuqur]
profondeur (f)	чукурӣ	[tʃuquri:]
abîme (m)	қаър	[qa'r]
fosse (f) océanique	чукурӣ	[tʃuquri:]
courant (m)	ҷараён	[dʒarajɔn]
baigner (vt) (mer)	шустан	[ʃustan]

| littoral (m) | соҳил, соҳили баҳр | [sohil], [sohili bahr] |
| côte (f) | соҳил | [sohil] |

marée (f) haute	мадд	[madd]
marée (f) basse	ҷазр	[dʒazr]
banc (m) de sable	пастоб	[pastob]
fond (m)	қаър	[qa'r]

vague (f)	мавҷ	[mavdʒ]
crête (f) de la vague	теғаи мавҷ	[teʁai mavdʒ]
mousse (f)	кафк	[kafk]

tempête (f) en mer	тӯфон, бӯрои	[tœfon], [bœroi]
ouragan (m)	тундбод	[tundbod]
tsunami (m)	сунами	[sunami]
calme (m)	сукунати ҳаво	[sukunati havo]
calme (tranquille)	ором	[orom]

| pôle (m) | қутб | [qutb] |
| polaire (adj) | қутбй | [qutbi:] |

latitude (f)	арз	[arz]
longitude (f)	тӯл	[tœl]
parallèle (f)	параллел	[parallel]
équateur (m)	хати истиво	[χati istivo]

ciel (m)	осмон	[osmon]
horizon (m)	уфуқ	[ufuq]
air (m)	ҳаво	[havo]

phare (m)	мино	[mino]
plonger (vi)	ғӯта задан	[ʁœta zadan]
sombrer (vi)	ғарқ шудан	[ʁarq ʃudan]
trésor (m)	ганҷ	[gandʒ]

199. Les noms des mers et des océans

océan (m) Atlantique	Уқёнуси Атлантик	[uqjɔnusi atlantik]
océan (m) Indien	Уқёнуси Ҳинд	[uqjɔnusi hind]
océan (m) Pacifique	Уқёнуси Ором	[uqjɔnusi orom]
océan (m) Glacial	Уқёнуси яхбастаи шимолй	[uqjɔnusi jaχbastai ʃimoli:]

mer (f) Noire	Баҳри Сиёҳ	[bahri sijɔh]
mer (f) Rouge	Баҳри Сурх	[bahri surχ]
mer (f) Jaune	Баҳри Зард	[bahri zard]
mer (f) Blanche	Баҳри Сафед	[bahri safed]

mer (f) Caspienne	Баҳри Хазар	[bahri χazar]
mer (f) Morte	Баҳри Майит	[bahri majit]
mer (f) Méditerranée	Баҳри Миёназамин	[bahri mijɔnazamin]

mer (f) Égée	Баҳри Эгей	[bahri εgej]
mer (f) Adriatique	Баҳри Адриатика	[bahri adriatika]
mer (f) Arabique	Баҳри Арави	[bahri aravi]

mer (f) du Japon	Баҳри Чопон	[bahri dʒopon]
mer (f) de Béring	Баҳри Беринг	[bahri bering]
mer (f) de Chine Méridionale	Баҳри Хитойи Ҷанубй	[bahri χitoji dʒanubi:]

mer (f) de Corail	Баҳри Марчон	[bahri mardʒon]
mer (f) de Tasman	Баҳри Тасман	[bahri tasman]
mer (f) Caraïbe	Баҳри Кариб	[bahri karib]

| mer (f) de Barents | Баҳри Баренс | [bahri barens] |
| mer (f) de Kara | Баҳри Кара | [bahri kara] |

mer (f) du Nord	Баҳри Шимолй	[bahri ʃimoli:]
mer (f) Baltique	Баҳри Балтика	[bahri baltika]
mer (f) de Norvège	Баҳри Норвегия	[bahri norvegija]

200. Les montagnes

montagne (f)	кӯҳ	[kœh]
chaîne (f) de montagnes	силсилакӯҳ	[silsilakœh]
crête (f)	қаторкӯҳ	[qatorkœh]

sommet (m)	кулла	[kulla]
pic (m)	қулла	[qulla]
pied (m)	доманаи кӯҳ	[domanai kœh]
pente (f)	нишебй	[niʃebi:]

volcan (m)	вулқон	[vulqon]
volcan (m) actif	вулқони амалкунанда	[vulqoni amalkunanda]
volcan (m) éteint	вулқони хомӯшшуда	[vulqoni χomœʃʃuda]

éruption (f)	оташфишонй	[otaʃfiʃoni:]
cratère (m)	танӯра	[tanœra]
magma (m)	магма, тафта	[magma], [tafta]
lave (f)	гудоза	[gudoza]
en fusion (lave ~)	тафта	[tafta]

canyon (m)	оббурда, дара	[obburda], [dara]
défilé (m) (gorge)	дара	[dara]
crevasse (f)	тангно	[tangno]
précipice (m)	партгоҳ	[partgoh]

col (m) de montagne	аѓба	[aʁba]
plateau (m)	пуштаи кӯҳ	[puʃtai kœh]
rocher (m)	шух	[ʃuχ]
colline (f)	теппа	[teppa]

glacier (m)	пирях	[pirjaχ]
chute (f) d'eau	шаршара	[ʃarʃara]
geyser (m)	гейзер	[gejzer]
lac (m)	кул	[kul]

plaine (f)	ҳамворй	[hamvori:]
paysage (m)	манзара	[manzara]
écho (m)	акси садо	[aksi sado]

alpiniste (m)	кӯҳнавард	[kœhnavard]
varappeur (m)	шухпаймо	[ʃuχpajmo]
conquérir (vt)	фатҳ кардан	[fath kardan]
ascension (f)	болобарой	[bolobaroi:]

201. Les noms des chaînes de montagne

Alpes (f pl)	Кӯҳҳои Алп	[kœhhoi alp]
Mont Blanc (m)	Монблан	[monblan]
Pyrénées (f pl)	Кӯҳҳои Пиреней	[kœhhoi pirenej]
Carpates (f pl)	Кӯҳҳои Карпат	[kœhhoi karpat]
Monts Oural (m pl)	Кӯҳҳои Урал	[kœhhoi ural]
Caucase (m)	Кӯҳҳои Кавказ	[kœhhoi kavkaz]
Elbrous (m)	Елбруз	[elbruz]
Altaï (m)	Алтай	[altaj]
Tian Chan (m)	Тиёншон	[tijɔnʃon]
Pamir (m)	Кӯҳҳои Помир	[kœhhoi pomir]
Himalaya (m)	Ҳимолой	[himoloj]
Everest (m)	Эверест	[ɛverest]
Andes (f pl)	Кӯҳҳои Анд	[kœhhoi and]
Kilimandjaro (m)	Килиманчаро	[kilimandʒaro]

202. Les fleuves

rivière (f), fleuve (m)	дарё	[darjɔ]
source (f)	чашма	[tʃaʃma]
lit (m) (d'une rivière)	мачрои дарё	[madʒroi darjɔ]
bassin (m)	ҳавза	[havza]
se jeter dans ...	рехтан ба ...	[reχtan ba]
affluent (m)	шохоб	[ʃoχob]
rive (f)	соҳил	[sohil]
courant (m)	чараён	[dʒarajɔn]
en aval	мувофиқи рафти об	[muvofiqi rafti ob]
en amont	муқобили самти об	[muqobili samti ob]
inondation (f)	обхезӣ	[obχezi:]
les grandes crues	обхез	[obχez]
déborder (vt)	дамидан	[damidan]
inonder (vt)	зер кардан	[zer kardan]
bas-fond (m)	тунукоба	[tunukoba]
rapide (m)	мавчрез	[mavdʒrez]
barrage (m)	сарбанд	[sarband]
canal (m)	канал	[kanal]
lac (m) de barrage	обанбор	[obanbor]
écluse (f)	шлюз	[ʃljuz]

plan (m) d'eau	обанбор	[obanbor]
marais (m)	ботлоқ, ботқоқ	[botloq], [botqoq]
fondrière (f)	ботлоқ	[botloq]
tourbillon (m)	гирдоб	[girdob]

ruisseau (m)	чӯй	[dʒœj]
potable (adj)	нӯшиданӣ	[nœʃidani:]
douce (l'eau ~)	ширин	[ʃirin]

glace (f)	ях	[jaχ]
être gelé	ях бастан	[jaχ bastan]

203. Les noms des fleuves

Seine (f)	Сена	[sena]
Loire (f)	Луара	[luara]

Tamise (f)	Темза	[temza]
Rhin (m)	Рейн	[rejn]
Danube (m)	Дунай	[dunaj]

Volga (f)	Волга	[volga]
Don (m)	Дон	[don]
Lena (f)	Лена	[lena]

Huang He (m)	Хуанхе	[χuanχe]
Yangzi Jiang (m)	Янсзи	[janszi]
Mékong (m)	Меконг	[mekong]
Gange (m)	Ганга	[ganga]

Nil (m)	Нил	[nil]
Congo (m)	Конго	[kongo]
Okavango (m)	Окаванго	[okavango]
Zambèze (m)	Замбези	[zambezi]
Limpopo (m)	Лимпопо	[limpopo]
Mississippi (m)	Миссисипи	[missisipi]

204. La forêt

forêt (f)	чангал	[dʒangal]
forestier (adj)	чангалӣ	[dʒangali:]

fourré (m)	чангалзор	[dʒangalzor]
bosquet (m)	дарахтзор	[daraχtzor]
clairière (f)	чаман	[tʃaman]

broussailles (f pl)	буттазор	[buttazor]
taillis (m)	буттазор	[buttazor]

sentier (m)	пайраҳа	[pajraha]
ravin (m)	оббурда	[obburda]
arbre (m)	дарахт	[daraχt]

feuille (f)	барг	[barg]
feuillage (m)	баргхои дарахт	[barghoi daraχt]
chute (f) de feuilles	баргрезй	[bargrezi:]
tomber (feuilles)	рехтан	[reχtan]
sommet (m)	нӯг	[nœg]
rameau (m)	шох, шохча	[ʃoχ], [ʃoχtʃa]
branche (f)	шохи дарахг	[ʃoχi daraχg]
bourgeon (m)	муғча	[muʁdʒa]
aiguille (f)	сӯзан	[sœzan]
pomme (f) de pin	чалғӯза	[dʒalʁœza]
creux (m)	сӯрохи дарахт	[sœroχi daraχt]
nid (m)	ошёна, лона	[oʃʃona], [lona]
terrier (m) (~ d'un renard)	хона	[χona]
tronc (m)	тана	[tana]
racine (f)	реша	[reʃa]
écorce (f)	пӯсти дарахт	[pœsti daraχt]
mousse (f)	ушна	[uʃna]
déraciner (vt)	реша кофтан	[reʃa koftan]
abattre (un arbre)	зада буридан	[zada buridan]
déboiser (vt)	бурида нест кардан	[burida nest kardan]
souche (f)	кундаи дарахт	[kundai daraχt]
feu (m) de bois	гулхан	[gulχan]
incendie (m)	сӯхтор, оташ	[sœχtor], [otaʃ]
éteindre (feu)	хомӯш кардан	[χomœʃ kardan]
garde (m) forestier	чангалбон	[dʒangalbon]
protection (f)	нигохбонй	[nigohboni:]
protéger (vt)	нигохбонй кардан	[nigohboni: kardan]
braconnier (m)	қӯруқшикан	[qœruqʃikan]
piège (m) à mâchoires	қапқон, дом	[qapqon], [dom]
cueillir (vt)	чидан	[tʃidan]
s'égarer (vp)	рох гум кардан	[roh gum kardan]

205. Les ressources naturelles

ressources (f pl) naturelles	захирахои табий	[zaχirahoi tabi:i:]
minéraux (m pl)	маъданхои фоиданок	[ma'danhoi foidanok]
gisement (m)	кон, маъдаи	[kon], [ma'dai]
champ (m) (~ pétrolifère)	кон	[kon]
extraire (vt)	кандан	[kandan]
extraction (f)	канданй	[kandani:]
minerai (m)	маъдан	[ma'dan]
mine (f) (site)	кон	[kon]
puits (m) de mine	чох	[tʃoh]
mineur (m)	конкан	[konkan]
gaz (m)	газ	[gaz]

gazoduc (m)	қубури газ	[quburi gaz]
pétrole (m)	нефт	[neft]
pipeline (m)	қубури нефт	[quburi neft]
tour (f) de forage	чоҳи нафт	[ʧohi naft]
derrick (m)	бурҷи нафткашй	[burʤi naftkaʃi:]
pétrolier (m)	танкер	[tanker]

sable (m)	рег	[reg]
calcaire (m)	оҳаксанг	[ohaksang]
gravier (m)	сангреза, шағал	[sangreza], [ʃaʁal]
tourbe (f)	торф	[torf]
argile (f)	гил	[gil]
charbon (m)	ангишт	[angiʃt]

fer (m)	оҳан	[ohan]
or (m)	зар, тилло	[zar], [tillo]
argent (m)	нуқра	[nuqra]
nickel (m)	никел	[nikel]
cuivre (m)	мис	[mis]

zinc (m)	рух	[ruh]
manganèse (m)	манган	[mangan]
mercure (m)	симоб	[simob]
plomb (m)	сурб	[surb]

minéral (m)	минерал, маъдан	[mineral], [ma'dan]
cristal (m)	булӯр, шӯша	[bulœr], [ʃœʃa]
marbre (m)	мармар	[marmar]
uranium (m)	уран	[uran]

La Terre. Partie 2

206. Le temps

temps (m)	обу ҳаво	[obu havo]
météo (f)	пешгӯии ҳаво	[peʃgœi:i havo]
température (f)	ҳарорат	[harorat]
thermomètre (m)	ҳароратсанҷ	[haroratsandʒ]
baromètre (m)	барометр, ҳавосанҷ	[barometr], [havosandʒ]
humide (adj)	намнок	[namnok]
humidité (f)	намӣ, рутубат	[nami:], [rutubat]
chaleur (f) (canicule)	гармӣ	[garmi:]
torride (adj)	тафсон	[tafson]
il fait très chaud	ҳаво тафсон аст	[havo tafson ast]
il fait chaud	ҳаво гарм аст	[havo garm ast]
chaud (modérément)	гарм	[garm]
il fait froid	ҳаво сард аст	[havo sard ast]
froid (adj)	хунук, сард	[xunuk], [sard]
soleil (m)	офтоб	[oftob]
briller (soleil)	тобидан	[tobidan]
ensoleillé (jour ~)	... и офтоб	[i oftob]
se lever (vp)	баромадан	[baromadan]
se coucher (vp)	паст шудан	[past ʃudan]
nuage (m)	абр	[abr]
nuageux (adj)	... и абр, абрӣ	[i abr], [abri:]
nuée (f)	абри сиёҳ	[abri sijoh]
sombre (adj)	абрнок	[abrnok]
pluie (f)	борон	[boron]
il pleut	борон меборад	[boron meborad]
pluvieux (adj)	серборон	[serboron]
bruiner (v imp)	сим-сим боридан	[sim-sim boridan]
pluie (f) torrentielle	борони сахт	[boroni saxt]
averse (f)	борони сел	[boroni sel]
forte (la pluie ~)	сахт	[saxt]
flaque (f)	кӯлмак	[kœlmak]
se faire mouiller	шилтиқ шудан	[ʃiltiq ʃudan]
brouillard (m)	туман	[tuman]
brumeux (adj)	... и туман	[i tuman]
neige (f)	барф	[barf]
il neige	барф меборад	[barf meborad]

187

207. Les intempéries. Les catastrophes naturelles

orage (m)	раъду барк	[ra'du bark]
éclair (m)	барқ	[barq]
éclater (foudre)	дурахшидан	[duraχʃidan]
tonnerre (m)	тундар	[tundar]
gronder (tonnerre)	гулдуррос задан	[guldurros zadan]
le tonnerre gronde	раъд гулдуррос мезанад	[ra'd guldurros mezanad]
grêle (f)	жола	[ʒola]
il grêle	жола меборад	[ʒola meborad]
inonder (vt)	зер кардан	[zer kardan]
inondation (f)	обхезӣ	[obχezi:]
tremblement (m) de terre	заминчунбӣ	[zamindʒunbi:]
secousse (f)	заминчунбӣ,такон	[zamindʒunbi:,takon]
épicentre (m)	эпимарказ	[εpimarkaz]
éruption (f)	оташфишонӣ	[otaʃfiʃoni:]
lave (f)	гудоза	[gudoza]
tourbillon (m)	гирдбод	[girdbod]
tornade (f)	торнадо	[tornado]
typhon (m)	тӯфон	[tœfon]
ouragan (m)	тундбод	[tundbod]
tempête (f)	тӯфон, бӯрои	[tœfon], [bœroi]
tsunami (m)	сунами	[sunami]
cyclone (m)	сиклон	[siklon]
intempéries (f pl)	ҳавои бад	[havoi bad]
incendie (m)	сӯхтор, оташ	[sœχtor], [otaʃ]
catastrophe (f)	садама, фалокат	[sadama], [falokat]
météorite (m)	метеорит, шиҳобпора	[meteorit], [ʃihobpora]
avalanche (f)	тарма	[tarma]
éboulement (m)	тарма	[tarma]
blizzard (m)	бӯрони барфӣ	[bœroni barfi:]
tempête (f) de neige	бӯрон	[bœron]

208. Les bruits. Les sons

silence (m)	хомӯшӣ	[χomœʃi:]
son (m)	садо	[sado]
bruit (m)	мағал	[maʁal]
faire du bruit	мағал кардан	[maʁal kardan]
bruyant (adj)	сермағал	[sermaʁal]
fort (adv)	баланд	[baland]
fort (voix ~e)	баланд	[baland]
constant (bruit, etc.)	доимӣ, ҳамешагӣ	[doimi:], [hameʃagi:]

cri (m)	дод, фарёд	[dɔd], [farjɔd]
crier (vi)	дод задан	[dɔd zadan]
chuchotement (m)	пичиррос	[pitʃirros]
chuchoter (vi, vt)	пичиррос задан	[pitʃirros zadan]

aboiement (m)	аккос	[akkos]
aboyer (vi)	аккос задан	[akkos zadan]

gémissement (m)	нолиш, нола	[noliʃ], [nola]
gémir (vi)	нолиш кардан	[noliʃ kardan]
toux (f)	сулфа	[sulfa]
tousser (vi)	сулфидан	[sulfidan]

sifflement (m)	хуштак	[huʃtak]
siffler (vi)	хуштак кашидан	[huʃtak kaʃidan]
coups (m pl) à la porte	тақ-тақ	[taq-taq]
frapper (~ à la porte)	тақ-тақ кардан	[taq-taq kardan]

craquer (vi)	қарс-қурс кардан	[qars-qurs kardan]
craquement (m)	қарс-қурс	[qars-kurs]

sirène (f)	бурғу	[burʁu]
sifflement (m) (de train)	гудок	[gudok]
siffler (train, etc.)	гудок кашидан	[gudok kaʃidan]
coup (m) de klaxon	сигнал	[signal]
klaxonner (vi)	сигнал додан	[signal dodan]

209. L'hiver

hiver (m)	зимистон	[zimiston]
d'hiver (adj)	зимистонӣ, ... и зимистон	[zimistoni:], [i zimiston]
en hiver	дар зимистон	[dar zimiston]

neige (f)	барф	[barf]
il neige	барф меборад	[barf meborad]
chute (f) de neige	бориши барф	[boriʃi barf]
congère (f)	барфтӯда	[barftœda]

flocon (m) de neige	барфак	[barfak]
boule (f) de neige	барф	[barf]
bonhomme (m) de neige	одами барфин	[odami barfin]
glaçon (m)	шӯша	[ʃœʃa]

décembre (m)	декабр	[dekabr]
janvier (m)	январ	[janvar]
février (m)	феврал	[fevral]

gel (m)	хунукӣ	[χunuki:]
glacial (nuit ~)	бисёр хунук	[bisjor χunuk]

au-dessous de zéro	аз сифр поён	[az sifr pojon]
premières gelées (f pl)	сармои бармаҳал	[sarmoi barmahal]
givre (m)	қирав	[qirav]
froid (m)	хунукӣ, сардӣ	[χunuki:], [sardi:]

il fait froid	сард аст	[sard ast]
manteau (m) de fourrure	пӯстин	[pœstin]
moufles (f pl)	дастпӯшаки бепанҷа	[dastpœʃaki bepandʒa]

tomber malade	бемор шудан	[bemor ʃudan]
refroidissement (m)	шамол хӯрдани	[ʃamol χœrdani]
prendre froid	шамол хӯрдан	[ʃamol χœrdan]

glace (f)	ях	[jaχ]
verglas (m)	яхча	[jaχʧa]
être gelé	ях бастан	[jaχ bastan]
bloc (m) de glace	яхпора	[jaχpora]

skis (m pl)	лижа	[liʒa]
skieur (m)	лижарон	[liʒaron]
faire du ski	лижаронӣ	[liʒaroni:]
patiner (vi)	конкибозӣ	[konkibozi:]

La faune

210. Les mammifères. Les prédateurs

prédateur (m)	дарранда	[darranda]
tigre (m)	бабр, паланг	[babr], [palang]
lion (m)	шер	[ʃer]
loup (m)	гург	[gurg]
renard (m)	рӯбох	[rœboh]
jaguar (m)	юзи ало	[juzi alo]
léopard (m)	паланг	[palang]
guépard (m)	юз	[juz]
panthère (f)	пантера	[pantera]
puma (m)	пума	[puma]
léopard (m) de neiges	шерпаланг	[ʃerpalang]
lynx (m)	силовсин	[silovsin]
coyote (m)	койот	[kojɔt]
chacal (m)	шагол	[ʃagol]
hyène (f)	кафтор	[kaftor]

211. Les animaux sauvages

animal (m)	ҳайвон	[hajvon]
bête (f)	ҳайвони ваҳшӣ	[hajvoni vahʃiː]
écureuil (m)	санчоб	[sandʒob]
hérisson (m)	хорпушт	[xorpuʃt]
lièvre (m)	заргӯш	[zargœʃ]
lapin (m)	харгӯш	[xargœʃ]
blaireau (m)	қашқалдоқ	[qaʃqaldoq]
raton (m)	енот	[enot]
hamster (m)	миримӯшон	[mirimœʃon]
marmotte (f)	суғур	[suʁur]
taupe (f)	кӯрмуш	[kœrmuʃ]
souris (f)	муш	[muʃ]
rat (m)	калламуш	[kallamuʃ]
chauve-souris (f)	кӯршапарак	[kœrʃaparak]
hermine (f)	қоқум	[qoqum]
zibeline (f)	самур	[samur]
martre (f)	савсор	[savsor]
belette (f)	росу	[rosu]
vison (m)	вашақ	[vaʃaq]

| castor (m) | кундуз | [kunduz] |
| loutre (f) | сагоби | [sagobi] |

cheval (m)	асп	[asp]
élan (m)	шохгавазн	[ʃohgavazn]
cerf (m)	гавазн	[gavazn]
chameau (m)	шутур, уштур	[ʃutur], [uʃtur]

bison (m)	бизон	[bizon]
aurochs (m)	гови вахшй	[govi vahʃi:]
buffle (m)	говмеш	[govmeʃ]

zèbre (m)	гӯрхар	[gœrχar]
antilope (f)	антилопа, ғизол	[antilopa], [ʁizol]
chevreuil (m)	оху	[ohu]
biche (f)	оху	[ohu]
chamois (m)	нахчир, бузи кӯхӣ	[naχtʃir], [buzi kœhi:]
sanglier (m)	хуки вахши	[χuki vahʃi]

baleine (f)	кит, нахaнг	[kit], [nahang]
phoque (m)	тюлен	[tjulen]
morse (m)	морж	[morʒ]
ours (m) de mer	гурбаи обй	[gurbai obi:]
dauphin (m)	делфин	[delfin]

ours (m)	хирс	[χirs]
ours (m) blanc	хирси сафед	[χirsi safed]
panda (m)	панда	[panda]

singe (m)	маймун	[majmun]
chimpanzé (m)	шимпанзе	[ʃimpanze]
orang-outang (m)	орангутанг	[orangutang]
gorille (m)	горилла	[gorilla]
macaque (m)	макака	[makaka]
gibbon (m)	гиббон	[gibbon]

éléphant (m)	фил	[fil]
rhinocéros (m)	карк, каркадан	[kark], [karkadan]
girafe (f)	заррофа	[zarrofa]
hippopotame (m)	бахмут	[bahmut]

| kangourou (m) | кенгуру | [kenguru] |
| koala (m) | коала | [koala] |

mangouste (f)	росу	[rosu]
chinchilla (m)	вашак	[vaʃaq]
mouffette (f)	скунс	[skuns]
porc-épic (m)	чайра, дугпушт	[dʒajra], [dugpuʃt]

212. Les animaux domestiques

chat (m) (femelle)	гурба	[gurba]
chat (m) (mâle)	гурбаи нар	[gurbai nar]
chien (m)	car	[sag]

cheval (m)	асп	[asp]
étalon (m)	айғир, аспи нар	[ajʁir], [aspi nar]
jument (f)	модиён, байтал	[modijɔn], [bajtal]
vache (f)	гов	[gov]
taureau (m)	барзагов	[barzagov]
bœuf (m)	барзагов	[barzagov]
brebis (f)	меш, гӯсфанд	[meʃ], [gœsfand]
mouton (m)	гӯсфанд	[gœsfand]
chèvre (f)	буз	[buz]
bouc (m)	така, серка	[taka], [serka]
âne (m)	хар, маркаб	[χar], [markab]
mulet (m)	хачир	[χatʃir]
cochon (m)	хук	[χuq]
pourceau (m)	хукбача	[χukbatʃa]
lapin (m)	харгӯш	[χargœʃ]
poule (f)	мурғ	[murʁ]
coq (m)	хурӯс	[χurœs]
canard (m)	мурғобӣ	[murʁobi:]
canard (m) mâle	мурғобии нар	[murʁobi:i nar]
oie (f)	қоз, ғоз	[qoz], [ʁoz]
dindon (m)	хурӯси мурғи марҷон	[χurœsi murʁi mardʒon]
dinde (f)	мокиёни мурғи марҷон	[mokijɔni murʁi mardʒon]
animaux (m pl) domestiques	ҳайвони хонагӣ	[hajvoni χonagi:]
apprivoisé (adj)	ромшуда	[romʃuda]
apprivoiser (vt)	дастомӯз кардан	[dastomœz kardan]
élever (vt)	калон кардан	[kalon kardan]
ferme (f)	ферма	[ferma]
volaille (f)	паррандаи хонагӣ	[parrandai χonagi:]
bétail (m)	чорво	[tʃorvo]
troupeau (m)	пода	[poda]
écurie (f)	саисхона, аспхона	[saisχona], [aspχona]
porcherie (f)	хукхона	[χukχona]
vacherie (f)	оғил, говхона	[oʁil], [govχona]
cabane (f) à lapins	харгӯшхона	[χargœʃχona]
poulailler (m)	мурғхона	[murʁχona]

213. Le chien. Les races

chien (m)	саг	[sag]
berger (m)	саги чӯпонӣ	[sagi tʃœponi:]
berger (m) allemand	афчаркаи немисӣ	[aftʃarkai nemisi:]
caniche (f)	пудел	[pudel]
teckel (m)	такса	[taksa]
bouledogue (m)	булдог	[buldog]

boxer (m)	боксёр	[boksjɔr]
mastiff (m)	мастиф	[mastif]
rottweiler (m)	ротвейлер	[rotvejler]
doberman (m)	доберман	[doberman]
basset (m)	бассет	[basset]
bobtail (m)	бобтейл	[bobtejl]
dalmatien (m)	далматинес	[dalmatines]
cocker (m)	кокер-спаниел	[koker-spaniel]
terre-neuve (m)	нюфаунленд	[njufaunlend]
saint-bernard (m)	сенбернар	[senbernar]
husky (m)	хаски	[χaski]
chow-chow (m)	чау-чау	[ʧau-ʧau]
spitz (m)	шпитс	[ʃpits]
carlin (m)	мопс, саги хонагӣ	[mops], [sagi χonagi:]

214. Les cris des animaux

aboiement (m)	аккос	[akkos]
aboyer (vi)	аккос задан	[akkos zadan]
miauler (vi)	мияв-мияв кардан	[mijav-mijav kardan]
ronronner (vi)	мав-мав кардан	[mav-mav kardan]
meugler (vi)	маос задан	[maos zadan]
beugler (taureau)	ғурридан	[ʁurridan]
rugir (chien)	ғуррос задан	[ʁurros zadan]
hurlement (m)	уллос	[ullos]
hurler (loup)	уллос кашидан	[ullos kaʃidan]
geindre (vi)	мингос задан	[mingos zadan]
bêler (vi)	баос задан	[baos zadan]
grogner (cochon)	хур-хур кардан	[χur-χur kardan]
glapir (cochon)	вангас кардан	[vangas kardan]
coasser (vi)	вақ-вақ кардан	[vaq-vaq kardan]
bourdonner (vi)	виззос задан	[vizzos zadan]
striduler (vi)	чиррос задан	[ʧirros zadan]

215. Les jeunes animaux

bébé (m) (~ lapin)	бача	[baʧa]
chaton (m)	гурбача	[gurbaʧa]
souriceau (m)	мушбача	[muʃbaʧa]
chiot (m)	сагбача	[sagbaʧa]
levraut (m)	харгӯшбача	[χargœʃbaʧa]
lapereau (m)	харгӯшча	[χargœʧʧa]
louveteau (m)	гургбача	[gurgbaʧa]
renardeau (m)	рӯбоҳча	[rœbohʧʧa]

ourson (m)	хирсбача	[χirsbatʃa]
lionceau (m)	шербача	[ʃerbatʃa]
bébé (m) tigre	бабрак	[babrak]
éléphanteau (m)	филбача	[filbatʃa]

pourceau (m)	хукбача	[χukbatʃa]
veau (m)	гӯсола	[gœsola]
chevreau (m)	бузғола, бузбача	[buzʁola], [buzbatʃa]
agneau (m)	барра	[barra]
faon (m)	охубача	[ohubatʃa]
bébé (m) chameau	шутурбача, уш ча	[ʃuturbatʃa], [uʃ tʃa]

| serpenteau (m) | морбача | [morbatʃa] |
| bébé (m) grenouille | қурбоққача | [qurboqqatʃa] |

oisillon (m)	чӯча	[tʃœdʒa]
poussin (m)	чӯча	[tʃœdʒa]
canardeau (m)	мурғобича	[murʁobitʃa]

216. Les oiseaux

oiseau (m)	паранда	[paranda]
pigeon (m)	кафтар	[kaftar]
moineau (m)	гунҷишк, чумчук	[gundʒiʃk], [tʃumtʃuk]
mésange (f)	фотимачумчуқ	[fotimatʃumtʃuq]
pie (f)	акка	[akka]

corbeau (m)	зоғ	[zoʁ]
corneille (f)	зоғи ало	[zoʁi alo]
choucas (m)	зоғча	[zoʁtʃa]
freux (m)	шӯрнӯл	[ʃœrnœl]

canard (m)	мурғобӣ	[murʁobi:]
oie (f)	қоз, ғоз	[qoz], [ʁoz]
faisan (m)	тазарв	[tazarv]

aigle (m)	укоб	[ukob]
épervier (m)	пайғу	[pajʁu]
faucon (m)	боз, шоҳин	[boz], [ʃohin]
vautour (m)	каргас	[kargas]
condor (m)	кондор	[kondor]

cygne (m)	қу	[qu]
grue (f)	куланг, турна	[kulang], [turna]
cigogne (f)	лаклак	[laklak]

perroquet (m)	тӯтӣ	[tœti:]
colibri (m)	колибри	[kolibri]
paon (m)	товус	[tovus]

autruche (f)	шутурмурғ	[ʃuturmurʁ]
héron (m)	ҳавосил	[havosil]
flamant (m)	бутимор	[butimor]
pélican (m)	мурғи саққо	[murʁi saqqo]

| rossignol (m) | булбул | [bulbul] |
| hirondelle (f) | фарошттурук | [faroʃturuk] |

merle (m)	дурроч	[durrodʒ]
grive (f)	дуррочи хушхон	[durrodʒi χuʃχon]
merle (m) noir	дуррочи сиёх	[durrodʒi sijɔh]

martinet (m)	досак	[dosak]
alouette (f) des champs	чӯр, чаковак	[dʒœr], [tʃakovak]
caille (f)	бедона	[bedona]

coucou (m)	фохтак	[foχtak]
chouette (f)	бум, чуғз	[bum], [dʒuʁz]
hibou (m)	чуғз	[tʃuʁz]
tétras (m)	дурроч	[durrodʒ]
tétras-lyre (m)	титав	[titav]
perdrix (f)	кабк, каклик	[kabk], [kaklik]

étourneau (m)	сор, соч	[sor], [sotʃ]
canari (m)	канарейка	[kanarejka]
gélinotte (f) des bois	рябчик	[rjabtʃik]
pinson (m)	саъва	[sa'va]
bouvreuil (m)	севғар	[sevʁar]

mouette (f)	моҳихӯрак	[mohiχœrak]
albatros (m)	уқоби баҳрӣ	[uqobi bahri:]
pingouin (m)	пингвин	[pingvin]

217. Les oiseaux. Le chant, les cris

chanter (vi)	хондан	[χondan]
crier (vi)	наъра кашидан	[na'ra kaʃidan]
chanter (le coq)	чеғи хурӯс	[dʒeʁi χurœs]
cocorico (m)	қу-қу-қу-ку	[qu-qu-qu-ku]

glousser (vi)	қут-қут кардан	[qut-qut kardan]
croasser (vi)	қарқар кардан	[qarqar kardan]
cancaner (vi)	ғоқ-ғоқ кардан	[ʁoq-ʁok kardan]
piauler (vi)	чй-чй кардан	[tʃi:-tʃi: kardan]
pépier (vi)	чириқ-чириқ кардан	[tʃiriq-tʃiriq kardan]

218. Les poissons. Les animaux marins

brème (f)	симмоҳӣ	[simmohi:]
carpe (f)	капур	[kapur]
perche (f)	аломоҳӣ	[alomohi:]
silure (m)	лаққамоҳӣ	[laqqamohi:]
brochet (m)	шӯртан	[ʃœrtan]

saumon (m)	озодмоҳӣ	[ozodmohi:]
esturgeon (m)	тосмоҳӣ	[tosmohi:]
hareng (m)	шӯрмоҳӣ	[ʃœrmohi:]

saumon (m) atlantique	озодмохӣ	[ozodmoχi:]
maquereau (m)	загӯтамохӣ	[zaʁœtamohi:]
flet (m)	камбала	[kambala]

sandre (f)	суфмохӣ	[sufmohi:]
morue (f)	равғанмохӣ	[ravʁanmohi:]
thon (m)	самак	[samak]
truite (f)	гулмохӣ	[gulmohi:]

anguille (f)	мормохӣ	[mormohi:]
torpille (f)	скати барқдор	[skati barqdor]
murène (f)	мурена	[murena]
piranha (m)	пираня	[piranja]

requin (m)	наханг	[nahang]
dauphin (m)	делфин	[delfin]
baleine (f)	кит, наханг	[kit], [nahang]

crabe (m)	харчанг	[χartʃang]
méduse (f)	медуза	[meduza]
pieuvre (f), poulpe (m)	хаштпо	[haʃtpo]

étoile (f) de mer	ситораи бахрӣ	[sitorai bahri:]
oursin (m)	хорпушти бахрӣ	[χorpuʃti bahri:]
hippocampe (m)	аспакмохӣ	[aspakmohi:]

huître (f)	садафак	[sadafak]
crevette (f)	креветка	[krevetka]
homard (m)	харчанги бахрӣ	[χartʃangi bahri:]
langoustine (f)	лангуст	[langust]

219. Les amphibiens. Les reptiles

| serpent (m) | мор | [mor] |
| venimeux (adj) | захрдор | [zahrdor] |

vipère (f)	мори афъӣ	[mori afʼi:]
cobra (m)	мори айнакдор, кӯбро	[mori ajnakdor], [kœbro]
python (m)	мори печон	[mori petʃon]
boa (m)	мори печон	[mori petʃon]

couleuvre (f)	мори обӣ	[mori obi:]
serpent (m) à sonnettes	шакшакамор	[ʃaqʃaqamor]
anaconda (m)	анаконда	[anakonda]

lézard (m)	калтакалос	[kaltakalos]
iguane (m)	сусмор, игуана	[susmor], [iguana]
varan (m)	сусмор	[susmor]
salamandre (f)	калтакалос	[kaltakalos]
caméléon (m)	бӯқаламун	[bœqalamun]
scorpion (m)	каждум	[kaʒdum]

| tortue (f) | сангпушт | [sangpuʃt] |
| grenouille (f) | қурбоққа | [qurboqqa] |

| crapaud (m) | ғук, қурбоққаи чӯлй | [ʁuk], [qurboqqai ʧœli:] |
| crocodile (m) | тимсоҳ | [timsoh] |

220. Les insectes

insecte (m)	ҳашарот	[haʃarot]
papillon (m)	шапалак	[ʃapalak]
fourmi (f)	мӯрча	[mœrʧa]
mouche (f)	магас	[magas]
moustique (m)	пашша	[paʃʃa]
scarabée (m)	гамбуск	[gambusk]

guêpe (f)	ору	[oru]
abeille (f)	занбӯри асал	[zanbœri asal]
bourdon (m)	говзанбӯр	[govzanbœr]
œstre (m)	ғурмагас	[ʁurmagas]

| araignée (f) | тортанак | [tortanak] |
| toile (f) d'araignée | тори тортанак | [tori tortanak] |

libellule (f)	сӯзанак	[sœzanak]
sauterelle (f)	малах	[malaχ]
papillon (m)	шапалак	[ʃapalak]

cafard (m)	нонхӯрак	[nonχœrak]
tique (f)	кана	[kana]
puce (f)	кайк	[kajk]
moucheron (m)	пашша	[paʃʃa]

criquet (m)	малах	[malaχ]
escargot (m)	тӯкумшуллуқ	[tœkumʃulluq]
grillon (m)	чирчирак	[ʧirʧirak]
luciole (f)	шабтоб	[ʃabtob]
coccinelle (f)	момохолак	[momoχolak]
hanneton (m)	гамбуски саврй	[gambuski savri:]

sangsue (f)	шуллук	[ʃulluk]
chenille (f)	кирм	[kirm]
ver (m)	кирм	[kirm]
larve (f)	кирм	[kirm]

221. Les parties du corps des animaux

bec (m)	нӯл, минқор	[nœl], [minqor]
ailes (f pl)	қанот	[qanot]
patte (f)	пой	[poj]
plumage (m)	болу пар	[bolu par]
plume (f)	пар	[par]
houppe (f)	пӯпй	[pœpi:]

| ouïes (f pl) | ғалсама | [ʁalsama] |
| œufs (m pl) | тухм | [tuχm] |

larve (f)	кирм, кирмак	[kirm], [kirmak]
nageoire (f)	қаноти моҳӣ	[qanoti mohi:]
écaille (f)	пулакча	[pulaktʃa]

croc (m)	дандони ашк	[dandoni aʃk]
patte (f)	панҷа	[pandʒa]
museau (m)	фук	[fuk]
gueule (f)	даҳон	[dahon]
queue (f)	дум	[dum]
moustaches (f pl)	муйлаб, бурут	[mujlab], [burut]

| sabot (m) | сум | [sum] |
| corne (f) | шох | [ʃoχ] |

carapace (f)	косаи сангпушт	[kosai sangpuʃt]
coquillage (m)	гӯшмоҳӣ, садаф	[gœʃmohi:], [sadaf]
coquille (f) d'œuf	пӯчоқи тухм	[pœtʃoqi tuχm]

| poil (m) | пашм | [paʃm] |
| peau (f) | пуст | [pust] |

222. Les mouvements des animaux

voler (vi)	паридан	[paridan]
faire des cercles	давр задан	[davr zadan]
s'envoler (vp)	парида рафтан	[parida raftan]
battre des ailes	пар задан	[par zadan]

| picorer (vt) | дона чидан | [dona tʃidan] |
| couver (vt) | болои тухмҳо нишастан | [boloi tuχmho niʃastan] |

| éclore (vt) | аз тухм баромадан | [az tuχm baromadan] |
| faire un nid | лона сохтан | [lona soχtan] |

ramper (vi)	хазидан	[χazidan]
piquer (insecte)	неш задан	[neʃ zadan]
mordre (animal)	газидан	[gazidan]

flairer (vt)	бӯй гирифтан	[bœj giriftan]
aboyer (vi)	аккос задан	[akkos zadan]
siffler (serpent)	фашшос задан	[faʃʃos zadan]

| effrayer (vt) | тарсондан | [tarsondan] |
| attaquer (vt) | ҳуҷум кардан | [hudʒum kardan] |

ronger (vt)	хоидан	[χoidan]
griffer (vt)	харошидан	[χaroʃidan]
se cacher (vp)	пинҳон шудан	[pinhon ʃudan]

jouer (chatons, etc.)	бозӣ кардан	[bozi: kardan]
chasser (vi, vt)	шикор кардан	[ʃikor kardan]
être en hibernation	ба хоби зимистона рафтан	[ba χobi zimistona raftan]
disparaître (dinosaures)	мурда рафтан	[murda raftan]

223. Les habitats des animaux

habitat (m) naturel	муҳити ҳаёт	[muhiti hajɔt]
migration (f)	кӯчидан	[kœtʃidan]
montagne (f)	кӯҳ	[kœh]
récif (m)	харсанги зериобӣ	[xarsangi zeriobi:]
rocher (m)	шух	[ʃux]
forêt (f)	ҷангал	[dʒangal]
jungle (f)	ҷангал	[dʒangal]
savane (f)	саванна	[savanna]
toundra (f)	тундра	[tundra]
steppe (f)	дашт, чӯл	[daʃt], [tʃœl]
désert (m)	биёбон	[bijɔbon]
oasis (f)	воҳа	[voha]
mer (f)	баҳр	[bahr]
lac (m)	кул	[kul]
océan (m)	уқёнус	[uqjɔnus]
marais (m)	ботлоқ, ботқоқ	[botloq], [botqoq]
d'eau douce (adj)	… и оби ширин	[i obi ʃirin]
étang (m)	сарҳавз	[sarhavz]
rivière (f), fleuve (m)	дарё	[darjɔ]
tanière (f)	хонаи хирс	[xonai xirs]
nid (m)	ошёна, лона	[oʃjona], [lona]
creux (m)	сӯрохи дарахт	[sœroxi daraxt]
terrier (m) (~ d'un renard)	хона	[xona]
fourmilière (f)	мӯрчахона	[mœrtʃaxona]

224. Les soins aux animaux

zoo (m)	боғи ҳайвонот	[boʁi hajvonot]
réserve (f) naturelle	мамнӯъгоҳ	[mamnœ'goh]
pépinière (f)	парвардахона	[parvardaxona]
volière (f)	қафас, катак	[qafas], [katak]
cage (f)	қафас	[qafas]
niche (f)	сагхона	[sagxona]
pigeonnier (m)	кафтархона	[kaftarxona]
aquarium (m)	аквариум	[akvarium]
delphinarium (m)	делфинарий	[delfinarij]
élever (vt)	парвариш кардан	[parvariʃ kardan]
nichée (f), portée (f)	насл	[nasl]
apprivoiser (vt)	дастомӯз кардан	[dastomœz kardan]
aliments (pl) pour animaux	хӯроквори	[xœrokvori:]
nourrir (vt)	хӯрок додан	[xœrok dodan]
dresser (un chien)	ром кардан	[rom kardan]

magasin (m) d'animaux	мағозаи зоологӣ	[maʁozai zoologi:]
muselière (f)	пӯзбанд	[pœzband]
collier (m)	гарданбанд	[gardanband]
nom (m) (d'un animal)	ном	[nom]
pedigree (m)	насабнома	[nasabnoma]

225. Les animaux. Divers

meute (f) (~ de loups)	тӯда	[tœda]
volée (f) d'oiseaux	села	[sela]
banc (m) de poissons	села	[sela]
troupeau (m)	гала	[gala]
mâle (m)	нар	[nar]
femelle (f)	мода	[moda]
affamé (adj)	гурусна	[gurusna]
sauvage (adj)	ваҳшӣ	[vahʃi:]
dangereux (adj)	хавфнок	[χavfnok]

226. Les chevaux

cheval (m)	асп	[asp]
race (f)	зот	[zot]
poulain (m)	тойча, дунан	[tojtʃa], [dunan]
jument (f)	модиён, байтал	[modijɔn], [bajtal]
mustang (m)	мустанг	[mustang]
poney (m)	аспи тоту	[aspi totu]
cheval (m) de trait	аспи калони боркаш	[aspi kaloni borkaʃ]
crin (m)	ёл	[jɔl]
queue (f)	дум	[dum]
sabot (m)	сум	[sum]
fer (m) à cheval	наъл	[na'l]
ferrer (vt)	наъл кардан	[na'l kardan]
maréchal-ferrant (m)	оҳангар	[ohangar]
selle (f)	зин	[zin]
étrier (m)	узангу	[uzangu]
bride (f)	лаҷом	[ladʒom]
rênes (f pl)	ҷилав	[dʒilav]
fouet (m)	қамчин	[qamtʃin]
cavalier (m)	ҷовандоз	[tʃovandoz]
seller (vt)	зин кардан	[zin kardan]
se mettre en selle	ба зин нишастан	[ba zin niʃastan]
galop (m)	чорхез	[tʃorχez]
aller au galop	чорхез кардан	[tʃorχez kardan]

trot (m)	лӯкка	[lœkka]
au trot (adv)	лӯкказанон	[lœkkazanon]
aller au trot	лӯккидан	[lœkkidan]

| cheval (m) de course | аспи тозӣ | [aspi tozi:] |
| courses (f pl) à chevaux | пойга | [pojga] |

écurie (f)	саисхона, аспхона	[saisχona], [aspχona]
nourrir (vt)	хӯрок додан	[χœrok dodan]
foin (m)	алафи хушк	[alafi χuʃk]
abreuver (vt)	об додан	[ob dodan]
laver (le cheval)	тоза кардан	[toza kardan]

charrette (f)	ароба	[aroba]
paître (vi)	чаридан	[tʃaridan]
hennir (vi)	шиҳа кашидан	[ʃiha kaʃidan]
ruer (vi)	лагат задан	[lagat zadan]

La flore

227. Les arbres

arbre (m)	дарахт	[daraχt]
à feuilles caduques	пахнбарг	[pahnbarg]
conifère (adj)	… и сӯзанбарг	[i sœzanbarg]
à feuilles persistantes	хамешасабз	[hameʃasabz]
pommier (m)	дарахти себ	[daraχti seb]
poirier (m)	дарахти нок	[daraχti nok]
merisier (m)	дарахти гелос	[daraχti gelos]
cerisier (m)	дарахти олуболу	[daraχti olubolu]
prunier (m)	дарахти олу	[daraχti olu]
bouleau (m)	тӯс	[tœs]
chêne (m)	булут	[bulut]
tilleul (m)	зерфун	[zerfun]
tremble (m)	сиёхбед	[sijɔhbed]
érable (m)	заранг	[zarang]
épicéa (m)	коч, ел	[kodʒ], [el]
pin (m)	санавбар	[sanavbar]
mélèze (m)	кочи баргрез	[kodʒi bargrez]
sapin (m)	пихта	[piχta]
cèdre (m)	дарахти чалгӯза	[daraχti dʒalʁœza]
peuplier (m)	сафедор	[safedor]
sorbier (m)	губайро	[ʁubajro]
saule (m)	бед	[bed]
aune (m)	роздор	[rozdor]
hêtre (m)	бук, олаш	[buk], [olaʃ]
orme (m)	дарахти ларг	[daraχti larg]
frêne (m)	шумтол	[ʃumtol]
marronnier (m)	шохбулут	[ʃohbulut]
magnolia (m)	магнолия	[magnolija]
palmier (m)	нахл	[naχl]
cyprès (m)	дарахти сарв	[daraχti sarv]
palétuvier (m)	дарахти анбах	[daraχti anbah]
baobab (m)	баобаб	[baobab]
eucalyptus (m)	эвкалипт	[ɛvkalipt]
séquoia (m)	секвойя	[sekvojja]

228. Les arbustes

buisson (m)	бутта	[butta]
arbrisseau (m)	бутта	[butta]

| vigne (f) | ток | [tok] |
| vigne (f) (vignoble) | токзор | [tokzor] |

framboise (f)	тамашк	[tamaʃk]
cassis (m)	қоти сиёх	[qoti sijɔh]
groseille (f) rouge	коти сурх	[koti surχ]
groseille (f) verte	бектошй	[bektoʃi:]

acacia (m)	акатсия, ақоқиё	[akatsija], [aqoqijɔ]
berbéris (m)	буттаи зирк	[buttai zirk]
jasmin (m)	ёсуман	[jɔsuman]

genévrier (m)	арча, ардач	[artʃa], [ardadʒ]
rosier (m)	буттаи гул	[buttai gul]
églantier (m)	хуч	[χutʃ]

229. Les champignons

champignon (m)	занбӯруғ	[zanbœruʁ]
champignon (m) comestible	занбӯруғи хӯрданй	[zanbœruʁi χœrdani:]
champignon (m) vénéneux	занбӯруғи захрнок	[zanbœruʁi zahrnok]
chapeau (m)	кулоҳаки занбӯруғ	[kulohaki zanbœruʁ]
pied (m)	тана	[tana]

cèpe (m)	занбӯруғи сафед	[zanbœruʁi safed]
bolet (m) orangé	занбӯруғи сурх	[zanbœruʁi surχ]
bolet (m) bai	занбӯруғи тӯсй	[zanbœruʁi tœsi:]
girolle (f)	қӯзиқандй	[qœziqandi:]
russule (f)	занбӯруғи хомхӯрак	[zanbœruʁi χomχœrak]

morille (f)	бурмазанбӯруғ	[burmazanbœruʁ]
amanite (f) tue-mouches	маргимагас	[margimagas]
oronge (f) verte	занбӯруғи захрнок	[zanbœruʁi zahrnok]

230. Les fruits. Les baies

| fruit (m) | мева, самар | [meva], [samar] |
| fruits (m pl) | меваҳо, самарҳо | [mevaho], [samarho] |

pomme (f)	себ	[seb]
poire (f)	мурӯд, нок	[murœd], [nok]
prune (f)	олу	[olu]

fraise (f)	қулфинай	[qulfinaj]
cerise (f)	олуболу	[olubolu]
merise (f)	гелос	[gelos]
raisin (m)	ангур	[angur]

framboise (f)	тамашк	[tamaʃk]
cassis (m)	қоти сиёх	[qoti sijɔh]
groseille (f) rouge	коти сурх	[koti surχ]
groseille (f) verte	бектошй	[bektoʃi:]

canneberge (f)	клюква	[kljukva]
orange (f)	афлесун, пӯртахол	[aflesun], [pœrtaχol]
mandarine (f)	норанг	[norang]
ananas (m)	ананас	[ananas]
banane (f)	банан	[banan]
datte (f)	хурмо	[χurmo]
citron (m)	лиму	[limu]
abricot (m)	дарахти зардолу	[daraχti zardolu]
pêche (f)	шафтолу	[ʃaftolu]
kiwi (m)	кивй	[kivi:]
pamplemousse (m)	норинҷ	[norindʒ]
baie (f)	буттамева	[buttameva]
baies (f pl)	буттамеваҳо	[buttamevaho]
airelle (f) rouge	брусника	[brusnika]
fraise (f) des bois	тути заминй	[tuti zamini:]
myrtille (f)	черника	[ʧernika]

231. Les fleurs. Les plantes

fleur (f)	гул	[gul]
bouquet (m)	дастаи гул	[dastai gul]
rose (f)	гул, гули садбарг	[gul], [guli sadbarg]
tulipe (f)	лола	[lola]
oeillet (m)	гули мехак	[guli meχak]
glaïeul (m)	гули ёқут	[guli jɔqut]
bleuet (m)	тугмагул	[tugmagul]
campanule (f)	гули момо	[guli momo]
dent-de-lion (f)	коқу	[koqu]
marguerite (f)	бобуна	[bobuna]
aloès (m)	уд, сабр, алоэ	[ud], [sabr], [alɔɛ]
cactus (m)	гули ханҷарй	[guli χandʒari:]
ficus (m)	тутанчир	[tutandʒir]
lis (m)	савсан	[savsan]
géranium (m)	анҷибар	[andʒibar]
jacinthe (f)	сунбул	[sunbul]
mimosa (m)	нозгул	[nozgul]
jonquille (f)	наргис	[nargis]
capucine (f)	настаран	[nastaran]
orchidée (f)	саҳлаб, сӯҳлаб	[sahlab], [sœhlab]
pivoine (f)	гули ашрафй	[guli aʃrafi:]
violette (f)	бунафша	[bunafʃa]
pensée (f)	бунафшаи франгй	[bunafʃai farangi:]
myosotis (m)	марзангӯш	[marzangœʃ]
pâquerette (f)	гули марворидак	[guli marvoridak]
coquelicot (m)	кӯкнор	[kœknor]

| chanvre (m) | бангдона, канаб | [bangdona], [kanab] |
| menthe (f) | пудина | [pudina] |

| muguet (m) | гули барфак | [guli barfak] |
| perce-neige (f) | бойчечак | [bojʧeʧak] |

ortie (f)	газна	[gazna]
oseille (f)	шилха	[ʃilχa]
nénuphar (m)	нилуфари сафед	[nilufari safed]
fougère (f)	фарн	[farn]
lichen (m)	гулсанг	[gulsang]

serre (f) tropicale	гулхона	[gulχona]
gazon (m)	чаман, сабзазор	[ʧaman], [sabzazor]
parterre (m) de fleurs	гулзор	[gulzor]

plante (f)	растанй	[rastani:]
herbe (f)	алаф	[alaf]
brin (m) d'herbe	хас	[χas]

feuille (f)	барг	[barg]
pétale (m)	гулбарг	[gulbarg]
tige (f)	поя	[poja]
tubercule (m)	бех, дона	[beχ], [dona]

| pousse (f) | неш | [neʃ] |
| épine (f) | хор | [χor] |

fleurir (vi)	гул кардан	[gul kardan]
se faner (vp)	пажмурда шудан	[paʒmurda ʃudan]
odeur (f)	бӯй	[bœj]
couper (vt)	буридан	[buridan]
cueillir (fleurs)	кандан	[kandan]

232. Les céréales

grains (m pl)	дона, ғалла	[dona], [ʁalla]
céréales (f pl) (plantes)	растаниҳои ғалладона	[rastanihoi ʁalladona]
épi (m)	хӯша	[χœʃa]

blé (m)	гандум	[gandum]
seigle (m)	чавдор	[dʒavdor]
avoine (f)	хуртумон	[hurtumon]
millet (m)	арзан	[arzan]
orge (f)	чав	[dʒav]
maïs (m)	чуворимакка	[dʒuvorimakka]
riz (m)	шолй, биринч	[ʃoli:], [birindʒ]
sarrasin (m)	марчумак	[mardʒumak]

pois (m)	нахӯд	[naχœd]
haricot (m)	лӯбиё	[lœbijo]
soja (m)	соя	[soja]
lentille (f)	наск	[nask]
fèves (f pl)	лӯбиё	[lœbijo]

233. Les légumes

légumes (m pl)	сабзавот	[sabzavot]
verdure (f)	сабзавот	[sabzavot]
tomate (f)	помидор	[pomidor]
concombre (m)	бодиринг	[bodiring]
carotte (f)	сабзӣ	[sabzi:]
pomme (f) de terre	картошка	[kartoʃka]
oignon (m)	пиёз	[pijɔz]
ail (m)	сир	[sir]
chou (m)	карам	[karam]
chou-fleur (m)	гулкарам	[gulkaram]
chou (m) de Bruxelles	карами брусселӣ	[karami brusseli:]
brocoli (m)	карами бbrокколӣ	[karami brokkoli:]
betterave (f)	лаблабу	[lablabu]
aubergine (f)	бодинҷон	[bodindʒon]
courgette (f)	таррак	[tarrak]
potiron (m)	каду	[kadu]
navet (m)	шалғам	[ʃalʁam]
persil (m)	чаъфарӣ	[dʒa'fari:]
fenouil (m)	шибит	[ʃibit]
laitue (f) (salade)	коху	[kohu]
céleri (m)	карафс	[karafs]
asperge (f)	морчӯба	[mortʃœba]
épinard (m)	испаноқ	[ispanoq]
pois (m)	нахӯд	[naχœd]
fèves (f pl)	лӯбиё	[lœbijo]
maïs (m)	чуворимакка	[dʒuvorimakka]
haricot (m)	лӯбиё	[lœbijo]
poivron (m)	қаламфур	[qalamfur]
radis (m)	шалғамча	[ʃalʁamtʃa]
artichaut (m)	анганор	[anganor]

LA GÉOGRAPHIE RÉGIONALE

Les pays du monde. Les nationalités

234. L'Europe de l'Ouest

Union (f) européenne	Иттиҳоди Аврупо	[ittihodi avrupo]
Autriche (f)	Австрия	[avstrija]
Autrichien (m)	австриягӣ	[avstrijagi:]
Autrichienne (f)	зани австриягӣ	[zani avstrijagi:]
autrichien (adj)	австриягӣ	[avstrijagi:]
Grande-Bretagne (f)	Инглистон	[ingliston]
Angleterre (f)	Англия	[anglija]
Anglais (m)	англис	[anglis]
Anglaise (f)	англисзан	[angliszan]
anglais (adj)	англисӣ	[anglisi:]
Belgique (f)	Белгия	[belgija]
Belge (m)	белгиягӣ	[belgijagi:]
Belge (f)	зани белгиягӣ	[zani belgijagi:]
belge (adj)	белгиягӣ	[belgijagi:]
Allemagne (f)	Олмон	[olmon]
Allemand (m)	немис, олмонӣ	[nemis], [olmoni:]
Allemande (f)	зани немис	[zani nemis]
allemand (adj)	немисӣ, олмонӣ	[nemisi:], [olmoni:]
Pays-Bas (m)	Ҳоланд	[holand]
Hollande (f)	Ҳолландия	[hollandija]
Hollandais (m)	голландӣ	[gollandi:]
Hollandaise (f)	зани голландӣ	[zani gollandi:]
hollandais (adj)	голландӣ	[gollandi:]
Grèce (f)	Юнон	[junon]
Grec (m)	юнонӣ	[junoni:]
Grecque (f)	зани юнонӣ	[zani junoni:]
grec (adj)	юнонӣ	[junoni:]
Danemark (m)	Дания	[danija]
Danois (m)	даниягӣ	[danijagi:]
Danoise (f)	зани даниягӣ	[zani danijagi:]
danois (adj)	даниягӣ	[danijagi:]
Irlande (f)	Ирландия	[irlandija]
Irlandais (m)	ирландӣ	[irlandi:]
Irlandaise (f)	зани ирландӣ	[zani irlandi:]
irlandais (adj)	ирландӣ	[irlandi:]
Islande (f)	Исландия	[islandija]

Islandais (m)	исландӣ	[islandi:]
Islandaise (f)	зани исландӣ	[zani islandi:]
islandais (adj)	исландӣ	[islandi:]

Espagne (f)	Испониё	[isponijɔ]
Espagnol (m)	испанӣ	[ispani:]
Espagnole (f)	зани испанӣ	[zani ispani:]
espagnol (adj)	испанӣ	[ispani:]

Italie (f)	Итолиё	[itolijɔ]
Italien (m)	италиявӣ	[italijavi:]
Italienne (f)	зани италиявӣ	[zani italijavi:]
italien (adj)	италиявӣ	[italijavi:]

Chypre (m)	Кипр	[kipr]
Chypriote (m)	кипрӣ	[kipri:]
Chypriote (f)	зани кипрӣ	[zani kipri:]
chypriote (adj)	кипрӣ	[kipri:]

Malte (f)	Малта	[malta]
Maltais (m)	малтиягӣ	[maltijagi:]
Maltaise (f)	зани малтиягӣ	[zani maltijagi:]
maltais (adj)	малтиягӣ	[maltijagi:]

Norvège (f)	Норвегия	[norvegija]
Norvégien (m)	норвегӣ	[norvegi:]
Norvégienne (f)	зани норвегӣ	[zani norvegi:]
norvégien (adj)	норвегӣ	[norvegi:]

Portugal (m)	Португалия	[portugalija]
Portugais (m)	португалӣ	[portugali:]
Portugaise (f)	зани португалӣ	[zani portugali:]
portugais (adj)	португалӣ	[portugali:]

Finlande (f)	Финланд	[finland]
Finlandais (m)	фин	[fin]
Finlandaise (f)	финзан	[finzan]
finlandais (adj)	… и финхо, финӣ	[i finhɔ], [fini:]

France (f)	Фаронса	[faronsa]
Français (m)	фаронsavӣ	[faronsavi:]
Française (f)	зани фаронсавӣ	[zani faronsavi:]
français (adj)	фаронсавӣ	[faronsavi:]

Suède (f)	Шветсия	[ʃvetsija]
Suédois (m)	швед	[ʃved]
Suédoise (f)	зани швед	[zani ʃved]
suédois (adj)	шведӣ	[ʃvedi:]

Suisse (f)	Швейсария	[ʃvejsarija]
Suisse (m)	швейсариягӣ	[ʃvejsarijagi:]
Suissesse (f)	зани швейсариягӣ	[zani ʃvejsarijagi:]
suisse (adj)	швейсариягӣ	[ʃvejsarijagi:]

| Écosse (f) | Шотландия | [ʃotlandija] |
| Écossais (m) | шотландӣ | [ʃotlandi:] |

| Écossaise (f) | зани шотландӣ | [zani ʃotlandi:] |
| écossais (adj) | шотландӣ | [ʃotlandi:] |

Vatican (m)	Вотикон	[votikon]
Liechtenstein (m)	Лихтенштейн	[lixtenʃtejn]
Luxembourg (m)	Люксембург	[ljuksemburg]
Monaco (m)	Монако	[monako]

235. L'Europe Centrale et l'Europe de l'Est

Albanie (f)	Албания	[albanija]
Albanais (m)	албанӣ	[albani:]
Albanaise (f)	албанзан	[albanzan]
albanais (adj)	албанӣ	[albani:]

Bulgarie (f)	Булғористон	[bulɢoriston]
Bulgare (m)	булғор	[bulɢor]
Bulgare (f)	булғорзан	[bulɢorzan]
bulgare (adj)	булғорӣ	[bulɢori:]

Hongrie (f)	Маҷористон	[madʒoriston]
Hongrois (m)	венгер, маҷор	[venger], [madʒor]
Hongroise (f)	венгерзан	[vengerzan]
hongrois (adj)	венгерӣ	[vengeri:]

Lettonie (f)	Латвия	[latvija]
Letton (m)	латвиягӣ	[latvijagi:]
Lettonne (f)	зани латвиягӣ	[zani latvijagi:]
letton (adj)	латвиягӣ	[latvijagi:]

Lituanie (f)	Литва	[litva]
Lituanien (m)	литвонӣ	[litvoni:]
Lituanienne (f)	зани литвонӣ	[zani litvoni:]
lituanien (adj)	литвонӣ	[litvoni:]

Pologne (f)	Полша, Лаҳистон	[polʃa], [lahiston]
Polonais (m)	лаҳистонӣ	[lahistoni:]
Polonaise (f)	зани лаҳистонӣ	[zani lahistoni:]
polonais (adj)	лаҳистонӣ	[lahistoni:]

Roumanie (f)	Руминия	[ruminija]
Roumain (m)	руминиягӣ	[ruminijagi:]
Roumaine (f)	зани руминиягӣ	[zani ruminijagi:]
roumain (adj)	руминиягӣ	[ruminijagi:]

Serbie (f)	Сербия	[serbija]
Serbe (m)	серб	[serb]
Serbe (f)	сербзан	[serbzan]
serbe (adj)	сербӣ	[serbi:]

Slovaquie (f)	Словакия	[slovakija]
Slovaque (m)	словак	[slovak]
Slovaque (f)	словакзан	[slovakzan]
slovaque (adj)	словакӣ	[slovaki:]

Croatie (f)	Хорватия	[χorvatija]
Croate (m)	хорват	[χorvat]
Croate (f)	хорватзан	[χorvatzan]
croate (adj)	хорватӣ	[χorvati:]

République (f) Tchèque	Чехия	[ʧeχija]
Tchèque (m)	чех	[ʧeχ]
Tchèque (f)	зани чех	[zani ʧeχ]
tchèque (adj)	чехӣ	[ʧeχi:]

Estonie (f)	Эстония	[ɛstonija]
Estonien (m)	эстонӣ	[ɛstoni:]
Estonienne (f)	эстонзан	[ɛstonzan]
estonien (adj)	эстонӣ	[ɛstoni:]

Bosnie (f)	Босния ва Ҳерсеговина	[bosnija va hersegovina]
Macédoine (f)	Мақдуния	[maqdunija]
Slovénie (f)	Словения	[slovenija]
Monténégro (m)	Монтенегро	[montenegro]

236. Les pays de l'ex-U.R.S.S.

Azerbaïdjan (m)	Озарбойҷон	[ozarbojʤon]
Azerbaïdjanais (m)	озарбойҷонӣ, озарӣ	[ozarbojʤoni:], [ozari:]
Azerbaïdjanaise (f)	озарбойҷонзан	[ozarbojʤonzan]
azerbaïdjanais (adj)	озарбойҷонӣ, озарӣ	[ozarbojʤoni:], [ozari:]

Arménie (f)	Арманистон	[armaniston]
Arménien (m)	арманӣ	[armani:]
Arménienne (f)	зани арманӣ	[zani armani:]
arménien (adj)	арманӣ	[armani:]

Biélorussie (f)	Беларус	[belarus]
Biélorusse (m)	белорус	[belorus]
Biélorusse (f)	белорусзан	[beloruszan]
biélorusse (adj)	белорусӣ	[belorusi:]

Géorgie (f)	Гурҷистон	[gurʤiston]
Géorgien (m)	гурҷӣ	[gurʤi:]
Géorgienne (f)	гурҷизан	[gurʤizan]
géorgien (adj)	гурҷӣ	[gurʤi:]

Kazakhstan (m)	Қазоқистон	[qazoqiston]
Kazakh (m)	қазоқ	[qazoq]
Kazakhe (f)	зани қазоқ	[zani qazoq]
kazakh (adj)	қазоқӣ	[qazoqi:]

Kirghizistan (m)	Қирғизистон	[qirʁiziston]
Kirghiz (m)	қирғиз	[qirʁiz]
Kirghize (f)	зани қирғиз	[zani qirʁiz]
kirghiz (adj)	қирғизӣ	[qirʁizi:]

| Moldavie (f) | Молдова | [moldova] |
| Moldave (m) | молдаван | [moldavan] |

| Moldave (f) | зани молдаван | [zani moldavan] |
| moldave (adj) | молдаванӣ | [moldavani:] |

Russie (f)	Россия	[rossija]
Russe (m)	рус	[rus]
Russe (f)	зани рус	[zani rus]
russe (adj)	русӣ	[rusi:]

Tadjikistan (m)	Тоҷикистон	[toʤikiston]
Tadjik (m)	тоҷик	[toʤik]
Tadjik (f)	тоҷикзан	[toʤikzan]
tadjik (adj)	тоҷикӣ	[toʤiki:]

Turkménistan (m)	Туркманистон	[turkmaniston]
Turkmène (m)	туркман	[turkman]
Turkmène (f)	туркманзан	[turkmanzan]
turkmène (adj)	туркманӣ	[turkmani:]

Ouzbékistan (m)	Ӯзбакистон	[œzbakiston]
Ouzbek (m)	ӯзбек	[œzbek]
Ouzbek (f)	ӯзбекзан	[œzbekzan]
ouzbek (adj)	ӯзбекӣ	[œzbeki:]

Ukraine (f)	Украйина	[ukrajina]
Ukrainien (m)	украинӣ	[ukraini:]
Ukrainienne (f)	украинзан	[ukrainzan]
ukrainien (adj)	украинӣ	[ukraini:]

237. L'Asie

| Asie (f) | Осиё | [osijɔ] |
| asiatique (adj) | осиёй, ... и Осиё | [osijɔi:], [i osijɔ] |

Vietnam (m)	Ветнам	[vetnam]
Vietnamien (m)	ветнамӣ	[vetnami:]
Vietnamienne (f)	зани ветнамӣ	[zani vetnami:]
vietnamien (adj)	ветнамӣ	[vetnami:]

Inde (f)	Ҳиндустон	[hinduston]
Indien (m)	ҳинду	[hindu]
Indienne (f)	зани ҳинду	[zani hindu]
indien (adj)	ҳиндуӣ	[hindui:]

Israël (m)	Исроил	[isroil]
Israélien (m)	исроилӣ	[isroili:]
Israélienne (f)	зани исроилӣ	[zani isroili:]
israélien (adj)	... и исроилӣ	[i isroili:]

Chine (f)	Чин	[tʃin]
Chinois (m)	хитой	[χitoi:]
Chinoise (f)	зани хитой	[zani χitoi:]
chinois (adj)	хитой	[χitoi:]
Coréen (m)	кореягӣ	[korejagi:]
Coréenne (f)	зани кореягӣ	[zani korejagi:]

coréen (adj)	кореягӣ	[korejagi:]
Liban (m)	Лубнон	[lubnon]
Libanais (m)	лубнонӣ	[lubnoni:]
Libanaise (f)	зани лубнонӣ	[zani lubnoni:]
libanais (adj)	лубнонӣ	[lubnoni:]
Mongolie (f)	Муғулистон	[muʁuliston]
Mongole (m)	муғул	[muʁul]
Mongole (f)	зани муғул	[zani muʁul]
mongole (adj)	муғулӣ	[muʁuli:]
Malaisie (f)	Малайзия	[malajzija]
Malaisien (m)	малайзиягӣ	[malajzijagi:]
Malaisienne (f)	зани малайзиягӣ	[zani malajzijagi:]
malais (adj)	малайзиягӣ	[malajzijagi:]
Pakistan (m)	Покистон	[pokiston]
Pakistanais (m)	покистонӣ	[pokistoni:]
Pakistanaise (f)	зани покистонӣ	[zani pokistoni:]
pakistanais (adj)	покистонӣ	[pokistoni:]
Arabie (f) Saoudite	Арабистони Саудӣ	[arabistoni saudi:]
Arabe (m)	араб	[arab]
Arabe (f)	арабзан	[arabzan]
arabe (adj)	арабӣ	[arabi:]
Thaïlande (f)	Таиланд	[tailand]
Thaïlandais (m)	тайӣ	[taji:]
Thaïlandaise (f)	зани тайӣ	[zani taji:]
thaïlandais (adj)	тайӣ	[taji:]
Taïwan (m)	Тайван	[tajvan]
Taïwanais (m)	тайванӣ	[tajvani:]
Taïwanaise (f)	зани тайванӣ	[zani tajvani:]
taïwanais (adj)	тайванӣ	[tajvani:]
Turquie (f)	Туркия	[turkija]
Turc (m)	турк	[turk]
Turque (f)	туркзан	[turkzan]
turc (adj)	туркӣ	[turki:]
Japon (m)	Жопун, Чопон	[ʒopun], [dʒopon]
Japonais (m)	чопонӣ	[dʒoponi:]
Japonaise (f)	зани чопонӣ	[zani dʒoponi:]
japonais (adj)	чопонӣ	[dʒoponi:]
Afghanistan (m)	Афғонистон	[afʁoniston]
Bangladesh (m)	Бангладеш	[bangladeʃ]
Indonésie (f)	Индонезия	[indonezija]
Jordanie (f)	Урдун	[urdun]
Iraq (m)	Ироқ	[iroq]
Iran (m)	Эрон	[ɛron]
Cambodge (m)	Камбоча	[kambodʒa]
Koweït (m)	Кувайт	[kuvajt]
Laos (m)	Лаос	[laos]

Myanmar (m)	Мянма	[mjanma]
Népal (m)	Непал	[nepal]
Fédération (f) des Émirats Arabes Unis	Иморатхои Муттахидаи Араб	[imorathoi muttahidai arab]

Syrie (f)	Сурия	[surija]
Palestine (f)	Фаластин	[falastin]
Corée (f) du Sud	Кореяи Чануби	[korejai dʒanubi:]
Corée (f) du Nord	Кореяи Шимоли	[korejai ʃimoli:]

238. L'Amérique du Nord

Les États Unis	Иёлоти Муттахидаи Америка	[ijɔloti muttahidai amerika]
Américain (m)	америкой	[amerikɔi:]
Américaine (f)	америкоизан	[amerikoizan]
américain (adj)	америкой	[amerikoi:]

Canada (m)	Канада	[kanada]
Canadien (m)	канадаги	[kanadagi:]
Canadienne (f)	канадагизан	[kanadagizan]
canadien (adj)	канадаги	[kanadagi:]

Mexique (m)	Мексика	[meksika]
Mexicain (m)	мексикаги	[meksikagi:]
Mexicaine (f)	зани мексикаги	[zani meksikagi:]
mexicain (adj)	мексикаги	[meksikagi:]

239. L'Amérique Centrale et l'Amérique du Sud

Argentine (f)	Аргентина	[argentina]
Argentin (m)	аргентинаги	[argentinagi:]
Argentine (f)	аргентинзан	[argentinzan]
argentin (adj)	аргентинаги	[argentinagi:]

Brésil (m)	Бразилия	[brazilija]
Brésilien (m)	бразилияги	[brazilijagi:]
Brésilienne (f)	бразилиягизан	[brazilijagizan]
brésilien (adj)	бразилияги	[brazilijagi:]

Colombie (f)	Колумбия	[kolumbija]
Colombien (m)	колумбияги	[kolumbijagi:]
Colombienne (f)	зани колумбияги	[zani kolumbijagi:]
colombien (adj)	колумбияги	[kolumbijagi:]

Cuba (f)	Куба	[kuba]
Cubain (m)	кубаги	[kubagi:]
Cubaine (f)	зани кубаги	[zani kubagi:]
cubain (adj)	кубаги	[kubagi:]

| Chili (m) | Чиле | [tʃile] |
| Chilien (m) | чилиги | [tʃiligi:] |

| Chilienne (f) | зани чилигӣ | [zani ʧiligi:] |
| chilien (adj) | чилигӣ | [ʧiligi:] |

Bolivie (f)	Боливия	[bolivija]
Venezuela (f)	Венесуэла	[venesuɛla]
Paraguay (m)	Парагвай	[paragvaj]
Pérou (m)	Перу	[peru]
Surinam (m)	Суринам	[surinam]
Uruguay (m)	Уругвай	[urugvaj]
Équateur (m)	Эквадор	[ɛkvador]

Bahamas (f pl)	Ҷазираҳои Багам	[ʤazirahoi bagam]
Haïti (m)	Гаити	[gaiti]
République (f) Dominicaine	Ҷумхурии Доминикан	[ʤumhuri:i dominikan]
Panamá (m)	Панама	[panama]
Jamaïque (f)	Ямайка	[jamajka]

240. L'Afrique

Égypte (f)	Миср	[misr]
Égyptien (m)	мисрӣ	[misri:]
Égyptienne (f)	зани мисрӣ	[zani misri:]
égyptien (adj)	мисрӣ	[misri:]

Maroc (m)	Марокаш	[marokaʃ]
Marocain (m)	марокашӣ	[marokaʃi:]
Marocaine (f)	зани марокашӣ	[zani marokaʃi:]
marocain (adj)	марокашӣ	[marokaʃi:]

Tunisie (f)	Тунис	[tunis]
Tunisien (m)	тунисӣ	[tunisi:]
Tunisienne (f)	зани тунисӣ	[zani tunisi:]
tunisien (adj)	тунисӣ	[tunisi:]

Ghana (m)	Гана	[gana]
Zanzibar (m)	Занзибар	[zanzibar]
Kenya (m)	Кения	[kenija]
Libye (f)	Либия	[libija]
Madagascar (f)	Мадагаскар	[madagaskar]
Namibie (f)	Намибия	[namibija]
Sénégal (m)	Сенегал	[senegal]
Tanzanie (f)	Танзания	[tanzanija]
République (f) Sud-africaine	Африкои Ҷанубӣ	[afriqoi ʤanubi:]

Africain (m)	африкой	[afrikoi:]
Africaine (f)	африкоизан	[afrikoizan]
africain (adj)	африкой	[afrikoi:]

241. L'Australie et Océanie

| Australie (f) | Австралия | [avstralija] |
| Australien (m) | австралиягӣ | [avstralijagi:] |

215

| Australienne (f) | австралиягизан | [avstralijagizan] |
| australien (adj) | австралиягӣ | [avstralijagi:] |

Nouvelle Zélande (f)	Зеландияи Нав	[zelandijai nav]
Néo-Zélandais (m)	новозеландӣ	[novozelandi:]
Néo-Zélandaise (f)	зани новозеландӣ	[zani novozelandi:]
néo-zélandais (adj)	новозеландӣ	[novozelandi:]

| Tasmanie (f) | Тасмания | [tasmanija] |
| Polynésie (f) Française | Полинезияи Фаронсавӣ | [polinezijai faronsavi:] |

242. Les grandes villes

Amsterdam (f)	Амстердам	[amsterdam]
Ankara (m)	Анкара	[ankara]
Athènes (m)	Афина	[afina]

Bagdad (m)	Бағдод	[baʁdod]
Bangkok (m)	Бангкок	[bangkok]
Barcelone (f)	Барселона	[barselona]
Berlin (m)	Берлин	[berlin]
Beyrouth (m)	Бейрут	[bejrut]

Bombay (m)	Бомбей	[bombej]
Bonn (f)	Бонн	[bonn]
Bordeaux (f)	Бордо	[bordo]
Bratislava (m)	Братислава	[bratislava]
Bruxelles (f)	Брюссел	[brjussel]
Bucarest (m)	Бухарест	[buxarest]
Budapest (m)	Будапешт	[budapeʃt]

Caire (m)	Қоҳира	[qohira]
Calcutta (f)	Калкутта	[kalkutta]
Chicago (f)	Чикаго	[tʃikago]
Copenhague (f)	Копенҳаген	[kopenhagen]

Dar es-Salaam (f)	Дар ес Салаам	[dar es salaam]
Delhi (f)	Деҳли	[dehli]
Dubaï (f)	Дубай	[dubaj]
Dublin (f)	Дублин	[dublin]

Florence (f)	Флоренсия	[florensija]
Francfort (f)	Франкфурт	[frankfurt]
Genève (f)	Женева	[ʒeneva]

Hague (f)	Гаага	[gaaga]
Hambourg (f)	Гамбург	[gamburg]
Hanoi (f)	Ҳаной	[hanoj]
Havane (f)	Гавана	[gavana]
Helsinki (f)	Ҳелсинки	[helsinki]
Hiroshima (f)	Ҳиросима	[hirosima]
Hong Kong (m)	Ҳонг Конг	[hong kong]
Istanbul (f)	Истамбул	[istambul]
Jérusalem (f)	Иерусалим	[ierusalim]

Kiev (f)	Киев	[kiev]
Kuala Lumpur (f)	Куала Лумпур	[kuala lumpur]
Lisbonne (f)	Лиссабон	[lissabon]
Londres (m)	Лондон	[london]
Los Angeles (f)	Лос-Анчелес	[los-andʒeles]
Lyon (f)	Лион	[lion]

Madrid (f)	Мадрид	[madrid]
Marseille (f)	Марсел	[marsel]
Mexico (f)	Мехико	[meχiko]
Miami (f)	Майами	[majami]
Montréal (f)	Монреал	[monreal]
Moscou (f)	Москва	[moskva]
Munich (f)	Мюнхен	[mjunχen]

Nairobi (f)	Найроби	[najrobi]
Naples (f)	Неапол	[neapol]
New York (f)	Ню Йорк	[nju jɔrk]
Nice (f)	Нитсса	[nitssa]

| Oslo (m) | Осло | [oslo] |
| Ottawa (m) | Оттава | [ottava] |

Paris (m)	Париж	[pariʒ]
Pékin (m)	Пекин	[pekin]
Prague (m)	Прага	[praga]
Rio de Janeiro (m)	Рио-де-Жанейро	[rio-de-ʒanejro]
Rome (f)	Рим	[rim]

Saint-Pétersbourg (m)	Санкт-Петербург	[sankt-peterburg]
Séoul (m)	Сеул	[seul]
Shanghai (m)	Шанхай	[ʃanhaj]
Sidney (m)	Сидней	[sidnej]
Singapour (f)	Сингапур	[singapur]
Stockholm (m)	Стокхолм	[stokholm]

Taipei (m)	Тайпей	[tajpej]
Tokyo (m)	Токио	[tokio]
Toronto (m)	Торонто	[toronto]

Varsovie (f)	Варшава	[varʃava]
Venise (f)	Венетсия	[venetsija]
Vienne (f)	Вена	[vena]
Washington (f)	Вашингтон	[vaʃington]

243. La politique. Le gouvernement. Partie 1

politique (f)	сиёсат	[sijɔsat]
politique (adj)	сиёси	[sijɔsi:]
homme (m) politique	сиёсатмадор	[sijɔsatmador]

état (m)	давлат	[davlat]
citoyen (m)	гражданин	[graʒdanin]
citoyenneté (f)	гражданият	[graʒdanijat]

armoiries (f pl) nationales	нишони миллӣ	[niʃoni milli:]
hymne (m) national	гимн	[gimn]
gouvernement (m)	ҳукумат	[hukumat]
chef (m) d'état	раиси кишвар	[raisi kiʃvar]
parlement (m)	маҷлис	[madʒlis]
parti (m)	ҳизб	[hizb]
capitalisme (m)	капитализм	[kapitalizm]
capitaliste (adj)	капиталистӣ	[kapitalisti:]
socialisme (m)	сотсиализм	[sotsializm]
socialiste (adj)	сотсиалистӣ	[sotsialisti:]
communisme (m)	коммунизм	[kommunizm]
communiste (adj)	коммунистӣ	[kommunisti:]
communiste (m)	коммунист	[kommunist]
démocratie (f)	демократия	[demokratija]
démocrate (m)	демократ	[demokrat]
démocratique (adj)	демократӣ	[demokrati:]
parti (m) démocratique	ҳизби демократӣ	[hizbi demokrati:]
libéral (m)	либерал	[liberal]
libéral (adj)	либералӣ, ... и либерал	[liberali:], [i liberal]
conservateur (m)	консерватор	[konservator]
conservateur (adj)	консервативӣ	[konservativi:]
république (f)	ҷумҳурият	[dʒumhurijat]
républicain (m)	ҷумҳурихоҳ	[dʒumhurixoh]
parti (m) républicain	ҳизби ҷумҳурихоҳон	[hizbi dʒumhurixohon]
élections (f pl)	интихобот	[intixobot]
élire (vt)	интихоб кардан	[intixob kardan]
électeur (m)	интихобкунанда	[intixobkunanda]
campagne (f) électorale	маъракаи интихоботӣ	[ma'rakai intixoboti:]
vote (m)	овоздиҳӣ	[ovozdihi:]
voter (vi)	овоз додан	[ovoz dodan]
droit (m) de vote	ҳуқуқи овоздиҳӣ	[huquqi ovozdihi:]
candidat (m)	номзад	[nomzad]
poser sa candidature	номзад интихоб шудан	[nomzad intixob ʃudan]
campagne (f)	маърака	[ma'raka]
d'opposition (adj)	мухолиф	[muxolif]
opposition (f)	оппозитсия	[oppozitsija]
visite (f)	ташриф	[taʃrif]
visite (f) officielle	ташрифи расмӣ	[taʃrifi rasmi:]
international (adj)	байналхалқӣ	[bajnalxalqi:]
négociations (f pl)	гуфтугузор	[guftuguzor]
négocier (vi)	гуфтушунид гузарондан	[guftuʃunid guzarondan]

244. La politique. Le gouvernement. Partie 2

société (f)	чамъият	[dʒam'ijat]
constitution (f)	конститутсия	[konstitutsija]
pouvoir (m)	хокимият	[hokimijat]
corruption (f)	ришватхӯрй	[riʃvatχœri:]

| loi (f) | қонун | [qonun] |
| légal (adj) | конунй, ... и конун | [konuni:], [i konun] |

| justice (f) | хакқоният | [haqqonijat] |
| juste (adj) | хакқонй | [haqqoni:] |

comité (m)	комитет	[komitet]
projet (m) de loi	лоихаи қонун	[loihai qonun]
budget (m)	бучет	[budʒet]
politique (f)	сиёсат	[sijɔsat]
réforme (f)	ислохот	[islohot]
radical (adj)	радикалй	[radikali:]

puissance (f)	қувва	[quvva]
puissant (adj)	тавоно	[tavono]
partisan (m)	тарафдор	[tarafdor]
influence (f)	таъсир, нуфуз	[ta'sir], [nufuz]

régime (m)	тартибот	[tartibot]
conflit (m)	низоъ	[nizo']
complot (m)	суиқасд	[suiqasd]
provocation (f)	иғво	[iʁvo]

renverser (le régime)	сарнагун кардан	[sarnagun kardan]
renversement (m)	сарнагун кардани	[sarnagun kardani]
révolution (f)	инқилоб	[inqilob]

| coup (m) d'État | табаддулот | [tabaddulot] |
| coup (m) d'État militaire | табаддулоти харби | [tabadduloti harbi] |

crise (f)	бӯхрон	[bœhron]
baisse (f) économique	таназзули иқтисодй	[tanazzuli iqtisodi:]
manifestant (m)	намоишгар	[namoiʃgar]
manifestation (f)	намоиш	[namoiʃ]

| loi (f) martiale | вазъияти чанг | [vaz'ijati dʒang] |
| base (f) militaire | пойгохи харбй | [pojgohi harbi:] |

| stabilité (f) | устуворй | [ustuvori:] |
| stable (adj) | устувор | [ustuvor] |

| exploitation (f) | истисмор | [istismor] |
| exploiter (vt) | истисмор кардан | [istismor kardan] |

racisme (m)	нажодпарастй	[naʒodparasti:]
raciste (m)	нажодпараст	[naʒodparast]
fascisme (m)	фашизм	[faʃizm]
fasciste (m)	фашист	[faʃist]

245. Les différents pays du monde. Divers

étranger (m)	хоричӣ	[χoridʒi:]
étranger (adj)	хоричӣ	[χoridʒi:]
à l'étranger (adv)	дар хорича	[dar χoridʒa]
émigré (m)	муҳочир	[muhodʒir]
émigration (f)	муҳочират	[muhodʒirat]
émigrer (vi)	мухочират кардан	[muχodʒirat kardan]
Ouest (m)	Ғарб	[ʁarb]
Est (m)	Шарқ	[ʃarq]
Extrême Orient (m)	Шарқи Дур	[ʃarqi dur]
civilisation (f)	тамаддун	[tamaddun]
humanité (f)	башарият	[baʃarijat]
monde (m)	дунё	[dunjɔ]
paix (f)	сулҳ	[sulh]
mondial (adj)	ҷаҳонӣ	[dʒahoni:]
patrie (f)	ватан	[vatan]
peuple (m)	халқ	[χalq]
population (f)	аҳолӣ	[aholi:]
gens (m pl)	одамон	[odamon]
nation (f)	миллат	[millat]
génération (f)	насл	[nasl]
territoire (m)	хок	[χok]
région (f)	минтақа	[mintaqa]
état (m) (partie du pays)	штат	[ʃtat]
tradition (f)	анъана	[an'ana]
coutume (f)	одат	[odat]
écologie (f)	экология	[ɛkologija]
indien (m)	ҳиндуи Америка	[hindui amerika]
bohémien (m)	лӯлӣ	[lœli:]
bohémienne (f)	лӯлизан	[lœlizan]
bohémien (adj)	... и лӯлӣ	[i lœli:]
empire (m)	империя	[imperija]
colonie (f)	мустамлика	[mustamlika]
esclavage (m)	ғуломӣ	[ʁulomi:]
invasion (f)	тохтутоз	[toχtutoz]
famine (f)	гуруснагӣ	[gurusnagi:]

246. Les groupes religieux. Les confessions

religion (f)	дин	[din]
religieux (adj)	динӣ	[dini:]

foi (f)	ақоиди динӣ	[aqoidi dini:]
croire (en Dieu)	бовар доштан	[bovar doʃtan]
croyant (m)	имондор	[imondor]
athéisme (m)	атеизм, бединӣ	[ateizm], [bedini:]
athée (m)	атеист, бедин	[ateist], [bedin]
christianisme (m)	масеҳият	[masehijat]
chrétien (m)	масеҳӣ	[masehi:]
chrétien (adj)	масеҳӣ	[masehi:]
catholicisme (m)	мазҳаби католикӣ	[mazhabi katoliki:]
catholique (m)	католик	[katolik]
catholique (adj)	католикӣ	[katoliki:]
protestantisme (m)	Мазҳаби протестантӣ	[mazhabi protestanti:]
Église (f) protestante	Калисои протестантӣ	[kalisoi protestanti:]
protestant (m)	протестант	[protestant]
Orthodoxie (f)	Православӣ	[pravoslavi:]
Église (f) orthodoxe	Калисои православӣ	[kalisoi pravoslavi:]
orthodoxe (m)	православӣ	[pravoslavi:]
Presbytérianisme (m)	Мазҳаби пресвитерӣ	[mazhabi presviteri:]
Église (f) presbytérienne	Калисои пресвитерӣ	[kalisoi presviteri:]
presbytérien (m)	пресвитерӣ	[presviteri:]
Église (f) luthérienne	калисои лютеранӣ	[kalisoi ljuterani:]
luthérien (m)	лютермазҳаб	[ljutermazhab]
Baptisme (m)	баптизм	[baptizm]
baptiste (m)	баптист, пайрави баптизм	[baptist], [pajravi baptizm]
Église (f) anglicane	калисои англиканӣ	[kalisoi anglikani:]
anglican (m)	англиканӣ	[anglikani:]
Mormonisme (m)	мазҳаби мормонӣ	[mazhabi mormoni:]
mormon (m)	мормон	[mormon]
judaïsme (m)	яҳудият	[jahudijat]
juif (m)	яҳуди	[jahudi]
Bouddhisme (m)	буддизм	[buddizm]
bouddhiste (m)	буддой	[buddoi:]
hindouisme (m)	Ҳиндуия	[hinduija]
hindouiste (m)	ҳиндуӣ	[hindui:]
islam (m)	Ислом	[islom]
musulman (m)	мусулмон	[musulmon]
musulman (adj)	мусулмонӣ	[musulmoni:]
Chiisme (m)	Мазҳаби шиа	[mazhabi ʃia]
chiite (m)	шиа	[ʃia]
Sunnisme (m)	Мазҳаби суннӣ	[mazhabi sunni:]
sunnite (m)	сунниён	[sunnijon]

247. Les principales religions. Le clergé

prêtre (m)	рӯхонӣ	[rœhoni:]
Pape (m)	папаи Рим	[papai rim]
moine (m)	роҳиб	[rohib]
bonne sœur (f)	роҳиба	[rohiba]
pasteur (m)	пастор	[pastor]
abbé (m)	аббат	[abbat]
vicaire (m)	викарий	[vikarij]
évêque (m)	епископ	[episkop]
cardinal (m)	кардинал	[kardinal]
prédicateur (m)	воиз	[voiz]
sermon (m)	ваъз	[va'z]
paroissiens (m pl)	аҳли калисо	[ahli kaliso]
croyant (m)	имондор	[imondor]
athée (m)	атеист, бедин	[ateist], [bedin]

248. La foi. Le Christianisme. L'Islam

Adam	Одам	[odam]
Ève	Ҳавво	[havvo]
Dieu (m)	Худо, Оллоҳ	[χudo], [olloh]
le Seigneur	Худо	[χudo]
le Tout-Puissant	қодир	[qodir]
péché (m)	гуноҳ	[gunoh]
pécher (vi)	гуноҳ кардан	[gunoh kardan]
pécheur (m)	гунаҳкор	[gunahkor]
pécheresse (f)	зани гунаҳгор	[zani gunahgor]
enfer (m)	дӯзах, ҷаҳаннам	[dœzaχ], [dʒahannam]
paradis (m)	биҳишт	[bihiʃt]
Jésus	Исо	[iso]
Jésus Christ	Исои Масеҳ	[isoi maseh]
le Saint-Esprit	Рӯхулқудс	[rœhulquds]
le Sauveur	Наҷоткор	[nadʒotkor]
la Sainte Vierge	Бибӣ Марям	[bibi: marjam]
Satan	Шайтон	[ʃajton]
satanique (adj)	шайтонӣ	[ʃajtoni:]
ange (m)	малак, фаришта	[malak], [fariʃta]
ange (m) gardien	фариштаи нигаҳбон	[fariʃtai nigahbon]
angélique (adj)	… и малак, … и фаришта	[i malak], [i fariʃta]
apôtre (m)	апостол, ҳаворӣ	[apostol], [havori:]
archange (m)	малоикаи муқарраб	[maloikai muqarrab]

antéchrist (m)	даччол, хари даччол	[dadʒdʒol], [ҳari dadʒdʒol]
Église (f)	Калисо	[kaliso]
Bible (f)	Таврот ва Инчил	[tavrot va indʒil]
biblique (adj)	Навиштачотй	[naviʃtadʒoti:]

Ancien Testament (m)	Аҳди қадим	[ahdi qadim]
Nouveau Testament (m)	Аҳди Чадид	[ahdi dʒadid]
Sainte Écriture (f)	Навиштачоти Илохй	[naviʃtadʒoti ilohi:]
Cieux (m pl)	Осмон, Подшохии Худо	[osmon], [podʃohi:i ҳudo]

commandement (m)	фармон	[farmon]
prophète (m)	пайғамбар	[pajʁambar]
prophétie (f)	пайғамбарй	[pajʁambari:]

Allah	Оллоҳ	[olloh]
Mahomet	Муҳаммад	[muhammad]
le Coran	куръон	[qur'on]

mosquée (f)	масчид	[masdʒid]
mulla (m)	мулло	[mullo]
prière (f)	намозхонй	[namozҳoni:]
prier (~ Dieu)	намоз хондан	[namoz ҳondan]

pèlerinage (m)	зиёрат	[zijɔrat]
pèlerin (m)	зиёраткунанда	[zijɔratkunanda]
La Mecque	Макка	[makka]

église (f)	калисо	[kaliso]
temple (m)	ибодатгоҳ	[ibodatgoh]
cathédrale (f)	собор	[sobor]
gothique (adj)	готики	[gotiki]
synagogue (f)	каниса	[kanisa]
mosquée (f)	масчид	[masdʒid]

chapelle (f)	калисои хурд	[kalisoi ҳurd]
abbaye (f)	аббатй	[abbati:]
couvent (m)	дайр	[dajr]
monastère (m)	дайри мардон	[dajri mardon]

cloche (f)	нокус, зангӯла	[noqus], [zangœla]
clocher (m)	зангӯлахона	[zangœlaҳona]
sonner (vi)	занг задан	[zang zadan]

croix (f)	салиб	[salib]
coupole (f)	гунбаз	[gunbaz]
icône (f)	икона	[ikona]

sort (m) (destin)	такдир	[taqdir]
mal (m)	бадй	[badi:]
bien (m)	некй	[neki:]

vampire (m)	вампир	[vampir]
sorcière (f)	чодугарзан, албастй	[dʒodugarzan], [albasti:]
démon (m)	азозил	[azozil]
rachat (m)	кафорат	[kaforat]
racheter (pécheur)	кафорат кардан	[kaforat kardan]

office (m), messe (f)	ибодат	[ibodat]
dire la messe	ибодат кардан	[ibodat kardan]
confession (f)	омурзиш	[omurziʃ]
se confesser (vp)	омурзиш хостан	[omurziʃ χostan]

saint (m)	муқаддас	[muqaddas]
sacré (adj)	муқаддас	[muqaddas]
l'eau bénite	оби муқаддас	[obi muqaddas]

rite (m)	маросим	[marosim]
rituel (adj)	маросимй	[marosimi:]
sacrifice (m)	қурбонй	[qurboni:]

superstition (f)	хурофот	[χurofot]
superstitieux (adj)	хурофотпараст	[χurofotparast]
vie (f) après la mort	охират	[oχirat]
vie (f) éternelle	ҳаёти абадй	[hajoti abadi:]

DIVERS

249. Quelques mots et formules utiles

aide (f)	кумак	[kumak]
arrêt (m) (pause)	танаффус	[tanaffus]
balance (f)	мизон	[mizon]
barrière (f)	сад, монеа	[sad], [monea]
base (f)	асос	[asos]
catégorie (f)	категория	[kategorija]
cause (f)	сабаб	[sabab]
choix (m)	интихоб	[intixob]
chose (f) (objet)	шайъ	[ʃaj']
coïncidence (f)	рост омадани	[rost omadani]
comparaison (f)	муқоисакунӣ	[muqoisakuni:]
compensation (f)	товон	[tovon]
confortable (adj)	барохат	[barohat]
croissance (f)	афзоиш, зиёдшавӣ	[afzoiʃ], [zijodʃavi:]
début (m)	сар	[sar]
degré (m) (~ de liberté)	дараҷа	[daradʒa]
développement (m)	пешравӣ	[peʃravi:]
différence (f)	фарқ, тафриқа	[farq], [tafriqa]
d'urgence (adv)	зуд, фавран	[zud], [favran]
effet (m)	таъсир	[ta'sir]
effort (m)	саъю кӯшиш	[sa'ju kœʃiʃ]
élément (m)	элемент	[ɛlement]
exemple (m)	мисол, назира	[misol], [nazira]
fait (m)	факт	[fakt]
faute, erreur (f)	хато	[xato]
fin (f)	анҷом	[andʒom]
fond (m) (arrière-plan)	таг	[tag]
forme (f)	шакл	[ʃakl]
fréquent (adj)	зуд-зуд	[zud-zud]
genre (m) (type, sorte)	хел	[xel]
idéal (m)	идеал	[ideal]
labyrinthe (m)	лабиринт	[labirint]
mode (m) (méthode)	тарз	[tarz]
moment (m)	лаҳза, дам	[lahza], [dam]
objet (m)	объект	[ob'ekt]
obstacle (m)	монеа	[monea]
original (m)	нусхаи асл	[nusxai asl]
part (f)	қисм	[qism]
particule (f)	зарра	[zarra]

pause (f)	фосила	[fosila]
position (f)	мавқеъ	[mavqe']
principe (m)	принсип	[prinsip]
problème (m)	масъала	[mas'ala]
processus (m)	чараён	[dʒarajon]
progrès (m)	тараққӣ	[taraqqi:]
propriété (f) (qualité)	хосият	[xosijat]
réaction (f)	аксуламал	[aksulamal]
risque (m)	хатар, таваккал	[xatar], [tavakkal]
secret (m)	сир, роз	[sir], [roz]
série (f)	силсила	[silsila]
situation (f)	вазъият	[vaz'ijat]
solution (f)	ҳал	[hal]
standard (adj)	стандартӣ	[standarti:]
standard (m)	стандарт	[standart]
style (m)	услуб	[uslub]
système (m)	тартиб	[tartib]
tableau (m) (grille)	чадвал	[dʒadval]
tempo (m)	суръат	[sur'at]
terme (m)	истилоҳ	[istiloh]
tour (m) (attends ton ~)	навбат	[navbat]
type (m) (~ de sport)	навъ	[nav']
urgent (adj)	зуд, фаврӣ	[zud], [favri:]
utilité (f)	фоида	[foida]
vérité (f)	ҳақиқат	[haqiqat]
version (f)	вариант	[variant]
zone (f)	минтақа	[mintaqa]

250. Les adjectifs. Partie 1

affamé (adj)	гурусна	[gurusna]
agréable (la voix)	хуш	[xuʃ]
aigre (fruits ~s)	турш	[turʃ]
amer (adj)	талх	[talχ]
ancien (adj)	қадим	[qadim]
arrière (roue, feu)	... и ақиб, ... и охир	[i aqib], [i oχir]
artificiel (adj)	сунъӣ	[sun'i:]
attentionné (adj)	ғамхор	[ʁamχor]
aveugle (adj)	кӯр	[kœr]
bas (voix ~se)	паст	[past]
basané (adj)	сабзина	[sabzina]
beau (homme)	зебо	[zebo]
beau, magnifique (adj)	зебо	[zebo]
bien affilé (adj)	тез	[tez]
bon (~ voyage!)	хуб	[χub]
bon (au bon cœur)	нек	[nek]

bon (savoureux)	бомаза	[bomaza]
bon marché (adj)	арзон	[arzon]
bronzé (adj)	гандумгун	[gandumgun]
calme (tranquille)	ором	[orom]
central (adj)	марказӣ	[markazi:]
chaud (modérément)	гарм	[garm]

cher (adj)	қимат	[qimat]
civil (droit ~)	граждани	[graʒdani]
clair (couleur)	кушод	[kuʃod]
clair (explication ~e)	фаҳмо	[fahmo]
clandestin (adj)	пинҳонӣ	[pinhoni:]

commun (projet ~)	якҷоя	[jakdʒoja]
compatible (adj)	мутобиқ	[mutobiq]
considérable (adj)	бисёр	[bisjɔr]
content (adj)	хурсанд	[χursand]

continu (incessant)	бе танаффус	[be tanaffus]
continu (usage ~)	давомнок	[davomnok]
convenu (approprié)	боб	[bob]
court (de taille)	кӯтоҳ	[kœtoh]
court (en durée)	кӯтоҳмуддат	[kœtohmuddat]

cru (non cuit)	хом	[χom]
d'à côté, voisin	наздик, қариб	[nazdik], [qarib]
dangereux (adj)	хатарнок	[χatarnok]
d'enfant (adj)	бачагона, кӯдакона	[batʃagona], [kœdakona]
dense (brouillard ~)	зич	[ziʧ]

dernier (final)	охирин	[oχirin]
différent (adj)	гуногун	[gunogun]
difficile (complexe)	мураккаб	[murakkab]
difficile (décision)	душвор	[duʃvor]

divers (adj)	мухталиф	[muχtalif]
d'occasion (adj)	истифодабурдашуда	[istifodaburdaʃuda]
douce (l'eau ~)	ширин	[ʃirin]
droit (pas courbe)	рост	[rost]

droit (situé à droite)	рост	[rost]
dur (pas mou)	сахт	[saχt]
éloigné (adj)	дур	[dur]
ensoleillé (jour ~)	… и офтоб	[i oftob]

entier (adj)	бутун, яклухт	[butun], [jakluχt]
épais (brouillard ~)	зич, ғафс	[ziʧ], [ʁafs]
épais (mur, etc.)	ғафс	[ʁafs]
étranger (adj)	хориҷӣ	[χoridʒi:]
étroit (passage, etc.)	танг	[tang]

excellent (adj)	хуб	[χub]
excessif (adj)	аз ҳад зиёд	[az had zijod]
extérieur (adj)	берунӣ, зоҳирӣ	[beruni:], [zohiri:]
facile (adj)	осон	[oson]
faible (lumière)	хира	[χira]

fatiguant (adj)	хастакунанда	[χastakunanda]
fatigué (adj)	мондашуда	[mondaʃuda]
fermé (adj)	пӯшида, баста	[pœʃida], [basta]
fertile (le sol ~)	серхосил	[serhosil]

fort (homme ~)	зӯр, бақувват	[zœr], [baquvvat]
fort (voix ~e)	баланд	[baland]
fragile (vaisselle, etc.)	зудшикан	[zudʃikan]
frais (adj) (légèrement froid)	салқин	[salqin]
frais (du pain ~)	тоза	[toza]

froid (boisson ~e)	хунук, сард	[χunuk], [sard]
gauche (adj)	чап	[tʃap]
géant (adj)	бузург	[buzurg]
gentil (adj)	хуб, нағз	[χub], [naʁz]
grand (dimension)	калон, бузург	[kalon], [buzurg]

gras (repas ~)	серравған	[serravʁan]
gratuit (adj)	бепул	[bepul]
heureux (adj)	хушбахт	[χuʃbaχt]
hostile (adj)	душманона	[duʃmanona]
humide (adj)	намнок	[namnok]

immobile (adj)	беҳаракат	[beharakat]
important (adj)	муҳим, зарур	[muhim], [zarur]
impossible (adj)	номумкин	[nomumkin]
indéchiffrable (adj)	номафхум	[nomafhum]
indispensable (adj)	зарурӣ	[zaruri:]

intelligent (adj)	оқил	[oqil]
intérieur (adj)	дарунӣ	[daruni:]
jeune (adj)	ҷавон	[dʒavon]
joyeux (adj)	хушхол	[χuʃhol]
juste, correct (adj)	дуруст	[durust]

251. Les adjectifs. Partie 2

large (~ route)	васеъ	[vase']
le même, pareil (adj)	баробар	[barobar]
le plus important	аз ҳама муҳим	[az hama muhim]
le plus proche	аз ҳама наздик	[az hama nazdik]
légal (adj)	конунӣ, ... и конун	[konuni:], [i konun]

léger (pas lourd)	сабук	[sabuk]
libre (accès, etc.)	озод	[ozod]
limité (adj)	маҳдуд	[mahdud]
liquide (adj)	моеъ	[moe']
lisse (adj)	ҳамвор	[hamvor]

lointain (adj)	дур	[dur]
long (~ chemin)	дур	[dur]
lourd (adj)	вазнин	[vaznin]
maigre (adj)	логар, камгӯшт	[loʁar], [kamgœʃt]
malade (adj)	касал, бемор	[kasal], [bemor]

mat (couleur)	бечило	[bedʒilo]
mauvais (adj)	бад	[bad]
méticuleux (~ travail)	покиза	[pokiza]
miséreux (adj)	гадо	[gado]
mort (adj)	мурда	[murda]
mou (souple)	нарм, мулоим	[narm], [muloim]
mûr (fruit ~)	пухта	[puχta]
myope (adj)	наздикбин	[nazdikbin]
mystérieux (adj)	асроромез	[asroromez]
natal (ville, pays)	… и ватан	[i vatan]
nécessaire (adj)	даркорӣ	[darkori:]
négatif (adj)	манфӣ	[manfi:]
négligent (adj)	мусоҳилакор	[musohilakor]
nerveux (adj)	асабонӣ	[asaboni:]
neuf (adj)	нав	[nav]
normal (adj)	мӯътадил	[mœ'tadil]
obligatoire (adj)	ҳатмӣ	[hatmi:]
opposé (adj)	муқобил	[muqobil]
ordinaire (adj)	оддӣ, одатӣ	[oddi:], [odati:]
original (peu commun)	бикр	[bikr]
ouvert (adj)	кушод	[kuʃod]
parfait (adj)	олӣ	[oli:]
pas clair (adj)	норавшан	[noravʃan]
pas difficile (adj)	сабук, осон	[sabuk], [oson]
pas grand (adj)	хурдакак	[χurdakak]
passé (le mois ~)	гузашта	[guzaʃta]
passé (participe ~)	гузашта	[guzaʃta]
pauvre (adj)	камбағал	[kambaʁal]
permanent (adj)	доимо, ҳамеша	[doimo], [hameʃa]
personnel (adj)	шахсӣ	[ʃaχsi:]
petit (adj)	хурд	[χurd]
peu expérimenté (adj)	бетаҷриба	[betadʒriba]
peu important (adj)	андак	[andak]
peu profond (adj)	камоб, пастоб	[kamob], [pastob]
plat (l'écran ~)	ҳамвор	[hamvor]
plat (surface ~e)	ҳамвор	[hamvor]
plein (rempli)	пур	[pur]
poli (adj)	боадаб, боназокат	[boadab], [bonazokat]
ponctuel (adj)	ботартиб	[botartib]
possible (adj)	имконпазир	[imkonpazir]
précédent (adj)	мутақаддим	[mutaqaddim]
précis, exact (adj)	аниқ	[aniq]
présent (moment ~)	ҳозира	[hozira]
principal (adj)	асосӣ, муҳим	[asosi:], [muhim]
principal (idée ~e)	асосӣ	[asosi:]
privé (réservé)	шахсӣ, хусусӣ	[ʃaχsi:], [χususi:]
probable (adj)	эҳтимолӣ	[ɛhtimoli:]

proche (pas lointain)	наздик	[nazdik]
propre (chemise ~)	тоза	[toza]
public (adj)	чамъиятй, оммавй	[dʒam'ijati:], [ommavi:]
rapide (adj)	босуръат	[bosur'at]
rare (adj)	нодир	[nodir]
reconnaissant (adj)	сипосгузор	[siposǧuzor]
risqué (adj)	хатарнок	[xatarnok]
salé (adj)	шӯр	[ʃœr]
sale (pas propre)	чиркин	[tʃirkin]
sans nuages (adj)	беабр	[beabr]
satisfait (client, etc.)	конеъ, каноатманд	[qone'], [qanoatmand]
sec (adj)	хушк	[xuʃk]
serré, étroit (vêtement)	танг	[tang]
similaire (adj)	монанд, шабех	[monand], [ʃabeh]
simple (adj)	осон	[oson]
solide (bâtiment, etc.)	мустахкам	[mustahkam]
sombre (paysage ~)	торик, тира	[torik], [tira]
sombre (pièce ~)	торик	[torik]
spacieux (adj)	васеъ	[vase']
spécial (adj)	махсус	[maxsus]
stupide (adj)	ахмак, аблах	[ahmak], [ablah]
sucré (adj)	ширин	[ʃirin]
suivant (vol ~)	оянда, навбатӣ	[ojanda], [navbati:]
supplémentaire (adj)	иловагӣ	[ilovagi:]
suprême (adj)	баландтарин	[balandtarin]
sûr (pas dangereux)	бехатар	[bexatar]
surgelé (produits ~s)	яхкарда	[jaxkarda]
tendre (affectueux)	мехрубон	[mehrubon]
tranquille (adj)	ором	[orom]
transparent (adj)	соф, шаффоф	[sof], [ʃaffof]
trempé (adj)	тар	[tar]
très chaud (adj)	гарм	[garm]
triste (adj)	ғамгинона	[ʁamginona]
triste (regard ~)	ғамгин	[ʁamgin]
trop maigre (émacié)	логар	[loʁar]
unique (exceptionnel)	бехамто, нодир	[behamto], [nodir]
vide (bouteille, etc.)	холй	[xoli:]
vieux (bâtiment, etc.)	кӯхна	[kœhna]
voisin (maison ~e)	... и хамсоя	[i hamsoja]

LES 500 VERBES LES PLUS UTILISÉS

252. Les verbes les plus courants (de A à C)

abaisser (vt)	фуровардан	[furovardan]
accompagner (vt)	ҳамроҳӣ кардан	[hamrohi: kardan]
accoster (vi)	ба соҳил овардан	[ba sohil ovardan]
accrocher (suspendre)	овехтан	[oveχtan]
accuser (vt)	айбдор кардан	[ajbdor kardan]
acheter (vt)	харидан	[χaridan]
admirer (vt)	ба шавқ омадан	[ba ʃavq omadan]
affirmer (vt)	тасдиқ кардан	[tasdiq kardan]
agir (vi)	амал кардан	[amal kardan]
agiter (les bras)	афшондан	[afʃondan]
aider (vt)	кумак кардан	[kumak kardan]
aimer (apprécier)	дӯст доштан	[dœst doʃtan]
aimer (qn)	дӯст доштан	[dœst doʃtan]
ajouter (vt)	илова кардан	[ilova kardan]
aller (à pied)	рафтан	[raftan]
aller (en voiture, etc.)	рафтан	[raftan]
aller bien (robe, etc.)	мувофиқ омадан	[muvofiq omadan]
aller se coucher	хоб рафтан	[χob raftan]
allumer (~ la cheminée)	алов кардан	[alov kardan]
allumer (la radio, etc.)	даргирондан	[dargirondan]
amener, apporter (vt)	овардан	[ovardan]
amputer (vt)	ампутатсия кардан	[amputatsija kardan]
amuser (vt)	машғул кардан	[maʃʁul kardan]
annoncer (qch a qn)	хабар додан	[χabar dodan]
annuler (vt)	бекор кардан	[bekor kardan]
apercevoir (vt)	дида мондан	[dida mondan]
apparaître (vi)	намоён шудан	[namojon ʃudan]
appartenir à …	таалуқ доштан	[taaluq doʃtan]
appeler (au secours)	чеғ задан	[dʒeʁ zadan]
appeler (dénommer)	номидан	[nomidan]
appeler (vt)	чеғ задан	[dʒeʁ zadan]
applaudir (vi)	чапак задан	[tʃapak zadan]
apprendre (qch à qn)	таълим додан	[ta'lim dodan]
arracher (vt)	кандан	[kandan]
arriver (le train)	омадан	[omadan]
arroser (plantes)	об мондан	[ob mondan]
aspirer à …	орзу кардан	[orzu kardan]
assister (vt)	ассистентӣ кардан	[assistenti: kardan]

attacher à ...	барбастан	[barbastan]
attaquer (mil.)	хуҷум кардан	[hudʒum kardan]
atteindre (lieu)	рафта расидан	[rafta rasidan]
atteindre (objectif)	расидан	[rasidan]
attendre (vt)	поидан	[poidan]
attraper (vt)	доштан	[doʃtan]
attraper ... (maladie)	мубтало шудан	[mubtalo ʃudan]
augmenter (vi)	калон шудан	[kalon ʃudan]
augmenter (vt)	калон кардан	[kalon kardan]
autoriser (vt)	иҷозат додан	[idʒozat dodan]
avertir (du danger)	танбеҳ додан	[tanbeh dodan]
aveugler (par les phares)	чашмро хира кардан	[tʃaʃmro xira kardan]
avoir (vt)	доштан	[doʃtan]
avoir confiance	бовар кардан	[bovar kardan]
avoir peur	тарсидан	[tarsidan]
avouer (vi, vt)	иқрор шудан	[iqror ʃudan]
baigner (~ les enfants)	оббозӣ дорондан	[obbozi: dorondan]
battre (frapper)	задан	[zadan]
boire (vt)	нӯшидан	[nœʃidan]
briller (vi)	нурафшонӣ кардан	[nuraʃʃoni: kardan]
briser, casser (vt)	шикастан	[ʃikastan]
brûler (des papiers)	сӯхтан	[sœxtan]
cacher (vt)	пинҳон кардан	[pinhon kardan]
calmer (enfant, etc.)	ором кардан	[orom kardan]
caresser (vt)	навозиш кардан	[navoziʃ kardan]
céder (vt)	гузашт кардан	[guzaʃt kardan]
cesser (vt)	бас кардан	[bas kardan]
changer (~ d'avis)	иваз кардан	[ivaz kardan]
changer (échanger)	иваз кардан	[ivaz kardan]
charger (arme)	тир пур кардан	[tir pur kardan]
charger (véhicule, etc.)	бор кардан	[bor kardan]
charmer (vt)	ҷоду кардан	[dʒodu kardan]
chasser (animaux)	шикор кардан	[ʃikor kardan]
chasser (faire partir)	ҳай кардан	[haj kardan]
chauffer (vt)	гарм кардан	[garm kardan]
chercher (vt)	ҷустан	[dʒustan]
choisir (vt)	интихоб кардан	[intixob kardan]
citer (vt)	иктибос овардан	[iktibos ovardan]
combattre (vi)	ҷангидан	[dʒangidan]
commander (~ le menu)	супоридан, фармудан	[suporidan], [farmudan]
commencer (vt)	сар кардан	[sar kardan]
comparer (vt)	муқоиса кардан	[muqoisa kardan]
compenser (vt)	товон додан	[tovon dodan]
compliquer (vt)	мураккаб кардан	[murakkab kardan]
composer (musique)	тасниф кардан	[tasnif kardan]
comprendre (vt)	фаҳмидан	[fahmidan]

compromettre (vt)	обрӯ резондан	[obrœ rezondan]
compter (l'argent, etc.)	шумурдан	[ʃumurdan]
compter sur …	умед бастан	[umed bastan]
concevoir (créer)	лоиҳа кашидан	[loiha kaʃidan]
concurrencer (vt)	рақобат кардан	[raqobat kardan]
condamner (vt)	ҳукм кардан	[hukm kardan]
conduire une voiture	мошин рондан	[moʃin rondan]
confondre (vt)	иштибоҳ кардан	[iʃtiboh kardan]
connaître (qn)	донистан	[donistan]
conseiller (vt)	маслиҳат додан	[maslihat dodan]
consulter (docteur, etc.)	маслиҳат пурсидан	[maslihat pursidan]
contaminer (vt)	мубтало кардан	[mubtalo kardan]
continuer (vt)	давомат кардан	[davomat kardan]
contrôler (vt)	назорат кардан	[nazorat kardan]
convaincre (vt)	бовар кунондан	[bovar kunondan]
coopérer (vi)	ҳамкорӣ кардан	[hamkori: kardan]
coordonner (vt)	координатсия кардан	[koordinatsija kardan]
corriger (une erreur)	ислоҳ кардан	[isloh kardan]
couper (avec une hache)	бурида гирифтан	[burida giriftan]
couper (un doigt, etc.)	буридан	[buridan]
courir (vi)	давидан	[davidan]
coûter (vt)	арзидан	[arzidan]
cracher (vi)	туф кардан	[tuf kardan]
créer (vt)	сохтан	[soχtan]
creuser (vt)	кофтан	[koftan]
crier (vi)	дод задан	[dod zadan]
croire (vi, vt)	бовар кардан	[bovar kardan]
cueillir (fleurs, etc.)	кандан	[kandan]
cultiver (plantes)	парвариш кардан	[parvariʃ kardan]

253. Les verbes les plus courants (de D à E)

dater de …	сана гузоштан	[sana guzoʃtan]
décider (vt)	қарор додан	[qaror dodan]
décoller (avion)	парвоз кардан	[parvoz kardan]
décorer (~ la maison)	оростан	[orostan]
décorer (de la médaille)	мукофот додан	[mukofot dodan]
découvrir (vt)	кашф кардан	[kaʃf kardan]
dédier (vt)	бахшидан	[baχʃidan]
défendre (vt)	муҳофиза кардан	[muhofiza kardan]
déjeuner (vi)	хӯроки пешин хӯрдан	[χœroki peʃin χœrdan]
demander (de faire qch)	пурсидан	[pursidan]
dénoncer (vt)	хабар расондан	[χabar rasondan]
dépasser (village, etc.)	роҳ паймудан	[roh pajmudan]
dépendre de …	мутеъ будан	[mute' budan]
déplacer (des meubles)	кӯчондан	[kœtʃondan]
déranger (vt)	ташвиш додан	[taʃviʃ dodan]

| descendre (vi) | фуромадан | [furomadan] |
| désirer (vt) | хостан | [χostan] |

détacher (vt)	кушодан	[kuʃodan]
détruire (~ des preuves)	нобуд кардан	[nobud kardan]
devenir (vi)	шудан	[ʃudan]
devenir pensif	ба фикр рафтан	[ba fikr raftan]
deviner (vt)	ёфтан	[joftan]

devoir (v aux)	қарздор будан	[qarzdor budan]
diffuser (distribuer)	паҳн кардан	[pahn kardan]
diminuer (vt)	камтар кардан	[kamtar kardan]
dîner (vi)	хӯроки шом хӯрдан	[χœroki ʃom χœrdan]

dire (vt)	гуфтан	[guftan]
diriger (~ une usine)	сардорӣ кардан	[sardori: kardan]
diriger (vers …)	фиристодан	[firistodan]
discuter (vt)	муҳокима кардан	[muhokima kardan]

disparaître (vi)	гум шудан	[gum ʃudan]
distribuer (bonbons, etc.)	тақсим карда додан	[taqsim karda dodan]
diviser (~ par 2)	тақсим кардан	[taqsim kardan]
dominer (château, etc.)	боло, баланд шудан	[bolo], [baland ʃudan]
donner (qch à qn)	додан	[dodan]

doubler (la mise, etc.)	дучанда кардан	[dutʃanda kardan]
douter (vt)	шак доштан	[ʃak doʃtan]
dresser (~ une liste)	тартиб додан	[tartib dodan]
dresser (un chien)	ром кардан	[rom kardan]

éclairer (soleil)	равшан кардан	[ravʃan kardan]
écouter (vt)	гӯш кардан	[gœʃ kardan]
écouter aux portes	пинҳонӣ гӯш кардан	[pinhoni: gœʃ kardan]
écraser (cafard, etc.)	торумор кардан	[torumor kardan]

écrire (vt)	навиштан	[naviʃtan]
effacer (vt)	пок кардан	[pok kardan]
éliminer (supprimer)	бартараф кардан	[bartaraf kardan]
embaucher (vt)	ба кор гирифтан	[ba kor giriftan]

employer (utiliser)	истеъмол кардан	[iste'mol kardan]
emporter (vt)	гирифта бурдан	[girifta burdan]
emprunter (vt)	қарз гирифтан	[qarz giriftan]
enlever (~ des taches)	тоза кардан	[toza kardan]

enlever (un objet)	гирифтан	[giriftan]
enlever la boue	тоза кардан	[toza kardan]
entendre (bruit, etc.)	шунидан	[ʃunidan]
entraîner (vt)	машқ додан	[maʃq dodan]
entreprendre (vt)	иқдом кардан	[iqdom kardan]

entrer (vi)	даромадан	[daromadan]
envelopper (vt)	печондан	[petʃondan]
envier (vt)	ҳасад хурдан	[hasad χurdan]
envoyer (vt)	ирсол кардан	[irsol kardan]
épier (vt)	пинҳонӣ нигоҳ кардан	[pinhoni: nigoh kardan]

équiper (vt)	тачхиз кардан	[tadʒhiz kardan]
espérer (vi)	умед доштан	[umed doʃtan]
essayer (de faire qch)	кӯшидан	[kœʃidan]
éteindre (~ la lumière)	куштан	[kuʃtan]
éteindre (incendie)	хомӯш кардан	[χomœʃ kardan]
étonner (vt)	ба хайрат андохтан	[ba hajrat andoχtan]
être (vi)	будан	[budan]
être allongé (personne)	хоб кардан	[χob kardan]
être assez (suffire)	кофӣ будан	[kofi: budan]
être assis	нишастан	[niʃastan]
être basé (sur …)	асос ёфтан	[asos joftan]
être convaincu de …	мӯътақид будан	[mœ'taqid budan]
être d'accord	розигӣ додан	[rozigi: dodan]
être différent	фарқ доштан	[farq doʃtan]
être en tête (de …)	сардорӣ кардан	[sardori: kardan]
être fatigué	монда шудан	[monda ʃudan]
être indispensable	даркор будан	[darkor budan]
être la cause de …	сабаб шудан	[sabab ʃudan]
être nécessaire	даркор будан	[darkor budan]
être perplexe	тааччуб кардан	[taatʃdʒub kardan]
être pressé	шитоб кардан	[ʃitob kardan]
étudier (vt)	омӯхтан	[omœχtan]
éviter (~ la foule)	гурехтан	[gureχtan]
examiner (une question)	матрах кардан	[matrah kardan]
exclure, expulser (vt)	баровардан	[barovardan]
excuser (vt)	афв кардан	[afv kardan]
exiger (vt)	талаб кардан	[talab kardan]
exister (vi)	зиндагӣ кардан	[zindagi: kardan]
expliquer (vt)	шарх додан	[ʃarh dodan]
exprimer (vt)	баён кардан	[bajon kardan]

254. Les verbes les plus courants (de F à N)

fâcher (vt)	бадқахр кардан	[badqahr kardan]
faciliter (vt)	сабук кардан	[sabuk kardan]
faire (vt)	кардан	[kardan]
faire allusion	ишора кардан	[iʃora kardan]
faire connaissance	шинос шудан	[ʃinos ʃudan]
faire de la publicité	эълон кардан	[ε'lon kardan]
faire des copies	бисёр кардан	[bisjor kardan]
faire la guerre	чангидан	[dʒangidan]
faire la lessive	чомашӯӣ кардан	[dʒomaʃœi: kardan]
faire le ménage	рӯбучин кардан	[rœbutʃin kardan]
faire surface (sous-marin)	ба рӯи об баромадан	[ba rœi ob baromadan]
faire tomber	афтондан	[aftondan]

faire un rapport	маълумот додан	[ma'lumot dodan]
fatiguer (vt)	хаста кардан	[xasta kardan]
féliciter (vt)	муборакбод гуфтан	[muborakbod guftan]
fermer (vt)	пӯшидан, бастан	[pœʃidan], [bastan]
finir (vt)	тамом кардан	[tamom kardan]
flatter (vt)	хушомадгӯй кардан	[xuʃomadgœj kardan]
forcer (obliger)	маҷбур кардан	[madʒbur kardan]
former (composer)	ташкил додан	[taʃkil dodan]
frapper (~ à la porte)	тақ-тақ кардан	[taq-taq kardan]
garantir (vt)	зомин шудан	[zomin ʃudan]
garder (lettres, etc.)	нигоҳ доштан	[nigoh doʃtan]
garder le silence	хомӯш будан	[xomœʃ budan]
griffer (vt)	харошидан	[xaroʃidan]
gronder (qn)	дашном додан	[daʃnom dodan]
habiter (vt)	зистан	[zistan]
hériter (vt)	мерос гирифтан	[meros giriftan]
imaginer (vt)	тасаввур кардан	[tasavvur kardan]
imiter (vt)	таклид кардан	[taklid kardan]
importer (vt)	ворид кардан	[vorid kardan]
indiquer (le chemin)	нишон додан	[niʃon dodan]
influer (vt)	таъсир кардан	[ta'sir kardan]
informer (vt)	ахборот додан	[axborot dodan]
inquiéter (vt)	безобита кардан	[bezobita kardan]
inscrire (sur la liste)	навишта дароварддан	[naviʃta darovardan]
insérer (~ la clé)	дароварддан	[darovardan]
insister (vi)	сахт истодан	[saxt istodan]
inspirer (vt)	рӯҳбаланд кардан	[rœhbaland kardan]
instruire (vt)	дастуруламал додан	[dasturulamal dodan]
insulter (vt)	таҳқир кардан	[tahqir kardan]
interdire (vt)	манъ кардан	[man' kardan]
intéresser (vt)	ҳаваснок кардан	[havasnok kardan]
intervenir (vi)	дахолат кардан	[daxolat kardan]
inventer (machine, etc.)	ихтироъ кардан	[ixtiro' kardan]
inviter (vt)	даъват кардан	[da'vat kardan]
irriter (vt)	ранчондан	[randʒondan]
isoler (vt)	чудо нигоҳ доштан	[dʒudo nigoh doʃtan]
jeter (une pierre)	андохтан	[andoxtan]
jouer (acteur)	бозидан	[bozidan]
jouer (s'amuser)	бозй кардан	[bozi: kardan]
laisser (oublier)	мондан	[mondan]
lancer (un projet)	сар кардан	[sar kardan]
larguer les amarres	ҳаракат кардан	[harakat kardan]
laver (vt)	шустан	[ʃustan]
libérer (ville, etc.)	озод кардан	[ozod kardan]
ligoter (vt)	васл кардан	[vasl kardan]
limiter (vt)	маҳдуд кардан	[mahdud kardan]

lire (vi, vt)	хондан	[xondan]
louer (barque, etc.)	киро кардан	[kiro kardan]
louer (prendre en location)	ба ичора гирифтан	[ba idʒora giriftan]
lutter (contre ...)	чанг кардан	[dʒang kardan]

lutter (sport)	гӯштин гирифтан	[gœʃtin giriftan]
manger (vi, vt)	хӯрдан	[xœrdan]
manquer (l'école)	набудан	[nabudan]
marquer (sur la carte)	ишора кардан	[iʃora kardan]

mélanger (vt)	аралаш кардан	[aralaʃ kardan]
mémoriser (vt)	ёд доштан	[jod doʃtan]
menacer (vt)	дӯғ задан	[dœʁ zadan]
mentionner (vt)	гуфта гузаштан	[gufta guzaʃtan]
mentir (vi)	дурӯғ гуфтан	[durœʁ guftan]

mépriser (vt)	хақорат кардан	[haqorat kardan]
mériter (vt)	сазовори шудан	[sazovori ʃudan]
mettre (placer)	мондан	[mondan]
montrer (vt)	нишон додан	[niʃon dodan]

multiplier (math)	зарб задан	[zarb zadan]
nager (vi)	шино кардан	[ʃino kardan]
négocier (vi)	гуфтушунид гузарондан	[guftuʃunid guzarondan]
nettoyer (vt)	тоза кардан	[toza kardan]

nier (vt)	инкор кардан	[inkor kardan]
nommer (à une fonction)	таъйин кардан	[ta'jin kardan]
noter (prendre en note)	қайд кардан	[qajd kardan]
nourrir (vt)	хӯрок додан	[xœrok dodan]

255. Les verbes les plus courants (de O à R)

obéir (vt)	зердаст шудан	[zerdast ʃudan]
objecter (vt)	зид баромадан	[zid baromadan]
observer (vt)	назорат кардан	[nazorat kardan]
offenser (vt)	озурда кардан	[ozurda kardan]

omettre (vt)	партофта гузаштан	[partofta guzaʃtan]
ordonner (mil.)	фармон додан	[farmon dodan]
organiser (concert, etc.)	оростан	[orostan]
oser (vt)	чуръат кардан	[dʒur'at kardan]

oublier (vt)	фаромӯш кардан	[faromœʃ kardan]
ouvrir (vt)	кушодан	[kuʃodan]
paraître (livre)	нашр шудан	[naʃr ʃudan]
pardonner (vt)	бахшидан	[baxʃidan]
parler avec ...	гап задан бо ...	[gap zadan bo]

participer à ...	иштирок кардан	[iʃtirok kardan]
partir (~ en voiture)	рафтан	[raftan]
payer (régler)	пул додан	[pul dodan]
pêcher (vi)	гуноҳ кардан	[gunoh kardan]
pêcher (vi)	моҳӣ гирифтан	[mohi: giriftan]

pénétrer (vt)	даромадан	[daromadan]
penser (croire)	хисоб кардан	[hisob kardan]
penser (vi, vt)	фикр кардан	[fikr kardan]
perdre (les clefs, etc.)	гум кардан	[gum kardan]
permettre (vt)	ичозат додан	[idʒozat dodan]
peser (~ 100 kilos)	вазн доштан	[vazn doʃtan]
photographier (vt)	сурат гирифтан	[surat giriftan]
placer (mettre)	чойгир кардан	[dʒojgir kardan]
plaire (être apprécié)	форидан	[foridan]
plaisanter (vi)	шӯхӣ кардан	[ʃœxi: kardan]
planifier (vt)	нақша кашидан	[naqʃa kaʃidan]
pleurer (vi)	гиря кардан	[girja kardan]
plonger (vi)	ғӯта задан	[ʁœta zadan]
posséder (vt)	сохиб будан	[sohib budan]
pousser (les gens)	тела додан	[tela dodan]
pouvoir (v aux)	тавонистан	[tavonistan]
prédominer (vi)	бартарӣ доштан	[bartari: doʃtan]
préférer (vt)	бехтар донистан	[bextar donistan]
prendre (vt)	гирифтан	[giriftan]
prendre en note	навиштан	[naviʃtan]
prendre le petit déjeuner	ноништа кардан	[noniʃta kardan]
prendre un risque	таваккал кардан	[tavakkal kardan]
préparer (le dîner)	пухтан	[puxtan]
préparer (vt)	тайёр кардан	[tajjor kardan]
présenter (faire connaître)	шинос кардан	[ʃinos kardan]
présenter (qn)	муаррифӣ кардан	[muarrifi: kardan]
préserver (~ la paix)	мухофизат кардан	[muhofizat kardan]
pressentir (le danger)	хис кардан	[his kardan]
presser (qn)	шитоб кунондан	[ʃitob kunondan]
prévoir (vt)	пешбинӣ кардан	[peʃbini: kardan]
prier (~ Dieu)	намоз хондан	[namoz xondan]
priver (vt)	махрум кардан	[mahrum kardan]
progresser (vi)	чунбидан	[dʒunbidan]
promettre (vt)	ваъда додан	[va'da dodan]
prononcer (vt)	талаффуз кардан	[talaffuz kardan]
proposer (vt)	таклиф кардан	[taklif kardan]
protéger (la nature)	нигохбонӣ кардан	[nigohboni: kardan]
protester (vi, vt)	эътироз баён кардан	[ɛ'tiroz bajon kardan]
prouver (une théorie, etc.)	исбот кардан	[isbot kardan]
provoquer (vt)	игво додан	[iʁvo dodan]
punir (vt)	чазо додан	[dʒazo dodan]
quitter (famille, etc.)	чое барбастан	[dʒoe barbastan]
raconter (une histoire)	нақл кардан	[naql kardan]
ranger (jouets, etc.)	баровардан	[barovardan]
rappeler (évoquer un souvenir)	ба ёди касе овардан	[ba jodi kase ovardan]

réaliser (vt)	ичро кардан	[idʒro kardan]
recommander (vt)	маслиҳат додан	[maslihat dodan]
reconnaître (erreurs)	ба гардан гирифтан	[ba gardan giriftan]
reconnaître (qn)	шинохтан	[ʃinoxtan]
refaire (vt)	дубора хохтан	[dubora xoxtan]

refuser (vt)	рад кардан	[rad kardan]
regarder (vi, vt)	нигоҳ кардан	[nigoh kardan]
régler (~ un conflit)	баробар кардан	[barobar kardan]
regretter (vt)	таассуф хӯрдан	[taassuf xœrdan]

remarquer (qn)	дида мондан	[dida mondan]
remercier (vt)	сипосгузорӣ кардан	[siposguzori: kardan]
remettre en ordre	ба тартиб андохтан	[ba tartib andoxtan]
remplir (une bouteille)	пур кардан	[pur kardan]

renforcer (vt)	мустаҳкам кардан	[mustahkam kardan]
renverser (liquide)	резондан	[rezondan]
renvoyer (colis, etc.)	гардонда фиристодан	[gardonda firistodan]
répandre (odeur)	паҳн кардан	[pahn kardan]

réparer (vt)	дуруст кардан	[durust kardan]
repasser (vêtement)	уттӣ кардан	[utti: kardan]
répéter (dire encore)	такрор кардан	[takror kardan]
répondre (vi, vt)	ҷавоб додан	[dʒavob dodan]
reprocher (qch à qn)	таъна задан	[ta'na zadan]

réserver (une chambre)	ҷудо карда мондан	[dʒudo karda mondan]
résoudre (le problème)	ҳал кардан	[hal kardan]
ressembler à …	монанд будан	[monand budan]
retenir (empêcher)	намондан	[namondan]

retourner (pierre, etc.)	чаппа кардан	[tʃappa kardan]
réunir (regrouper)	якҷоя кардан	[jakdʒoja kardan]
réveiller (vt)	бедор кардан	[bedor kardan]
revenir (vi)	баргаштан	[bargaʃtan]

rêver (en dormant)	хоб дидан	[xob didan]
rêver (faut pas ~!)	орзу доштан	[orzu doʃtan]
rire (vi)	хандидан	[xandidan]
rougir (vi)	сурх шудан	[surx ʃudan]

256. Les verbes les plus courants (de S à V)

s'adresser (vp)	мурочиат кардан	[murodʒiat kardan]
saluer (vt)	вохӯрдӣ кардан	[voxœrdi: kardan]
s'amuser (vp)	хурсандӣ кардан	[xursandi: kardan]
s'approcher (vp)	наздик омадан	[nazdik omadan]

s'arrêter (vp)	истодан	[istodan]
s'asseoir (vp)	нишастан	[niʃastan]
satisfaire (vt)	қонеъ кардан	[qone' kardan]
s'attendre (vp)	умедвор шудан	[umedvor ʃudan]
sauver (la vie à qn)	наҷот додан	[nadʒot dodan]

savoir (qch)	донистан	[donistan]
se baigner (vp)	оббозӣ кардан	[obbozi: kardan]
se battre (vp)	занозанӣ кардан	[zanozani: kardan]
se concentrer (vp)	ҷамъ шудан	[dʒam' ʃudan]
se conduire (vp)	рафтор кардан	[raftor kardan]
se conserver (vp)	маҳфуз мондан	[mahfuz mondan]
se débarrasser de …	аз … халос шудан	[az χalos ʃudan]
se défendre (vp)	худро муҳофиза кардан	[χudro muhofiza kardan]
se détourner (vp)	рӯ гардондан	[rœ gardondan]
se fâcher (contre …)	қаҳр кардан	[qahr kardan]
se fendre (mur, sol)	кафидан	[kafidan]
se joindre (vp)	мулҳақ шудан	[mulhaq ʃudan]
se laver (vp)	шустушӯ кардан	[ʃustuʃœ kardan]
se lever (tôt, tard)	аз ҷойгаҳ хестан	[az dʒojgah χestan]
se marier	зан гирифтан	[zan giriftan]
(prendre pour épouse)		
se moquer (vp)	масхара кардан	[masχara kardan]
se noyer (vp)	ғарк шудан	[ʁark ʃudan]
se peigner (vp)	шона кардан	[ʃona kardan]
se plaindre (vp)	шикоят кардан	[ʃikojat kardan]
se préoccuper (vp)	нороҳат шудан	[norohat ʃudan]
se rappeler (vp)	ҳифз кардан	[hifz kardan]
se raser (vp)	риш гирифтан	[riʃ giriftan]
se renseigner (sur …)	донистан	[donistan]
se renverser (du sucre)	рехтан	[reχtan]
se reposer (vp)	дам гирифтан	[dam giriftan]
se rétablir (vp)	сиҳат шудан	[sihat ʃudan]
se rompre (la corde)	даридан	[daridan]
se salir (vp)	олуда шудан	[oluda ʃudan]
se servir de …	истеъмол кардан	[iste'mol kardan]
se souvenir (vp)	ба ёд овардан	[ba jod ovardan]
se taire (vp)	хомӯш шудан	[χomœʃ ʃudan]
se tromper (vp)	хато кардан	[χato kardan]
se trouver (sur …)	хобида	[χobida]
se vanter (vp)	худситой кардан	[χudsitoi: kardan]
se venger (vp)	интиқом гирифтан	[intiqom giriftan]
s'échanger (des …)	додугирифт кардан	[dodugirift kardan]
sécher (vt)	хушк кардан	[χuʃk kardan]
secouer (vt)	ҷунбондан	[dʒunbondan]
sélectionner (vt)	ҷудо карда гирифтан	[dʒudo karda giriftan]
semer (des graines)	коштан, коридан	[koʃtan], [koridan]
s'ennuyer (vp)	дилтанг шудан	[diltang ʃudan]
sentir (~ les fleurs)	буй кардан	[buj kardan]
sentir (avoir une odeur)	бӯй додан	[bœj dodan]
s'entraîner (vp)	машқ кардан	[maʃq kardan]
serrer dans ses bras	оғуш кардан	[oʁuʃ kardan]

servir (au restaurant)	хизмат кардан	[χizmat kardan]
s'étonner (vp)	ба ҳайрат афтодан	[ba hajrat aftodan]
s'excuser (vp)	узр пурсидан	[uzr pursidan]
signer (vt)	имзо кардан	[imzo kardan]
signifier (avoir tel sens)	маъно доштан	[ma'no doʃtan]
signifier (vt)	маъни доштан	[ma'ni: doʃtan]
simplifier (vt)	соддатар кардан	[soddatar kardan]
s'indigner (vp)	ба ғазаб омадан	[ba ʁazab omadan]
s'inquiéter (vp)	ошуфта шудан	[oʃufta ʃudan]
s'intéresser (vp)	ҳавас кардан	[havas kardan]
s'irriter (vp)	ранчидан	[randʒidan]
soigner (traiter)	табобат кардан	[tabobat kardan]
sortir (aller dehors)	баромадан	[baromadan]
souffrir (vi)	алам кашидан	[alam kaʃidan]
souligner (vt)	хат кашидан	[χat kaʃidan]
soupirer (vi)	нафас рост кардан	[nafas rost kardan]
sourire (vi)	табассум кардан	[tabassum kardan]
sous-estimer (vt)	хунукназарӣ кардан	[χunuknazari: kardan]
soutenir (vt)	тарафдорӣ кардан	[tarafdori: kardan]
suivre … (suivez-moi)	рафтан	[raftan]
supplier (vt)	таваллову зорӣ кардан	[tavallovu zori: kardan]
supporter (la douleur)	тоб овардан	[tob ovardan]
supposer (vt)	гумон доштан	[gumon doʃtan]
surestimer (vt)	аз будаш зиёд қадр кардан	[az budaʃ zijɔd qadr kardan]
suspecter (vt)	шубҳа кардан	[ʃubha kardan]
tenter (vt)	кӯшиш кардан	[kœʃiʃ kardan]
tirer (~ un coup de feu)	тир задан	[tir zadan]
tirer (corde)	кашидан	[kaʃidan]
tirer une conclusion	хулоса баровардан	[χulosa barovardan]
tomber amoureux	ошиқ шудан	[oʃiq ʃudan]
toucher (de la main)	расидан	[rasidan]
tourner (~ à gauche)	гардонидан	[gardonidan]
traduire (vt)	тарчума кардан	[tardʒuma kardan]
transformer (vt)	табдил кардан	[tabdil kardan]
travailler (vi)	кор кардан	[kor kardan]
trembler (de froid)	ларзидан	[larzidan]
tressaillir (vi)	як қад ларидан	[jak qad laridan]
tromper (vt)	фирефтан	[fireftan]
trouver (vt)	ёфтан	[jɔftan]
tuer (vt)	куштан	[kuʃtan]
vacciner (vt)	эмгузаронӣ кардан	[ɛmguzaroni: kardan]
vendre (vt)	фурӯхтан	[furœχtan]
verser (à boire)	рехтан	[reχtan]
viser … (cible)	нишон гирифтан	[niʃon giriftan]
vivre (vi)	зистан	[zistan]

voler (avion, oiseau)	паридан	[paridan]
voler (qch à qn)	дуздидан	[duzdidan]
voter (vi)	овоз додан	[ovoz dodan]
vouloir (vt)	хостан	[χostan]

www.ingramcontent.com/pod-product-compliance
Lightning Source LLC
Chambersburg PA
CBHW071326090426
42738CB00012B/2809